БЕЗДНАТА НА САМОСТТА
И ОТБЛЯСЪЦИТЕ НА АБСОЛЮТНОТО

Към херменевтиката на феноменологическите ценностни теории

Studies in Phenomenology, Hermeneutics and Contemporary Philosophy
Vol. 3

Иванка Райнова

БЕЗДНАТА НА САМОСТТА И ОТБЛЯСЪЦИТЕ НА АБСОЛЮТНОТО

Към херменевтиката на феноменологическите ценностни теории

Axia Academic Publishers
♦ Vienna ♦

Bibliographic Information of the German National Library
The German National Library lists this Publication in the German National Bibliography; detailed bibliographic data is available in the internet: http://dnb.dnb.de

Published with the Support of the Institute for Axiological Research

Yvanka. B. Raynova: The Abyss of the Self and the Reflections of the Absolute
A Contribution to the Hermeneutics of the Phenomenological Value Theories
(Bulgarian Edition)

Original Title: Бездната на самостта и отблясъците на абсолютното. Към херменевтиката на феноменологическите ценностни теории

Cover © Institute for Axiological Research
Cover image: Caspar David Friedrich - "Kreidefelsen auf Rügen" (1818)

© Axia Academic Publishers
Vienna 2019, All Rights Reserved
Printed in Germany

ISBN 978-3-903068-27-8

www.axiapublishers.com

*На светлата памет на майка ми,
на която всичко дължа*

СЪДЪРЖАНИЕ

Увод   11

ЧАСТ I

ФИЛОСОФИЯТА СЛЕД КРАЯ НА АБСОЛЮТНОТО (ПО)ЗНАНИЕ

1. Феноменологията като отговор на кризата на идентичността
   на философията   19

    1.1 Кризата на философията и промяната на разбирането за наука
    1.2 Феноменологията и научното обосноваване на
        философското знание
    1.3 Безполезността и смисъла на философията

2. Обратната страна на херменевтиката на "аз съм"   52

    2.1 Към "деструкцията на Когито"
    2.2 Пътища и околни пътища
    2.3 Самостта: между текста и Другия

3. Между битието-за-себе-си и битието-за-света   67

    3.1 Рецепцията на Хусерл и Мерло-Понти във
        феноменология на волята
    3.2 Преосмислянето на *Феноменология на възприятието*

4. Логосът и "отблясъците на абсолютното съвършенство"   88

    4.1 Към предисторията на религиозната феноменология
        и конверсията на Едит Щайн
    4.2 Отвъд Хусерл и Хайдегер
    4.3 Философията като онтология
    4.4 От онтологията към аксиологията
    4.5 По пътя на Логоса

5. Чудовищното дете на хармонията   106

    5.1 От трансценденталната субективност към феноменологията
        на живота
    5.2. Двузначността на *Imaginatio Creatrix*

5.3 Между страстите и Логоса

6. Неопределеността на ценностите и бездната на самостта   120

6.1 "Нелегитимиран" и "без извинение"
6.2 Определяне на неопределеното
6.3 Между хуманизъм и консенсус

Част II

От практиките на доминация към интегративните ценности

1. Митовете на мъжкото господство и "етиката на справедливостта"   151

1.1 Властта като дискурс: ситуацията
1.2 Дискурсът като власт: митът
1.3 За една етика на справедливостта

2. По вероломни пътеки   167

2.1 Параноята на универсалното
2.2 Фигурите на постмодерния дискурс
2.3 (Не)споделени игри

3. Вменяемост и обещание, или измеренията на отговорността   204

3.1 От собствения опит към феноменологическата концепция за отговорността
3.2 Самият: между автономията и удвояването на волята
3.3 Семантичното изясняване на отговорността в политически и правен план
3.4 Обещанието, или етическото измерение на отговорността
3.5 Инстанциите на отговорността

4. Ценностни и културни различия: за чуждото и чужденците в съвременна Европа   229

4.1 От борбата за признание към правата на чуждото и различното
4.2 Чуждото и чужденците: между (насилствено) асимилиране и интеграция
4.3 Интеркултурният диалог като транслативна херменевтика на чуждото и основа на интеграцията

5. Интегралното мислене и интеграцията в европейски контекст   253
5.1 Ставането на европейския дух
5.2 От "истината на битието" към "истината на цялото"
5.3 Конфликтуален дискурс, диалог и интеграция

6. Към една феноменологична херменевтика на европейската
   цивилизация и ценности   281
6.1 От собствения опит към феноменологическия смисъл на историята
6.2 Реинтерпретирането на понятието "криза"
6.3 Историческите и духовни перспективи за Европейска интеграция
   на херменевтичната феноменология

English Abstract   311

УВОД

От 19 век насам, след бързия възход на науките и промените в разбирането за научност, статутът на философията бе поставен под въпрос: тя бе принудена не само да се бори за признание, но дори и за правото си на съществуване (Дерида)[1]. Отричането на научността и достиженията на философията от страна на учени и технократи, а оттук и дестабилизирането на нейното място и положение в рамките на академичната общност доведоха до "кризата на идентичността" на философското знание (Шнеделбах)[2]. Колкото и различни да са реакциите на философите в това отношение, те могат да се сведат до две противоположни позиции – опитът за ново обосноваване на философията било като наука (Брентано, Хусерл), било по подобие на науките (позитивистите) или отказът от подобно обосноваване (екзистенциалистите)[3]. Съществуват и някои опити за междинни решения, които се опитват главно да притъпят, ако ли не да премахнат опозицията между философия и наука (напр. Паулсен). Показателно в това отношение е развитието на Хайдегеровите възгледи по въпроса. Докато в лекциите си *Основни проблеми на феноменологията* (1910/1911) Хайдегер твърди, че "'*феноменологията*', това е название на *метода* на *научната философия* изобщо"[4], то по-късно в *Писмо за хуманизма* (1946) той ревизира това схващане, третирайки стремежа към научност на философията като концесия в полза на техническото мислене:

---

[1] Jacques Derrida. *Du droit à la philosophie*. Paris : Galilée, 1990.
[2] Judith Hecht. "Tractatus-Preis: Herrscht ewiger Friede in der Philosophie?", Ein Interview mit Herbert Schnädelbach, in: *Die Presse*, 06.09.2012.
[3] Както ще видим в следващата глава, не съм съгласна с тезата на Шнеделбах, че съществуват четири опита или варианта за преодоляване на кризата на философията.
[4] Martin Heidegger. *Die Grundprobleme der Phänomenologie* (GA 24), 2. Aufl., Frankfurt am Main: Vittorio Klostermann, 1989, 3.

> Оттогава [откакто мисленето бе технически интерпретирано] философията се намира в постоянното затруднено положение да трябва се легитимира пред науките. Тя смята, че е най-сигурният начин е да успее в това е като се самовъздигне в ранга на наука. Но това усилие е отказ от същността на мисленето. Философията е преследвана от страха да изгуби почит и значимост, ако не е наука. Това се счита за недостиг, равнозначен на ненаучност. В техническото тълкуване на мисленето битието като елемент на мисленето бива пожертвано.[5]

В следващите страници ще се опитам да покажа как тази "криза на идентичността" налага постоянно въпроса за т.нар. *differentia specifica* на философията, тоест за същността й като вид познание, за предмета и метода й. Така, краят на епохата на абсолютния идеализъм (Фихте, Шелинг, Хегел), ще се окаже не край на философското знание като такова, а на философията като абсолютно (по)знание или (по)знание за абсолютното, с което се открива и възможността за едно ново начало. Метафизиката бива заместена с онтологията, а абсолютното – с "отворената система" и/или интегралното мислене. Мястото на тъждеството на истинно, добро и красиво се заема от ценностите, респективно от аксиологията. По този начин понятия като свят, хоризонт, живот, жизнен свят, самост, другост и ценности придобиват централно значение, като се започне от философията на Дилтай и неокантианците и се мине през Брентано и Хусерл, за да се стигне до постхусерлианската феноменология и херменевтиката. Чрез разгръщането на тези основни понятия и търсенето на нови подходи се осъществяват най-различни опити за предефиниране на предмета на философията и нейната методология.

Основната цел на настоящата книга е да аргументира няколко взаимосвързани тези. Първо, че в постхусерлианската феноменология, особено във френските й варианти, се осъществява една реинтерпретация на понятието "жизнен свят" въз основа на Хайдегеровото битие-в-света, която се обръща в извес-

---

[5] Martin Heidegger. "Brief über den Humanismus", in ders. *Wegmarken* (GA 9). Frankfurt am Main: Klostermann, 1976, 313-364, hier 314-315.

тен смисъл срещу Хусерловото трансцендентално обосноваване на феноменологията. Второ, че тази реинтерпретация обуславя и постепенното отдалечаване от Хайдегеровата онтология, отвеждайки към практическата философия и аксиологията, тоест към ценностите, отречени от Хайдегер. Трето, че жизненият свят се превръща в пресечна точка между проблемите на теоретичната и практическата философия, като застава с това в центъра на ценностния дискурс.

В съответствие с така поставената цел, структурата на изследването включва две части. Първата част започва с дебатите около началата на феноменологията и значението на философията, които обуславят в крайна сметка създаването на различни феноменологически, интерпретативни и ценностни алтернативи. Последните биват реконструирани и сравнени, за да се да се установят общите и конфликтните полета. Това позволява да се премине към нов компаративен анализ на някои основни варианти на рецепция и ревизия на Хусерловата и Хайдегеровата феноменология, каквито са опитът на Едит Щайн за диалогизиране на Хусерл и Тома Аквински и реинтерпретациите на Хайдегер от страна на Мерло-Понти, Пол Рикьор и др.

Във втората част се представят някои от основните феноменологико-аксиологически и пост-феноменологически алтернативи в приложен план, разгледани през призмата на дискусиите относно правата на човека, в частност правата на жените и на чужденците, манипулацията и доминацията чрез определени дискурси и симулакри, отговорността за другия и отношението ни към него, Европейските ценности и Европейската интеграция.

И тук, както и в други мои произведения, главният подход, който използвам е *компаративно херменевтичният*. Той е вдъхновен до голяма степен от херменевтичната феноменология на Пол Рикьор, но същевременно и се отличава от нея. Така напр. херменевтичният метод на Рикьор използва феноменологическата дескрипция за полагане и тълкуване на даден проблем на различни нива, визирайки конфликтността му у различни автори, чиито подходи и решения, смятани често за несъвместими, той се опитва да опосреди. Лично аз не смятам, че винаги такова опосредяване е възможно, респ. че интерпретативните конфликти не всякога могат да бъдат разрешени и затова едно сравнение има смисъл, доколкото показва несъизмеримостта на определени подходи и дискурси. Друга разлика е, че приложеният от мен компаративно херменевтичен метод, се използва в комбинация с генезисния, реконструктивния и генеалогичния, а при нужда и с биографичния, като началната точка на сравнителния анализ е винаги изхождането от един интерпретативен конфликт. Ще дам два примера за пояснение.

В ранното творчество на Рикьор децентрирането на субекта се извършва чрез "втората коперниканска революция", тоест чрез въвеждането на Трансценденцията (разбрана в смисъла на Габриел Марсел и на Карл Ясперс като Бог или Божествено), докато в късните му трудове Трансценденцията отпада като нефилософска област и се превръща в граница на мисленето, а децентрирането следва пътя на рефлексията на самостта чрез околните пътища на отношението "същост – другост". Тази конфликтност в интерпретациите не може да бъде нито опосредствана, нито снета, тя препраща към "или – или", но в някои случай един обратен прочит позволява да се открие едно ново решение, позволяващо да се отиде отвъд конфликта. Друг пример – докато Хусерл основава феноменологията в трансцедентната конституция на абсолютния Аз, Хайдегер тръгва от разбирането на фактическия живот, а Рикьор се люшка между саморефлексията пред лицето на текста и херменевтиката на фактичността. Тези различни интерпретации могат да бъдат отчасти съвместени чрез един обратен прочит, позволяващ очертаването на херменевтичния кръг по един по-консеквентен начин, както ще покажа по-нататък, но това показва, че те не биват опосредени, а "изоставени" в полза на една нова посока.

С други думи, в избраната от мен методология компаративният анализ служи за реконструкция на даден проблем и проследяване на генеалогията му, за да бъде изведен накрая на едно мета-ниво, което надхвърля локалния или регионалния херменевтичен прочит. Към това трябва да добавя и два други момента. Първо, обвързването на локалната интерпретация с биографичния метод, тогава когато се налага да се изяснят скритите мотиви при избора на даден мислител на някакъв проблем, решение или начин на рецепция (напр. у Едит Щайн, а на места и у Рикьор). И второ, принципът, върху който стъпва самата методология е непредубедеността като изначална философска и феноменологическа нагласа на изследване, която в съвременните опити за *Konfliktforschung* (изследване на конфликти) и невролингвистичното програмиране се нарича с термина *Allparteilichkeit* (всепартийност). Именно тази непредубеност дава възможност, според мен, за превръщане на компаративната херменевтика в транслативна.

Част I

Философията след края на абсолютното (по)знание

1

ФЕНОМЕНОЛОГИЯТА КАТО ОТГОВОР НА КРИЗАТА НА ИДЕНТИЧНОСТТА НА ФИЛОСОФИЯТА

В едно скорошно интервю пред австрийския вестник *Die Presse* по случай присъждане на наградата на дружеството Philosophicum Lech, Херберт Шнеделбах се спира по-специално върху отношението между философското и научното знание. В тази връзка той отбелязва, че "от 19. век насам философията трябва постоянно да се бори да бъде призната за наука. Ако дотогава тя е притежавала валидността на самата наука като такава, то с промяната на разбирането за наука тя бива тласната в една продължаваща и до днес криза на идентичност"[1]. В какво точно се състои тази криза, респ. промяната на понятието за наука и научност, и какви са причините довели до нея е доста дискутирано не само в трудовете на Шнеделбах. Още през 19 в. това става тема на един от основните дебати във философията и наукознанието. Тук аз ще се спра отначало върху възгледите на Дилтай, Рикерт и на Брентано, за да покажа впоследствие влиянието им върху Хусерл и т.нар. "феноменологическо движение".

1.1 Кризата на философията и промяната на разбирането за наука

Според Шнеделбах кризата на философията като криза на идентичност се дължи на разпада на идеализма и, по-точно, на "*абсолютния* идеализъм" на философските системи на Фихте, Шелинг и Хегел. Това което характеризира този абсолютен идеализъм са три основни тези, а именно: единството на мислене и битие, единството на истинно, добро и красиво, науката за абсолютното като философска система. Според Шнеделбах фи-

---

[1] Judith Hecht. "Tractatus-Preis: Herrscht ewiger Friede in der Philosophie?", Ein Interview mit Herbert Schnädelbach. *Die Presse*, 06.09.2012.

лософията на Кант не принадлежи към този абсолютен идеализъм и затова след края му тя става така привлекателна от гледище на последвалите опити за реабилитация на философията като такава, в частност поради възможността за обосноваване на разединението между битие и познание[2]. Ако сведем обстойния анализ на Шнеделбах до същността му, то става ясно, че след края на епохата на "абсолютния идеализъм" на мястото на трите идеалистически тези се появяват опити за заместване на метафизиката чрез науката за битието (онтология), на заместване на абсолютното чрез цялото (светоглед), както и на концепиране на истинното, доброто и красивото като ценности (аксиология). Към това аз бих добавила следното. Първо, с разпада на тъждеството между битие и мислене, както и с търсенето на т.нар. *differentia specifica* на философията, особено място заемат все повече логиката и теорията на познанието, към които някои дори се опитват да сведат философията като такава. Второ, осъществяват се различни опити за класификация на науките и на научното познание, което довежда до известното деление на науки за духа, където се търси специфичното място и новата роля на философията, и науки за природата, от които философията бива разграничена. Една от заслугите Шнеделбах е, по мое мнение, опитът му за типологизиране на решенията, предложени като изход от идентичностната криза на философията. Според него тези решения са четири вида или типа, а именно:

> На първо място, философията се опитва да направи същото, което правят и науките, тоест да намери едно място в спектъра на признатите изследователски науки – тя се концентрира върху историко-херменевтичните изследвания и се самоопределя като наука за духа. На второ място, тя отвежда към признаване на самата наука като философия на епохата, като резултатът е сциентизмът в най-различни варианти. На трето място, осъществява се загърбване на традиционния философски модел и новото определение на философията като критика, която впос-

---

[2] Herbert Schnädelbach. *Philosophie in Deutschland 1831-1933*. Frankfurt am Main: Suhrkamp, 1999, 17-18, 131-137.

ледствие включва и една фундаментална критика на философията. Накрая, на четвърто място, следва да се вземат предвид най-различните опити за реабилитиране на философията чрез ново обосноваване на нейните задачи и нейния метод. Тези четири начина за преодоляване на кризата на идентичността на философията определят и до днес спорното саморазбиране на философите.[3]

Че такива опити за преодоляване на "кризата на философията" съществуват, включително и до днес, в това няма спор. По-проблематичен ми изглежда опитът на Шнеделбах за ситуиране на някои мислители било в един, било в друг от споменатите четири типа решения. Напр. причисляването на Киркегор, екзистенциалните мислители и Хайдегер към третия тип – философията като критика –, може да е основателно, но те биха могли да бъдат причислени и към четвъртия тип – опитът за реабилитиране и реформиране философията, а самият Хайдегер и към първия, историко-херменевтичния вид философстване. С други думи, тази типология не трябва да се възприема по един радикален начин в смисъл на отделни и несъвместими един с друг типове решения, а по-скоро като видове решения, които не се изключват непременно и които съществуват понякога в комбиниран вид. При това не трябва да се забравя, че философията имплицира винаги известна критика и, че едва ли има виден философ, който да не е обосновава своите идеи чрез критична дискусия с други философи. Ако аз специално обърнах внимание на Шнеделбах и неговата типология, то това е, защото тя дава една обща представа за настъпилата криза във философията през 19 в., която несъмнено продължава и до днес, на което ще се спра по-подробно в последната глава на втората част. Тук аз искам да конкретизирам тази обща картина чрез възгледите на Дилтай и Рикерт по въпроса, а по-нататък и тези на Брентано, които подготвят почвата за преосмисляне на статута на философията във феноменологията на Хусерл.

Преди да премина към открояване на някои основни линии в концепцията на Вилхелм Дилтай по интересуващите ни

---
[3] Пак там, 119.

въпроси, искам да посоча, че с излизането от печат на непубликуваните му ръкописи, хвърлящи нова светлина върху творчеството му, интересът към неговите възгледи се засили. Така в частност се оказа, че несъгласията между него и Хусерл съвсем не са били еднопосочни, нито пък еднозначни, както показа това в детайл Ото Фридрих Болнов[4]. Следва също така да се отбележи, че през 1882 г. Дилтай е назначен за професор в Берлин като наследява едно място, заемано преди това от Хегел, Тренделенбург и Лотце. Като ученик на Тредленбург, той се нарежда в една линия на философстване, търсеща изход от краха на идеализма чрез обръщане към една нова форма на емпиризъм, която да постави философията върху научни основи и да й отреди собствено място сред другите науки, с които тя следва да си взаимодейства. Новият емпиризъм, който Дилтай ще се опита да обоснове, е пряко насочен срещу това, което той нарича безсилие на "идеалистическия патос" и крах на метафизическите системи. Срещу Хегеловия идеализъм и Кантовия априоризъм, според който абстрактните понятия и категории на философията могат да бъдат изведени само от мисленето като такова, той издига основната си теза, че т.нар. абстрактни, или "духовни предмети" не са априорно дадени и, че те трябва да бъдат обект на емпирични изследвания. Същевременно срещу позитивистите, в частност Конт и Мил, Дилтай се стреми да покаже, че духовните предмети в качеството си на "висши феномени на съзнанието" се отличават от физическите, респ. от "простите феномени на съзнанието", които могат да бъдат сетивно възприети и физиологично описани. Тези духовни предмети или висши феномени имат исторически характер, поради което те се нуждаят от една дескриптивна психология и един исторически анализ. Затова, от една страна, природните науки не могат да бъдат основа на науките за духа, а от друга, Кантовата *Критика на чис-*

---

[4] Виж Otto Friedrich Bollnow. "Dilthey und die Phänomenologie". In: Ernst Wolfgang Orth (Hrsg). *Dilthey und die Philosophie der Gegenwart*. Freiburg/München: Verlag Karl Alber, 1985, 31-61. Срв. също материалите върху дискусията между Дилтай и Хусерл в кн: Rodi, Frithjof & Hans-Ulrich Lessing. *Materialien zur Philosophie Diltheys*. Frankfurt/Main: Suhrkamp, 1984, 103-175.

тия разум следва да се замени с критика на историческия разум под формата на една философия на цялостния човек. Целта на последната е да обясни и реконструира човека като психологическо и историческо цяло, въз основа на което да бъде обяснена цялата действителност. В своя прочут *Увод в науките за духа* (1883) Дилтай обяснява това по следния начин:

> Досегашната теория на познанието – емпиристката, както и Кантовата, –обяснява опита и познанието като сбор от факти, принадлежащи просто на представата. Във вените на познаващия субект, който конституират Лок, Хюм и Кант, не тече истинска кръв, а само разреден сок на разума като проста мисловна дейност. Историческите и психологическите ми занимания с цялостния човек ме доведоха обаче до поставянето в основата на обяснението и на познанието на това волево, чувстващо, представящо същество с многообразието на неговите сили (…) И така се получава, че най-важните съставки на нашата представа и познание за реалността, като напр. личностното жизнено единство, външният свят, индивидите извън нас, техният живот във времето и тяхното взаимодействие, всички те могат да бъдат обяснени чрез тази цялостна човешка природа, чийто реален жизнен процес има като различни свои страни волята, чувството и представата. Не приемането на някакво закостеняло априори на нашата способност за познание, а единствено историята на развитието, която изхожда от целостта на нашето същество, може да даде отговор на въпросите, които всички ние следва да си задаваме във философията.[5]

Емпиризмът, който предлага Дилтай, цели оттук да преодолее не само закостенелия априоризъм, но също така и погрешното деление от страна на Лок и Кант на опитното възприятие или познание на външно и вътрешно. Според него опитът, който имплицира възприятия, представи, естетически чувства, абстрактни понятия, ценности и пр., е един, но той включва две

---

[5] Wilhelm Dilthey. *Einleitung in die Geisteswissenschaften. Versuch einer Grundlegung für das Studium der Gesellschaft und der Geschichte.* (*Gesammelte Schriften*, Bd. 1). Göttingen: Vandenhoeck & Ruprecht, 1990, XVIII.

страни, вътрешна, абстрактна или идеална, и външна, конкретна или "позитивна" (XVIII, 193-194). В този смисъл той подчертава, че и "най-висшите идеи са обобщения на нещо позитивно", сиреч реално, така че не съществуват никакви произволни абстракции дадени сами по себе си. Всички духовни предмети, понятия, и ценности, дори и самите логически концепти, не са някакви вечни вродени трансцендентални форми, а исторически продукт на "пригаждане", тоест резултат от историческото развитие на нашето мислене, език и култура (XVIII, 199).

Науките за духа следва оттук да бъдат поставени на една единна основа, или един единен опит, а именно – върху триединството на преживяване, израз и разбиране, като преживяването е от първично значение. Преживяването е акт на воля, чувство и представа, тоест израз на единството на човека като волево, чувстващо и представящо същество. Начинът на изследване или тълкуване на преживяването определя и Дилтаевото деление на науките на науки за духа и природни науки. Природните науки процедират чрез изследване на външната страна, тоест чрез обективиране на съдържанието на преживяваното без неговите субективни аспекти, докато науките за духа изследват тъкмо тези субективни аспекти като изразни качества, или вътрешната страна, което става чрез самотълкуване и разбиране. Духът е именно това самотълкуване на преживяваното и на живота като такъв, а науките за духа са в основата си вид онагледяване и опит за разбиране на живота в неговите многообразни изразни взаимовръзки (AGW 117-118). Животът е именно специфичният предмет на изследване на науките за духа, от които те трябва да изхождат:

> Самият живот, живото, зад което не може да се отиде, съдържа връзки, които биват експлицирани впоследствие от опита и мисленето[6].

Характерно за Дилтай е, че той не разглежда разбирането в чисто когнитивен план, а включва в него и волевата дейност,

---

[6] Wilhelm Dilthey. *Die geistige Welt. Einleitung in die Philosophie des Lebens*. Erste Hälfte. Abhandlungen zur Grundlegung der Geisteswissenschaften. *Gesammelte Schriften*, Band V. Stuttgart, Göttingen 1957, 83.

както и чувствата. Именно това ще стане обект на остра критика от страна на неокантианците и особено на Хусерл, упрекващи Дилтай в основаване на херменевтиката на разбирането върху психологически основи, тоест в психологизъм. От друга страна, Брентано, а по-късно особено Шелер ще наблегнат на ролята на чувствата за разбирането, ценностното възприятие и отношение към другите, както и за съразмерността или несъразмерността на човешките реакции и поведение.

1.2 Феноменологията и научното обосноваване на философското знание

Преди всяко сравнение и/или съпоставка на определени феноменологически концепции за ценностите, което ще бъде направено в някои от следващите глави, следва, първо, да се анализират различните възгледи относно философията, тъй като те съставляват основата на съответните аксиологически парадигми. Или, както отбелязва Хусерл:

> Само във връзка с идеята за философия изобщо може да се разбере що е това изобщо – философска етика, философска практика, философска естетика, философско учение за ценностите...[7].

Второ, една от целите и задачите, които си поставям тук, се състои в конкретното очертаване и доказване на приноса на Франц Брентано за феноменологичните философски и ценностни теории. Това е необходимо не само за разбирането на развитието на т.нар. "феноменологическо движение", но също и поради факта на недооценяване, подценяване или забулване на влиянието на Брентано върху Хусерл и други основни представители на феноменологията. Не случайно началният въпрос, който Хърбърт Спигълбърг поставя в своето прочуто произведение *The Phenomenological Movement*, което е и досега едно от най-

---

[7] Edmund Husserl. *Vorlesungen über Ethik und Wertlehre*, Hua XXVIII, Dordrecht / Boston / London: Kluwer, 1988, 164.

цялостните изследвания на историята и развитието на феноменологията, гласи:

> До каква степен е легитимно да се започва историята на феноменологическото движение с Франц Брентано?[8]

За жалост отговорът, който той предлага, не "легитимира" особено убедително необходимостта да се започва историята на феноменологията с философското дело на Брентано: според Спигълбърг фактът, че Хусерл следвал при Брентано и го смятал за "единствения си учител в областта на философията" позволява възгледите му да се разглеждат като пътеуказател към истинската феноменология[9]. Този начин на запитване и бързо предлагане на отговор въвежда всъщност предварително едно съмнение, което бива впоследствие засилено поради това, че не се изследва съдържателно философското влияние на Брентано върху Хусерл, а се препраща само към авторитета му на "учител". Но като "учител" на Хусерл може да се разглежда и Декарт, за когото той казва, че е "първият философ, който е осъществил феноменологическа редукция"[10]. Значи ли това, че феноменологическото движение следва да започва с Декарт? Един по-подробен анализ би позволил да се покаже нагледно до каква степен интерпретацията на Спигълбърг е стилизирана и насочена към подчертаване на оригиналността на Хусерловата философия за сметка на Брентановата, чието значение за феноменологията бива сведено до нещо несъществено и странично. Това се вижда още по-ясно от по-късните изследвания на Спигълбърг, когато след детайлното проучване на кореспонденцията между двамата философи той отново подчертава, че Брентано е доставил на Хусерл само "инструментите за неговата собствена

---

[8] Herbert Spiegelberg. *The Phenomenological Movment*, The Hague / Boston / London: Nijhoff, 1982, 27.
[9] Пак там.
[10] Edmund Husserl. *Grundprobleme der Phänomenologie 1910/11*, Hamburg: Meiner, 1992, 54.

еманципация по посока на едно по-радикално начало"[11]. Но след публикуването на Хусерловите *Vorlesungen über Ethik und Wertlehre (1908-1914)* дори и за хусерлианците стана очевидно[12], че в случая съществува нещо повече от някакъв порив за еманципация, тъй като "Хусерл се е ориентирал в своите лекции, що се отнася до структурата, постановката на проблемите и съдържанието, по лекциите върху практическа философия на Франц Брентано"[13]. В следващото изложение ще се опитам да покажа в най-общи линии, първо, че въпреки сериозните различия между двамата философи влиянието на Брентано би трябвало да се изследва по-сериозно, още повече, че то не се свежда само до въпросите, свързани с проблемите на етиката и аксиологията, но може да се открие и в Хусерловото преосмисляне на философията и нейния научен статут, в концепциите му за разума и дейността на съзнанието, за времевостта и др.; второ, че влиянието на австрийския философ се разпростира и върху Мартин Хайдегер, като оттук може да се съпостави продуктивно и с други съвременни разбирания за феноменологията като напр. тези на Сартр, Ромбах и Рикьор.

***

В статията си за *Енциклопедия британика* Хусерл подчертава, че в своята самоотнесеност феноменологията е "функция на универсалния размисъл на човечеството върху себе си в ус-

---

[11] Herbert Spiegelberg. "On the Significance of the Correspondence between Franz Brentano and Edmund Husserl", *Grazer philosophische Studien*, vol. 5, 1978, 111, 114.

[12] Тук следва да се посочи, че влиянието на Брентано върху Хусерл, Шелер, Хайдегер и др. бива артикулирано много преди това, но главно от последователите на Брентано – Оскар Краус, Алфред Кастил, Франциска Майер-Хилебранд и др., – поради което и не намира сериозен отглас в конкурентно настроените феноменологически среди. Тъкмо напротив – между привържениците на Хусерл и тези на Брентано се разгръщат редица дискусии на страниците на водещи философски списания като *Zeitschrift für philosophische Forschung*, *Logos* и др., върху които ще се спра мимоходом по-нататък.

[13] Ullrich Melle. "Einleitung des Herausgebers", *Hua XXVIII*, Dordrecht / Boston / London: Kluwer, 1988, XVI.

луга на универсалната практика на разума"[14]. Тълкуването на дейността на разума, и на съзнанието най-общо, като вид практика, като *Selbstleistung* (самопроизвеждане, самопостигане), съставлява по мнението на някои автори основата на новия и оригинален момент на феноменологията спрямо предходните "метафизики на разума". Така напр. Хайнрих Ромбах посочва, че "феноменологията е методологическо понятие, обозначаващо анализи, които не визират предметите, а категорийните възможности за тяхното възприемане, както и факта, че се работи посредством конституцията. Феноменологията не допуска аргументиране, основаващо се на чиста 'спекулация', нито пък на някакъв предварително зададен 'опит'; тя не допуска едното, защото се придържа към самите неща, нито пък другото, защото опитите са възможни само в рамките на предварително избрани хоризонти"[15]. В редица изследвания той изтъква специално заслугата на Хусерл в това отношение, като показва, че предходните философии на разума само са се стремили да запазят особеното място на последния като разграничителна линия между човека и животното, докато феноменологията на Хусерл дава възможност за проникване във вътрешното му пространство, в неговото саморазвитие, както и за изследване на носителя му със строгите научни методи на самопросветлението, самодадеността и очевидността[16]. Ромбах подчертава същевременно, че Хусерловата трактовка на разума се е нуждаела от разширение, за да се схване по-цялостно обхвата му и по-конкретно неговия праксис. Това именно е сторил според него Хайдегер чрез обогатяването на феноменологията с аналитиката на *Dasein*:

> Понятието 'екзистенция' означава автономията като осъществен смисъл на самостта (...). С други думи 'екзистирането' е насочено към самоосъществяването, в хода на

---

[14] Edmund Husserl. "Phänomenologie", *Encyclopaedia Britannica* Artikel, *Hua IX*, The Hague: Martinus Nijhoff, 1968, 299.
[15] Heinrich Rombach. *Strukturontologie. Eine Phänomenologie der Freiheit*, Freiburg und München: Alber, 1971, 15.
[16] Heinrich Rombach. "Phänomenologie heute". In: *Phänomenologische Forschungen*, Bd. 1, Freiburg / München: Alber, 1975, 13-15; срв. idem, *Phänomenologie des gegenwärtigen Bewusstseins*, Freiburg / München: Alber, 1980, 18.

което 'разумът' (самоотговорното *Dasein*) става непосредствено практически. (...) Напълно изпълващия човека разум (целокупното човешко битие, *Dasein* като 'възможност за цялостно битие') е от самото си начало себеосъществяване и не се нуждае тепърва от някакво 'приложение в практиката'.[17]

Оттук Ромбах извежда заключението, че екзистенциалното изследване на разума не е само феноменология по своето съдържание, но и фенопраксия по своята реалност.

Впечатляващо е, че Ромбаховата интерпретация на феноменологията, която се опитва да онагледи, от една страна, общите черти, характерни за концепциите на Хусерл и Хайдегер, и да проправи, от друга, пътя към новото разбиране за фенопраксията, описва съвсем неволно и една от специфичните особености на философията на Франц Брентано, съчетаваща общите понятия на нагледа с емпиричния опит, философското знание, "научността" и практиката. Това съчетание е до голяма степен продукт от дългогодишните усилия на австрийския философ за едно реабилитиране на философията, намираща се по негово време, както вече изтъкнахме, в ситуацията на криза или, казано с думите на Брентано, в едно "обезкуражаващо" положение[18]. Като причини за това "недоверие във философията" Брентано изтъква, от страна, упреците на учените, че философията е абстрактна, спекулативна и практически неплодотворна, че не стига до еднозначни истини, че й липсва научност[19]. Затова той обосновава необходимостта от едно двойно реформиране на философията – поставянето й, от една страна, върху научна основа и, от друга, обръщането й към практиката:

> С научната потребност е свързана същевременно и практическата. Днес повече от всякога излизат на преден план социалните въпроси. (...) Очевидно е, че социалните явления принадлежат на психичните и никое друго знание,

---

[17] Heinrich Rombach. *Phänomenologie des gegenwärtigen Bewusstseins*, 23-24.
[18] Franz Brentano. "Über die Gründe der Entmutigung auf philosophischem Gebiete". In: idem, *Über die Zukunft der Philosophie*, Leipzig: Meiner, 1929, 85-100.
[19] Пак там, 87-92.

способно да въведе ред, не може да бъде повикано тук на помощ, освен познанието за психичните закони, което ще рече философското знание[20].

Още в тезите на своя хабилитационен труд (1866 г.) той подчертава, че философията трябва решително да протестира срещу делението на науките на спекулативни и точни, екзактни (1 теза) и, че "истинският метод на философията не е никой друг освен този на природните науки" (4 теза)[21]. Последното твърдение трябва обаче да се доуточни, за да не се стигне до погрешното впечатление, че с това се изповядва вид сциентизъм. Всъщност чрез тази теза Брентано възприема Аристотеловия подход за изхождане от опита и за изследване на частите с оглед целостта им, което изисква едно по-висше познание, една "първа философия". Затова ученикът на Брентано Оскар Краус тълкува четвъртата теза по следния начин:

> С израза 'природонаучен метод' на философията Брентано визира от самото начало 'първата философия', метафизиката; тя е за него, както и за Аристотел, питане относно битуващото и допуска подобно на всяко природонаучно запитване (...) само един отговор, който си служи с индуктивните методи за създаването на хипотези[22].

По-късно с развитието на своята теория за психологията и делението ѝ на генетична и дескриптивна Брентано ще преосмисли проблема за научността на философията и ще стане ясно, че методът ѝ трябва да бъде не просто този *на* природните науки, а че следва да процедира *по аналогия* на тях, тоест по аналогия на природонаучното създаване на хипотези. Краус посочва в този контекст, че за разлика от генетичната психология, която е каузално-описателна и индуктивна, дескриптивната не е, въпреки че и тя изхожда от опита на нагледа и че си служи с екзактни

---

[20] Пак там, 99-100.
[21] Franz Brentano. "Ad disputationen qua theses gratiosi philosophorum ordinis consensu et auctoritate pro impetranda venia docendi". In: idem, *Über die Zukunft der Philosophie*, 137.
[22] Oskar Kraus. "Einleitung des Herausgebers". In: *Über die Zukunft der Philosophie*, XV-XVI.

експерименти; нейните хипотези и знания се постигат изведнъж и непосредствено, без индукция и са по същество априорни и аподиктични. Дескриптивната психология е в този смисъл допълнение и обогатяване на природонаучния подход, а не отъждествяване с него и/или негово приложение[23].

Така философията се оказва една *особена наука*, доколкото предлага една подредена съвкупност от интелигибелни знания, които са, от една страна, *теоретически* (вътрешна връзка или подредба на понятия и съждения), а от друга – *практически* (знания, ръководени и обединени от една външна цел)[24]. Именно превръщането на философията в наука, в психологическо изследване на феномените и на техните първоначала, включваща като основна съставна част т.нар. "дескриптивна психология или описателна феноменология", както ще се изрази Брентано по-късно в лекциите си от 1987-1888 г., ще окаже решително влияние върху философското дело на Хусерл. Но в какво се изразява по-конкретно това ново разбиране?

Във фундаменталното си произведение *Психологията от емпирична гледна точка* (1874 г.) Брентано дефинира психологията като "наука за психичните феномени"[25] и я обявява за основа на другите философски дисциплини като естетиката, логиката, етиката, а също така и на педагогиката, политиката, медицината и пр[26]. Психичните феномени са или представа, или пък произтичат, подобно на съжденията, от представата. Брентановата представа (*Vorstellung*) обаче не води до онова субект-обектно разцепление, което ще критикува по-късно Хайдегер, а заедно с него и Рикьор, тъй като то е събитие (*Ereignis*), тоест акт на появяване, в който нещо "става явно" за нас:

> Ние говорим за представяне винаги, когато нещо ни се явява. Когато съзираме нещо, ние си представяме някакъв

---

[23] Пак там, XVII и XX; срв. idem, "Einleitung des Herausgebers". In: Franz Brentano. *Psychologie vom empirischen Standpunkt*, Bd. I, Leipzig: Meiner, 1924, XVII-XVIII.
[24] Franz Brentano. *Geschichte der griechischen Philosophie*, Bern: Francke, 1963, 6-8.
[25] Franz Brentano. *Psychologie vom empirischen Standpunkt*, Bd. I, Leipzig: Meiner, 1924, 13.
[26] Пак там, 30.

цвят, когато чуваме нещо – някакъв звук, когато фантазираме – някакъв образ[27].

Затова не е възможно съзнанието да се отнася към неща, които да не могат да бъдат представени. Явяването, разбрано като събитие, свидетелства същевременно за факта, че психичните феномени на съзнанието притежават действен характер, наречен от Брентано *интенционално отношение*. От всички възгледи на Брентано концепцията му за интенционалността намира може би най-широк отклик и бива реципирана, макар и в модифициран вид, не само от Хусерл, но и от Щумпф, Марти, Майнонг, Твардовски, Еренфелс и др. Интенционалността бива определена по следния начин:

> Всеки психичен феномен се характеризира с това, което средновековните схоласти наричат интенционално (а също и ментално) несъществуване (*Inexistenz*) на предмета и което ние означаваме с донякъде двузначни изрази като отношение към някакво съдържание, насоченост към даден обект (който съвсем не трябва да се разбира като реалност) или пък иманентна предметност. (...) Интенционалната инекзистенция (*Inexistenz*) е присъща изключително на психическите феномени. Никой физически феномен не свидетелства за нещо подобно. По този начин психическите феномени могат да бъдат дефинирани като такива, които съдържат в себе си интенционално някакъв предмет[28].

Следва обаче да се поясни, че за Брентано фактът на иманентното съдържание на обекта не означава, че в съзнанието съществува някакъв физически предмет, нито пък че той е винаги недействителен, нереален. Ако отначало Брентано е склонен да приеме някакви нереални обекти, то по-късно с теорията си за реизма той се отказва от този възглед; всеки предмет (*Gegenstand*) е реален в смисъл на вътрешен начин на релационно представяне, независимо от това дали съществува действително или е фиктивен.

---

[27] Пак там, том II, 34.
[28] Пак там, том I, 124.

Според насочеността си феномените биват класифицирани в три основни групи – в актове на представяне, на съждение и на емоция. Друга основна характеристика на явлението (*Erscheinung*) е, че то се разбира от Брентано в отличие от Кант не като скриване, или привидност (*Schein*), зад която се намира някакъв неуловим ноумен, а като факт[29]. Затова, когато години по-късно Сартр подчертава в увода на *Битие и нищо*, че феноменологията на Хусерл и Хайдегер е осъществила значителен напредък, свеждайки съществуващото до поредицата от явленията, които го манифестират, премахвайки с това дуализма на битие и явяване, на феномен и ноумен[30], то не може да не се отбележи, че известна заслуга за този напредък има и Брентано. Може само да се съжалява за това, че Сартр не се спира по-обстойно на Брентано[31], тъй като между двамата мислители съществува и друга съществена близост. По мнение на австрийския философ интенционалното отношение не е само *съзнание за нещо*, или "първично съзнание", а и *съзнание за себе си*, тоест "вторично съзнание", поради което той решително се противопоставя на Хартмановото несъзнавано[32]. Подобна позиция заема и Сартр. Както ще видим по-нататък, в *Трансценденция на егото* той разграничава съзнание от "първа степен", което е нерефлексивно, наречено в *Битие и нищо* "предрефлексивно когито", и съзнание от "втора степен", което е рефлексивно; това разграничение именно ще му позволи да отхвърли концепциите за несъзнаваното с аргумента, че съзнанието е винаги съзнание (за) съзнание[33].

---

[29] Пак там, том I, LXXVII.
[30] Виж: Жан-Пол Сартр. *Битие и нищо*, т. 1, прев. Иванка Райнова, София: Наука и изкуство, 1994, 67-68.
[31] Сартр споменава Брентано съвсем мимоходом във връзка с концепцията за интенционалността (Жан-Пол Сартр. *Битие и нищо*, т. 1, с. 128), но това съвсем не значи, че го е чел; вероятно е по-скоро, че представата му за възгледите на Брентано е формирана на базата на вторични източници.
[32] Пак там, Bd. II, 143-145.
[33] Виж по-подр.: Иванка Райнова. *Жан-Пол Сартр философът без Бог*, Плевен: ЕА, 1995, 39-40.

Характерни особености на феномените на съзнанието, свързани с Брентановата концепция за интенционалността, са още тяхното *единство* и *времевост*. Единството на многообразните феномени произтича от факта, че за разлика от физическите феномени (цвят, звук, топлина, мирис и т.н.), които могат да бъдат приписани на различни неща, те представляват вътрешна свързаност на части на едно цяло, а не някакъв "колектив" (множество отделни неща)[34]. Тези феномени ни се явяват не само в пространствен, но и във времеви континуум. Ключът към последния представлява теорията за протерестезата (възприятието на миналото) като първична асоциация на дейността на фантазията, на способността ни за представяне. По същността си протерестезата представлява особена модификация, чрез която нещо, което някога ни се е представяло като актуално налично, се възприема понастоящем като (от)минало. Когато казваме за някой, че е починал, че е свален от пост, че е бивш владетел и т.н., ние си служим с негативно съждение, отричащо му определен атрибут. Един *бивш* (както и бъдещ) генерал, не *е* генерал, той е модифициран чрез дейността на фантазията, което ще рече, че "първичният обект на протерестезата е една *модифицирана интенционална релация*"[35]. Тази теория ще бъде заменена по-късно от Брентано с концепцията му за времевите модуси на съзнанието, но тя е особено важна, защото съставлява базата на Хусерловата реинтерпретация на проблема за вътрешното времево съзнание.

Няма съмнение, че Хусерл е "бащата" на феноменологията, така както тя се разбира днес. Следва обаче да се има пред вид, че понятието феноменология, независимо от специфичната му Хегелова употреба, започва да навлиза във философията още в началото на 19 в., служейки преди всичко за означаване на описанието на феномените на външното и вътрешното възприятие, като намира постепенно място и в ученията на мислители

---

[34] Franz Brentano. *Psychologie vom empirischen Standpunkt*, Bd. I, Leipzig: Meiner, 1924, 136 ff.
[35] Виж R. M. Chisholm / W. Baumgartner. "Einleitung der Herausgeber". In: Franz Brentano. *Deskriptive Psychologie*, Hamburg: Meiner, 1982, XXI.

като Лотце, Дилтай и Брентано. Макар и последният да означава своята дескриптивна психология с термините феноменология и феноменална психология, той я разграничава същевременно от схващането за феноменологията като непсихологична наука, занимаваща се с неемпирични нагледи и понятия[36]. Това различие бележи и централния момент в писмената дискусия между Брентано и Хусерл относно това, коя (философска) наука следва да служи за първооснова на останалите. Според Брентано, както вече бе отбелязано, психологията е основа не само на етиката, естетиката, политиката и пр., но и на логиката, докато за Хусерл логиката като чиста наука е непсихологична. Брентано възразява срещу тази интерпретация на логиката:

> Какъв е предметът й? – пита той Хусерл. – Изглежда мисловните неща и техните комбинации. Тя трябва да е част от философията, но не трябва да се основава на психологични познания. И това е за Вас вероятно най-важният пункт, тъй като в противен случай валидността на логиката би била ограничена по същността си от човешката организация. (...) Това, което наричате 'психологизъм' е по същество Протагоровото твърдение за човека като мяра на всички неща. Заедно с вас изказвам анатема против този възглед. Но това съвсем не значи да се допуска някакво царство на чисто мисловни неща...[37]

Следва да се отбележи, че под влияние на Брентано Хусерловото първоначално схващане за феноменологията имплицира като първо стъпало психологията. Така, целта на *Философия на аритметиката* (1891 г.) се състои в "логическо изясняване на дадена наука с помощта на психологически изследвания"[38], а именно – чрез анализ на съдържанието и произхода на основни понятия на аритметиката да се достави фундамента и

---

[36] Виж Franz Brentano. *Psychologie vom empirischen Standpunkt*, Bd. II, 276-277.
[37] Виж Franz Brentano. "Über die Allgemeingültigkeit der Wahrheit und der Grundfehler einer sogenannten Phänomenologie". In: de idem, *Wahrheit und Evidenz*, Leipzig: Meiner, 1930, 153-157.
[38] Edmund Husserl. *Philosophie der Arithmetik*. In: *Hua XII*, The Hague: Martinus Nijhoff, 1970, 7.

научния метод на философията³⁹. Още тук Хусерл осъществява съществено разграничение между психологическото описание на феномена, което е обект на дескриптивната психология, и анализа на неговото значение, което е задача на чистото логическо изследване, като посочва необходимостта от една фундаментална наука, която трябва да предхожда и основава философията⁴⁰. Тази най-обща задача приема по-конкретни контури в *Логически изследвания* (1900-1901 г.), където се привеждат аргументи в подкрепа на тезата, че никоя друга освен феноменологията не може да бъде тази фундаментална наука. В предговора към първото издание на *Логически изследвания* Хусерл признава, че е поставил под съмнение убеждението си, че е възможно да се изясни дадена наука с помощта на психологически анализ и, че е отхвърлил първоначалните си философско-математически убеждения в полза на едно "ново обосноваване на чистата логика и теория на познанието"⁴¹, налагащо да се преосмисли мястото и ролята на науките. Той тематизира в този контекст "несъвършеното състояние на науките", тяхната теоретическа невъзможност да достигнат до последните начала, нито пък да докажат първоначалните премиси на своите теории. Фактът, че това важи дори и за математиката – най-напредналата от всички науки, представляваща самия идеал за научност, показва, че е необходимо едно теоретично допълнение на частните науки чрез метафизиката като "първа философия" и логиката като наукоучение, т.е. наука за науките. Подобно на Брентано Хусерл определя науката (*Wissenschaft*) чрез знанието (*Wissen*), което ни доставя очевидност относно правилността на съжденията по даден въпрос:

> Знанието е в най-тесния смисъл на думата очевидност за съществуването или несъществуването на дадено съот-

---

³⁹ Пак там, 13.
⁴⁰ Пак там, 31.
⁴¹ Edmund Husserl. *Logische Untersuchungen. Prolegomena zur reinen Logik*, Bd. I, Tübingen: Max Niemeyer, 7. Aufl. 1993, VII.

ношение на нещата (...) или пък за това доколко то е вероятностно.⁴²

Но понятието наука включва нещо много повече от семплото знание – науката е "систематична връзка в теоретичен смисъл и в това се състои обосновката на знанието, както и съответно свързването и привеждането в ред на поредицата от обосновки"⁴³. С други думи, науката е средство за систематично постигане на истини. Общата логика може да служи за наукоучение, доколкото е нормативно изследване на специфичните форми на научност като системни единства⁴⁴. За разлика от психологията, която е обвързана със субективността и мислещия субект, чистата логика изследва идеалните възможности на познанието, основани в чистото априорно съдържание на познанието, независимо от субекта⁴⁵. Подобно на логиката, феноменологията изследва също идеалните условия на познанието, но се отнася предимно до ноетичните му възможности, до неговото интенционално съдържание и идеалния смисъл на интенцията⁴⁶. Във втория том на *Логически изследвания*, където феноменологията се тематизира подробно, все още се използва термина "дескриптивна психология" за означаване на емпиричното феноменологическо описание, но феноменологията се тълкува вече, за разлика от Брентано, като наука за изясняване на условията на априорното познание, служейки за общ фундамент и на философията, и на психологията, както и за изясняване на изворите, от които произтичат основните понятия и идеалните закони на чистата логика⁴⁷. Хусерл изрично подчертава:

> Ако понятието психология се разбира в стария смисъл, то феноменологията *не е* дескриптивна психология; присъщата ѝ чиста дескрипция (т.е. проведеното въз основа на единични нагледи на преживявания [...] същностно съ-

---

⁴² Пак там, 14.
⁴³ Пак там, 15.
⁴⁴ Пак там, 25-26.
⁴⁵ Виж пак там, 211, 227, 238-239.
⁴⁶ Виж пак там, том II/1, 16.
⁴⁷ Пак там, 2-3.

зерцание и дескриптивното фиксиране на онагледената в чисти понятия същност) не е емпирична (природонаучна) дескрипция, а изключване на естественото провеждане на всички емпирични (натуралистки) аперцепции и полагания. (...) Феноменологията (...) се занимава с възприятията, съжденията, чувствата и пр. *като такива*, с това, което е присъщо на тях *априори*, като нещо необходимо всеобщо, а именно като *чисти* особености на *чистите* видове, с това, което се вижда изключително въз основа на чисто интуитивното възприемане на същностите, на същностните родове и видове (...). Значи не психологията, а феноменологията е фундамента на чисто логическите, както и на всички рационално критически обяснения[48].

Това, което той ще запази така или иначе от Брентановото учение без съществени изменения, е изискването за научност и безпредпоставъчност[49], както и теорията за очевидността.

Радикализирането на разбирането за феноменологията[50] и "окончателното напускане на почвата на психологията, даже на дескриптивната"[51] довежда до обосноваването на концепцията за трансценденталната феноменология като изследване на конституиращото съзнание и изключване на всички обективни аксиоми. В един ръкопис към лекционната поредица *Идеята за феноменология* (1907) Хусерл отбелязва:

Интересът на *трансценденталната феноменология* е насочен по-скоро към съзнанието като съзнание, към *феномените*, разбрани в двоен смисъл: 1) в смисъл на явление, в което някаква обектност се явява, 2) от друга страна, в смисъл на обектност само дотолкова, доколкото тя се

---

[48] Пак там, 18.
[49] Пак там, 19.
[50] Относно цялостното развитие на феноменологията на Хусерл виж по-подробно главата "Генезис и запитване" в Иванка Райнова. *От Хусерл до Рикьор* (София: Университетско издателство "Св. Климент Охридски", 1993, 10-38). В настоящия параграф, който е своеобразно допълнение към главите за Хусерл и Хайдегер, ще се спра само на връзките с философията на Брентано.
[51] Edmund Husserl. *Die Idee der Phänomenologie*. In: *Hua II*, The Hague: Nijhoff, 1958, 7.

явява в явленията и то по "трансцендентален" начин, изключвайки всички емпирични полагания.[52]

В тези пет лекции Хусерл вече съвсем ясно артикулира своята концепция, като се разграничава в няколко съществени пункта от Брентано, когото очевидно има пред вид, макар и да не го споменава експлицитно.

Първо, той съзнателно определя феноменологията като "наука за чистите феномени"[53] в противоположност на Брентановата ѝ дефиниция като "наука за психичните феномени". Това означава по-конкретно, че трябва да се изключат трансцендентните предпоставки и да се насочи изследването на съзнанието към *смисъла* и *валидността*. Второ, изключването на трансцендентното изисква един специфичен метод, чрез който да се напусне полето на естествената нагласа и да се премине към феноменологическата, отвеждайки до чистия феномен и чистото съзнание. Този метод на редукция, наречен на места *епохе*, чрез който всичко емпирично и трансцендентно се поставя "в скоби", бележи не само принципната новост на Хусерловата феноменология, но и основното ѝ различие спрямо философията на Брентано, основана на емпиричния метод[54]. В *Идея за феноменологията* редукцията е само най-общо описана и бива едва по-късно, в частност в *Идеи за една чиста феноменология и феноменологична философия* (1913-1925 г.) и *Картезиански размишления* (1928-1929 г.), работена като метод, имплициращ т.нар. феноменологическа, ейдетическа и трансцендентална редукция, където самото *епохе* се оказва само един първи етап[55]. Трето, Хусерл противопоставя изрично този метод на природонаучния, като подчертава, че феноменологията се занимава с анализ на

---

[52] Цит. по Walter Biemel, "Einleitung des Herausgebers". In: Edmund Husserl. *Die Idee der Phänomenologie*, X.
[53] Edmund Husserl. *Die Idee der Phänomenologie*. In: *Hua II*, The Hague: Nijhoff, 1958, 46.
[54] Хусерловата интерпретация на емпиричния подход на Брентано, както и тази на някои други феноменолози не е съвсем коректна, но поради обемните ограничения тук нямам възможност да се спра на този въпрос.
[55] По-подр. по този въпрос: Иванка Райнова. *От Хусерл до Рикьор*. София: Университетско издателство СУ "Кл. Охридски", 1993, 17.

същностите и изследване на конституираните в непосредствената интуиция общи съотношения между нещата:

> Това, което я отличава от обективиращите априористки науки, са нейният метод и нейната цел. Феноменологията процедира, като съзерцава и изяснява, като определя и различава смисъла. Тя сравнява, различава, свързва, привежда в отношение, отделя частите или пък премахва отделни моменти. Но всичко това се осъществява в чистото съзерцание. (...) Съзерцаващото и процедиращото чрез идеация съзнание е присъщо само на най-строгата феноменологична редукция, то е един специфично философски метод, доколкото този метод е същностна част от смисъла на критиката на познанието и с това на всяка критика на разума (включително и тази на оценъчния и на практическия разум).[56]

В този смисъл феноменологическата теория на познанието "не може в никакъв случай да се гради върху която и да било естествена наука"[57], нито пък да процедира по модела на природните науки. Четвърто, Хусерловата феноменология изключва не само всичко емпирично и трансцендентно, но се противопоставя и на една определена форма на иманентизъм, защитаван в известен смисъл и от самия Брентано. Според Хусерл следва да се прави разграничение между реалната иманентност, при която обектът на познанието е действителен и вътрешноприсъщ на субекта, и иманентността във феноменологически смисъл, при която самодадеността се конституира по очевиден начин. В този смисъл той уточнява:

> Изследването трябва да се придържа към чистото съзерцание, а не към реално иманентното: то е изследване в сферата на чистата очевидност и то изследване на същности. Неговото поле е, както казахме, *априорно-*

---

[56] Пак там, 58.
[57] Пак там, 36.

то, което е вътрешноприсъщо на абсолютната самодаденост[58].

Пето, макар и с учението си за ретенцията Хусерл да възпроизвежда отчасти Брентановото учение за протерестезата, той отхвърля първоначалното Брентаново схващане за обективните времеви различия и произхода на времето от фантазията, заменяйки го с учението за времевите модуси на съзнанието – възглед, до който Брентано по-късно сам стига, независимо от Хусерл. В *Идеята за феноменология* тези модуси само се споменават[59], но Хусерл вече е разработил подробно концепцията за времето в своите лекции *Към феноменологията на вътрешното времево съзнание* (1905), които биват издадени и публикувани от Хайдегер през 1928 г. В тях Хусерл дискутира и същевременно ревизира Брентановия възглед за времето по следния начин. Първо, той не приема схващането, че изворът на времето е във фантазията и го полага, на свой ред, в самото времево възприятие:

> Ако първичният времеви наглед е от самото начало дело на фантазията, то какво отличава тогава тази фантазия за времевото от онази, в която се съзнава отминалото времево, тоест онова, което не принадлежи към сферата на първоначалната асоциация, което не е включено в съзнанието за моментното възприятие, а в това за някакво отминало възприятие? Тук ние се натъкваме на неподозираните трудности на Брентановата теория, която поставя под въпрос правилността на неговия анализ на първичното времево съзнание[60].

Не само фантазията като способност за представяне, но и самото времево съзнание, боравещо с чисти наглади, притежава според Хусерл времеви характеристики. Второ, Хусерл възразява и срещу схващането на австрийския философ, че един току-

---

[58] Пак там, 9.
[59] Пак там, 74.
[60] Edmund Husserl. "Zum Problem des inneren Zeitbewußtseins". In: *Jahrbuch für Philosophie und phänomenologische Forschung*, Bd. IX, Halle, 1928, 379.

що отминал тон бива обновен от първичната асоциация и непрекъснато запазен в нея, защото в такъв случай той няма да бъде отминал, а ще си остане настоящ[61]. Тоест миналото ще се окаже в крайна сметка настояще. Трето, това дава основание на Хусерл да отхвърли и Брентановата трактовка на миналото като нещо нереално, тъй като ако то е настоящо, то ще бъде и действително, тоест реално актуално[62]. Модификацията на миналото в настоящето не трябва според Хусерл да се схваща като промяна на обекта, в случая на звука, който от реален се превръща в нереален, а като промяна в начина, по който той ни се явява, респ. по който го възприемаме. Четвърто, за разлика от Брентано, който смята, че очевидността е присъща само на настоящето, Хусерл е убеден, че тя е също така присъща и на ретенцията. А оттук следва, накрая, че възприятието не е насочено само към настоящето, тоест към някакво "пунктуално сега", а че то представлява преживявания, които биват обединени чрез времевите модуси в един единен и нескончаем поток[63]. Най-същественото различие в трактовката на времето на двамата мислители се отнася в крайна сметка до разликата между феноменологическата му трактовка у Хусерл като единна форма на всички преживявания в единния поток на чистото съзнание, която се постига чрез поставяне в скоби на обективното (космическо) време, и психологическата трактовка на Брентано, която свързва времевото с емпиричните представи на фантазията.

Радикализацията, с която са свързани всички тези съществени различия и която бележи постъпателното обособяване на Хусерловата феноменология от дескриптивната психология, е ярко свидетелство за факта, че Хусерл изхожда от редица съществени тези на Брентано – тезите за научността и безпредпоставъчността на философията, за нейната особеност и независимост от другите науки, за очевидността и вътрешния характер на познанието, времевостта и пр. – но без да ги възприема епигонски, а като ги реинтерпретира и съществено видоизменя. Тези

---

[61] Пак там, 380.
[62] Пак там, 382.
[63] Пак там, 458.

основни моменти на Хусерловата феноменология ще бъдат реципирани, както ще видим, по-късно от Рикьор. Тук беше важно да се види, че първоосновата на хусерлианството лежи във философията на Брентано. С други думи, доколкото тази критична рецепция представлява основата на хусерлианството, без която то не може да бъде разбрано, дотолкова е не само легитимно, а и в известна степен необходимо "да се започва историята на феноменологическото движение с Франц Брентано"[64].

1.3 Безполезността и смисълът на философията

Влиянието на Брентано се разпростира, макар и не толкова отчетливо колкото у Хусерл, и върху Мартин Хайдегер, който, описвайки своя път във феноменологията подчертава, че Брентановият труд За *многозначността на понятието битуващо у Аристотел* (1862 г.) му е послужил за опорна точка в началните му опити за навлизане във философията и откриване на проблема за битието[65]. Това влияние, което се изразява най-общо в отричане на трансценденталния идеализъм и завръщане към проблемите на живота и фактичността, може да бъде проследено преди всичко в Хайдегеровото произведение *Феноменологически интерпретации на Аристотел* (1922 г.)[66], което съдържа някои основни изходни положения, които ще станат по-късно ръководни за *Битие и време* (1927 г.). В него се осъществява едно пренасочване на погледа от средновековната философия към философията на Аристотел и най-общо към древногръцката традиция, от гледището на която Хайдегер се опитва да обясни съвременното състояние на философията. Както и в хабилитационния си труд *Към учението за категориите и значението на Дънс Скот* (1915 г.), така и в това изследване Хайдегер се ръководи от схващането на Хегел, че съвременната

---

[64] Herbert Spiegelberg. *The Phenomenological Movment*. The Hague / Boston / London: Nijhoff, 1982, 27.
[65] Martin Heidegger. Zur Sache des Denkens, Tübingen: Max Niemeyer, 1976, 81.
[66] Виж Martin Heidegger. "Phänomenologische Interpretationen zu Aristoteles". In: *Dilthey-Jahrbuch für Philosophie und Geisteswissenschaften*, Bd. 6, Göttingen, 1989, *237-269*.

философия може да стигне до саморазбиране едва чрез проникване и преосмисляне на своята история и осъзнаване на собствената си историчност. Философията е обвързана в този смисъл с историята и поточно с определена традиция и определено начало, които трябва да бъдат наново изследвани. Тя е едно постоянно завръщане към основата чрез ретроспективно запитване и в този смисъл – повторение[67]. Хайдегер, който поставя в центъра на ранните си трудове въпроса за основната структура на живота, аргументира необходимостта от връщането към Аристотел, като показва, от една страна, че произходът на схоластическите представи за човека и живота се корени в Аристотеловата физика, психология, етика и онтология, и като подчертава, от друга, че Аристотеловата философия е завършекът и най-пълното развитие на древногръцката мисъл. Само това учение дава по негово мнение подходящи понятия и възможност за проникване в основната структура на живота и човешкото съществуване, доколкото физиката доставя един напълно нов фундамент, въз основа на който се изграждат онтологията и логиката, които проникват по-късно в антропологическите учения. Нещо повече, самата философия на Аристотел може, според Хайдегер, да се интерпретира като "радикална феноменологична антропология", тъй като там животът се означава с понятието феномен – нещо, което се показва от само себе си такова каквото е[68]. Проникването в основата на този феномен става чрез повторението на първоначалната философска проблематика и разбирането, което се съпровожда от критичното й реципиране през призмата на нейното историческо развитие. Целта на повторението не е просто да изясни видоизменението, респ. деформацията на смисъла на Аристотеловите понятия и възгледи в хода на развитието на средновековната и модерната мисъл, а да спомогне за създаването посредством ретроспекцията на едно ново начало като основа на една нова концепция, която Хайдегер нарича "феноменологична херменевтика на фактичността". Предметът на последната, който се обявява заедно с това и за предмет на са-

---

[67] Пак там, 239.
[68] Пак там.

мата философия, се състои в "битието на фактическия живот в моментното 'как' на проблематизирането и тълкуването"[69]. Тази концепция, която ще стане обект на прочутия лекционен курс *Онтология: Херменевтика на фактичността* (1923 г.), е вече очертана в сбит вид във *Феноменологически интерпретации на Аристотел*, където структурата на живота се свързва със структурата на фактичното *Dasein* по такъв начин, че общото (структурата) намира израз единствено чрез конкретното и партикуларното (живота, фактичното *Dasein*), без да се схваща като някаква абстракция или обобщение.

> Каквото и да е то, фактичното *Dasein* е винаги собствено съществуване, а не съществуване изобщо на някакво всеобщо човечество (...)[70] – подчертава Хайдегер.

Понятието *Dasein* се употребява в случая като равнозначно на фактическия живот и на екзистенцията, които ни се разкриват чрез загрижеността.[71] В лекциите по онтология тези понятия се доуточняват по следния начин: Фактичността служи за обозначаване на битийния характер на 'нашето собствено' *Dasein*. Изразът означава по-точно моментното *Dasein* (феномен на 'моментността'; срв. моментно пребиваване, да не бягаш, да-бъдеш-тук-при), доколкото то е 'тук' съобразно битието си и характера на битието си. Да бъдеш тук съобразно битието си означава не да бъдеш първоначално тук като обект на нагледа и на наглед ното определение, като някакво просто опознаване и притежаване на познание за това наличие, а че *Dasein* е 'тук' насъщно в самото 'как' на най-интимното си битие.[72]

Фактичността на *Dasein* е свързана следователно с времевия характер на нашето битие, с пребиваването при себе си и присъствието като отказ от бягството от (собственото) битие. За да бъде разбрана, тази фактичност изисква да бъде интерпретирана, подложена на тълкуване (*Auslegung*), тоест необходима е

---

[69] Пак там, 246.
[70] Пак там, 239.
[71] Пак там, 245.
[72] Martin Heidegger. *Ontologie* (*Hermeneutik der Faktizität*). In: GA 63, Frankfurt am Main: Klostermann, 1988, 7.

определена херменевтика, "определено единство на ἑρμηνεύειν (на съобщаване), което ще рече на осъществяване на среща, видимост, хващане (*Griff*) и схващане в понятие (*Begriff*) чрез тълкуване на фактичностга"[73]. В този смисъл херменевтиката на фактичността е будност и бдителност на *Dasein* относно себе си[74]. В поврата към херменевтиката известният интерпретатор на Хайдегер Ото Пьогелер вижда същностната разграничителна линия между Хусерловата и Хайдегеровата феноменология – Хайдегер отрича Хусерловата трансцендентална конституция, разбрана като живот на някакъв "абсолютен Аз", като приема за изходна точка "фактическия живот". Това ще рече, че феноменологията трябва да изхожда не от обектния наглед, а от разбирането на действителния, "историческия" живот, тоест от притежаващото разбиране за битието *Dasein*.

> Хайдегер – подчертава Пьогелер – основава феноменологията в 'разбирането' на фактическия живот, в 'херменевтиката на фактичността'[75].

По този начин феноменологията се превръща в "херменевтична феноменология" (...), чиято цел е "да извести битието на битуващото по начин, по който самото битие да засвети"[76]. Тази фундаментална задача на феноменологията, а и на философията като цяло, е продиктувана от факта, че на битието е присъщо "да бива по начина на само-скриването и само- забулването"[77]. Това именно изисква едно радикално преосмисляне на понятието за феномен, от една страна, и на смисъла на понятието за битие, от друга.

---

[73] Пак там, 14.
[74] Пак там, 15.
[75] Otto Pöggeler. *Der Denkweg Martin Heideggers*, Pfullingen: Neske, 1963, 70.
[76] Пак там, 71. Относно значението на лекциите на Хайдегер върху херменевтиката на фактичността се спират по-късно и редица други автори (Виж напр. Jean Grondin "Die Hermeneutik der Faktizität als ontologische Destruktion und Ideologiekritik". In: Dietrich Pappenfuss / Otto Pöggeler, (Hrsg.). *Zur philosophischen Aktualität Heideggers*, Bd. 2. Frankfurt am Main: Klostermann, 1990, 163).
[77] Martin Heidegger. *Ontologie* (*Hermeneutik der Faktizität*). In: GA 63, Frankfurt am Main: Klostermann, 1988, 76.

Докато феноменът у Хусерл се разкрива в същността си едва след осъществяване на феноменологическата и трансценденталната редукция, то у Хайдегер феномените като феномени на битието и на битийните структури се самопоказват и тяхната светлина става достояние на *Dasein* чрез онтологическата му способност за разбиране и тълкуване. Затова в *Пролегомени към историята на понятието за време* (1925 г.) Хайдегер отбелязва, че "разработването на чистото съзнание като тематично поле на феноменологията не бива постигнато по феноменологичен начин, тоест чрез завръщане към самите неща, а чрез завръщане към една традиционна представа за философията, поради което всички определящи характеристики, които се явяват като битийни определения на преживяванията, не са изконни"[78]. В *Битие и време* Хайдегер реинтерпретира феноменологията и феномена по следния начин. Понятието феноменология е съставено от две думи – φαινομενον и λόγος. Коренът φα, φώς (светлина) дава възможност за определяне на феномена като "себе-си-само-по-себе-си-показващото-се", като откровение, което трябва да бъде разграничено от явлението (*Erscheinung*), схванато като отблясък или привидност (*Schein*). Феноменът не е отблясък, а светлина, осветяване на битуващото, поради което и гърците са го отъждествявали с последното[79]. Оттук Хайдегер разграничава три понятия за феномена: формалното понятие, при което не е ясно дали само-по-себе-си-показващото-се е битуващо или само негова характеристика, обичайното понятие, означаващо битуващото, и феноменологическото понятие, което има пред вид битието на битуващото. От своя страна понятието логос, което също е имало различни значения в древността, следва да се разбира като акт на откровение, препращащо към основата (ἀρχή). Така феноменологията означава разкриване, откриване, онагледяване на битието на битуващото, на неговия смисъл и структура. Тя не е вече трансцендентално изследване на конституиращото съзнание, а фундаментална онтология, тоест подновяване

---

[78] Martin Heidegger. *Prolegomena zur Geschichte des Zeitbegriffs*, GA 20, Frankfurt am Main: Klostermann 1976, 23.
[79] Martin Heidegger. *Sein und Zeit*. Tübingen: Niemeyer, 1979, 28-29.

на онтологическия въпрос като основен, фундаментален въпрос (*Fundamentalfrage*) и търсене на една единна основа (ἀρχή, *Grund*) за разбирането на смисъла на битието[80]. В *Битие и време* към този основен въпрос се подхожда чрез интерпретативен анализ на самия въпрос и разкриването на *Dasein* като привилегировано битуващо, притежаващо, от една страна, битийната възможност за самото питане, а, от друга, онтико-онтологически примат, тоест съотнесеност към битието, включително и към своето, както и предонтологическо и възможност за онтологическо разбиране за битието[81]. От факта, че запитването и разбирането за битието са същностни особености на *Dasein* като екссистенция и трансценденция, следва, че изясняването на въпроса за смисъла на битието трябва да започне с анализ на битието на *Dasein*. Екзистенциалната аналитика като дескрипция на структурите на *Dasein* посредством екзистенциалите показва, че в своето единство структурата на човешкото битие се представя като грижа, включваща три основни съставки: битие-в-света, битие-при-вътрешносветовото-съществуване, избързващо-напред-битие.

Тези три априорни структури са свързани с трите времеви екстази на човешкото съществуване: захвърлеността в битието отвежда към онова, което е било, битието-при – към настоящето, а избързващото-напред-битие, или проектът – към бъдещето. Така грижата, а оттук и самото *Dasein* се оказват структурирани по начина на времевостта. Но въпросът е как следва да се тълкува последната.

Хайдегер представя времевостта като хоризонт, тъй като екстазите притежават насоченост, някакво изплъзващо се "нанякъде към". "Ние наричаме това 'нанякъде към' на екстазата хоризонтална схема"[82] – отбелязва той. Хоризонталната схема изразява тройната структура на грижата и е равнозначна с екстазите, доколкото те се възприемат от *Dasein* като такива: "Схемата, по която *Dasein* се движи от бъдещето към себе си, независимо дали това движение е автентично или не, е неговото 'заради себе

---

[80] Пак там, 37-38.
[81] Пак там, 7, 13.
[82] Пак там, 365.

си'. Схемата, в която собственото *Dasein* се открива като захвърлено в някакво състояние, ние схващаме като 'пред нещо' на захвърленостга (...). Хоризонталната схема на настоящето се определя пък от 'за-да'"[83]. В концепцията си за схематизма Хайдегер се позовава на Кант, у когото схемата е сетивен корелат на понятието и се използва за понятийното субсумиране на нагледите. Тя протича по определен времеви ред, който отвежда до понятието за каузалност – напр. хвърлям камък, който чупи в следващия момент прозореца. В отличие от Кант Хайдегер не смята, че схемата е корелат на чистите понятия; напротив, понятията и съжденията произтичат от схемата, която пък се осъществява от способността за представяне, овремевяваща времето. С други думи, подобно на Брентано и за разлика от Хусерл, Хайдегер съзира източника на времевостта във фантазията (*Einbildungskraft*). Оригиналността на неговата концепция се състои в случая в показването как смисълът на битието бива схематизиран от времето, придобивайки различни значения, като налично, подръчно и екзистенциално битие, свързани с различните начини на нагласа и поведение на *Dasein*. Оттук се разграничават и две основни форми на овремевяване: автентичното и неавтентичното. За да бъде автентично, това, което е било, тоест миналото, трябва да се възприеме чрез повторението, настоящето пък чрез моментното-битие-за-своето-време, а бъдещето – чрез избързващото-напред-битие като разбиране за собствените крайни възможности, чийто завършек е битието-за-смъртта[84]. Неавтентичното овремевяване е забрава за повторението, поради което това, което е било, което е и което ще бъде не бива проблематизирано, а се приема като нещо дадено, като факт. Друг оригинален момент спрямо ученията за времето на Брентано и Хусерл е, че Хайдегер разбира единството на времевите екстази чрез разграничението между времевост и темпоралност. Още в *Основни проблеми на феноменологията* (1927 г.) Хайдегер подчертава, че "темпоралността е най-изначалното овремевяване на времето като такова" и че тя е времевост, доколкото се превръща в тема

---

[83] Пак там.
[84] Пак там, 20-21.

за условията на възможността на разбирането на смисъла на битието и на онтологията като такава[85]. Времевостта е структурирана чрез времевите екстази, които се възприемат непосредствено от *Dasein*, без то да се замисля за своя произход. Едва във феноменологико-онтологическото разбиране се разкрива единството на времевостта като темпоралност, която е фактически несхематизираната времевост, мислена не като три екстази, а като архе на *Dasein*. В този смисъл времевостта е свързана с предонтологическото разбиране, а темпоралността – с онтологическото, тоест с философското. Понятието време пък представлява едно по-висше общо понятие за означаване на времевостта и на темпоралността[86].

Въз основа на това ново разбиране за феноменологията и за фундаменталния въпрос на философията Хайдегер реинтерпретира и проблемите за безпредпоставъчностга на философията и отношението й с науката, като предлага решения, алтернативни на тези на Брентано и Хусерл. Безпредпоставъчност означава в този нов контекст осъществяване на критиката ка предпоставките, в които се движи самата философия, тоест критическо поставяне под въпрос на началото, на мотива, насоката й процедурата на някаква основоположна идея[87]. Хайдегер нарича тази критическа задача *деструкция*. Пътят към "самите неща" не е следователно Хусерловото непосредствено същностно съзерцание, а околният път на критиката на историята (на философията) като критика на съвремеността. Това ще рече, че философската традиция, в която се намираме, трябва да бъде деструктирана по посока на нейното начало, за да се премахнат предразсъдъците и изкривяванията в унаследените понятия и идеи, с които боравим днес. Затова в *Битие и време* Хайдегер подчертава:

> Доколкото в хода на тази история определени основни битийни области (като Декартовото *ego cogito,* субект, Аз, разум, дух, личност) попадат в полезрението и започ-

---

[85] Martin Heidegger. *Grundprobleme der Phänomenologie*, GA 24, Frankfurt am Main: Klostermann, 1975, 429 u. 324.
[86] Пак там, 389.
[87] Martin Heidegger. *Wegmarken*, GA 9, Frankfurt am Main: Klostermann, 1976, 5.

> ват оттук нататък да предвождат проблематиката, то те остават незапитани относно своето битие и неговата структура, възпроизвеждайки разпространения пропуск за поставяне на въпроса за битието. (...) Ако въпросът за битието следва да добие прозрачност относно своята история, то трябва да се разоре закоравялата традиция и да се премахнат забулващите напластявания, осъществени от нея с времето. Ние разбираме тази задача като една *ръководеща се от въпроса за битието* деструкция на завещания ни остатък от античната онтология по посока на първоначалните опити, където са били добити първите и оттук нататък водещи определения на битието.[88]

Хайдегер подчертава, че тази деструкция не следва да се разбира в негативен смисъл като вид отказ от онтологическата традиция, а като размисъл върху нейните граници и позитивни възможности.

Само оттук може да се разбере правилно и разликата между философия и наука. Философията, чийто основен въпрос е този за смисъла на битието, се различава от науката, която има за свой предмет битуващото и е "познание заради самото разбулване като такова"[89]. Философията е, от една страна, безполезна, защото не дава никакви точни знания относно битуващото, но от друга страна, тя открива тъкмо онова, което науките скриват – неговия смисъл и насоката на автентичното предстоящо.

---

[88] Martin Heidegger. *Sein und Zeit*, 22.
[89] Martin Heidegger. *Grundprobleme der Phänomenologie*, 455.

2

ОБРАТНАТА СТРАНА НА ХЕРМЕНЕВТИКАТА НА "АЗ СЪМ"

В книгата си *Der Denkweg Martin Heideggers* Ото Пьогелер показва в какво се състои разривът, респективно разграничителната линия между Хусерловата и Хайдегеровата феноменология – Хайдегер отрича трансценденталната конституция, разбрана като живот на някакъв "абсолютен Аз", приемайки за изходна точка "фактическия живот". Феноменологията трябва да изхожда следователно не от обектния наглед, а от разбирането на действителния, "историческия" живот, тоест от притежаващото разбиране за битието Dasein. "Хайдегер" – подчертава Пьогелер – "основава феноменологията в 'разбирането' на фактическия живот, в 'херменевтиката на фактичността'"[1]. По този начин феноменологията се превръща в "херменевтична феноменология" (...), чиято цел е "да извести битието на битуващото по начин щото самото битие да засвети"[2]. Пьогелер стига по-нататък до заключението, че Хусерловата трагика се състои в това, че "той, който бе говорил в полза на самите неща против всички метафизически конструкции, накрая за пореден път пое по пътя на метафизическите системи на Новото време, без дори да си даде сметка за това (...)"[3].

В основата си тази проблематика е присъща не само за спора между Хусерл и Хайдегер. Тя образува също така центъра

---

[1] Otto Pöggeler. *Der Denkweg Martin Heideggers*, Pfullingen, Neske, 1963, 70.
[2] Пак там, 71. Върху значението на ранните лекции на Хайдегер, в частност на публикуваната през 1988 г. Херменевтика на фактичността, изнесена през 1923 г., се спират по-късно и редица други автори (Виж: Jean Grondin. "Die Hermeneutik der Faktizität als ontologische Destruktion und Ideologiekritik". In: Dietrich Pappenfuss und Otto Pöggeler [Hrsg.]. *Zur philosophischen Aktualität Heideggers*. Bd. 2. Frankfurt am Main: Klostermann, 1990, 163).
[3] Otto Pöggeler. *Der Denkweg Martin Heideggers*, Pfullingen, Neske, 1963, 80.

на последвалите дебати между Хайдегер и Сартр, от една страна, и между Рикьор и Хайдегер, от друга. Тук ще се спра само на Рикьоровата интерпретация на Хайдегер[4] с цел да откроя нейните различни посоки и да анализирам доколко и в какъв смисъл допринася за по-нататъшното развитие на т. н. херменевтична феноменология. Основната теза, която ще аргументирам гласи, че Рикьоровата херменевтика на самостта разгръща "дългия път" на саморазбирането в две противоположни насоки, което води до двузначности и вътрешни напрежения, които могат да бъдат преодолени на свой ред чрез един нов, обратен прочит на цялостното му творчество.

2.1 Към "деструкцията на когито"

Хайдегеровият опит за една деструкция на историята на онтологията е била често пъти тълкувана като разруха на самото когито. Както е известно в *Sein und Zeit* Хайдегер уточнява своето начинание по следния начин:

> "Доколкото в хода на тази история определени основни битийни области (като Декартовото *ego cogito*, субект, Аз, разум, дух, личност) попадат в полезрението и започват оттук нататък да предвождат проблематиката, то те остават незапитани относно своето битие и неговата структура, възпроизвеждайки разпространения пропуск за поставяне на въпроса за битието. (...) Ако въпросът за битието следва да добие прозрачност относно своята история, то трябва да се разоре закоравялата традиция и да се премахнат забулващите напластявания, осъществени от нея с времето. Ние разбираме тази задача като една *ръководеща се от въпроса за битието* деструкция на завещания ни остатък от античната онтология по посока на

---

[4] Настоящата глава е съкратен вариант на статията ми "Die Kritik am transzendentalen Ich: Zu Sartres und Ricoeurs Heidegger-Lektüren", *Labyrinth: An International Journal for Philosophy, Value Theory and Sociocultural Hermeneutics*, Vol. 17, No. 1, Summer 2015, 33-50.

първоначалните опити, където са били добити първите и оттук нататък водещи определения на битието"[5].

Хайдегер подчертава, че тази деструкция не следва да се разбира в негативен смисъл като вид отказ от онтологическата традиция, а като размисъл върху нейните граници и позитивни възможности. Той упреква картезианското когито и изхождащите от него класически концепции за субекта, от една страна, в забрава на въпроса за *sum*, т.е. битието на самото когито[6], а от друга, в изпадане в една онтология на наличието, която отъждествява битието на мислещия с битуващото като такова:
Всяка идея за 'субект' споделя онтологически положението на *subjectum* (ύποχείμενον), колкото и онтически настойчиво да се брани срещу 'душевната субстанция' или 'опредметяването на съзнанието'[7].
Това обяснява защо Хайдегер избягва употребата на думи като его, когито, субект или човек.

Рикьоровият прочит на Хайдегер, който наново поставя въпроса за субекта, цели между другото да покаже, че Хайдегер критикува не толкова самото когито, колкото метафизиката, която се намира в неговата основа[8]. Рикьор тълкува изходното положение на Хайдегер, че въпросът за битието е изпаднал днес в забрава като изместване на акцента от една философия, възприемаща когито като първа истина, към една философия, която изхожда от въпроса за битието като забравен въпрос, намиращ се в лоното на самото когито. Въпросът за битието на битуващото като въпрос съдържа следователно множество импликации. Първо, с това се отхвърля онтологическия примат на едно когито, което се самополага и самоутвърждава, тъй като въпросът не се ръководи от увереността на когито, а получава своята насока и определеност от запитването. Второ, оттук се разкриват въз-

---

[5] Martin Heidegger. *Sein und Zeit* (GA 2). Frankfurt am Main: Vittorio Klostermann, 1977, 30.
[6] Пак там, 61.
[7] Пак там, 62; срв. 423.
[8] Пол Рикьор. *Конфликтът на интерпретациите*. Съст., бел. и превод от фр. Иванка Райнова. София: Наука и изкуство, 2000, 215.

можностите за една нова философия на егото, или на "аз съм", доколкото автентичното его бива конституирано чрез самия въпрос, поради което престава да се намира в центъра. Хайдегеровата деструкция на когито има за цел следователно децентрирането на субекта, премахването му като абсолют, като фундамент и референт на битуващото – положение, което става по-късно централно за постмодерните философи. Тя показва, че когито принадлежи на една епоха, която представя света като образ, или картина, тоест като пред-става, като едно субект-обектно отношение, което затъмнява принадлежността на *Dasein* към битието. В тази именно пред-става се корени и самият хуманизъм, тоест онази философия на човека, която обяснява и оценява положението на битуващото в цялото, като приема човека за мярка на всички неща, за център, изходна и крайна точка[9].

Въпреки че в едно по-късно произведение Рикьор заявява, че не приема Хайдегеровата критика на хуманизма и предпочита пред нея Хусерловата трактовка на субективността[10], той вижда в Хайдегеровата критика на субекта ключа към една нова херменевтика на "аз съм" и към един нов прием на когито[11]. Срещу възгледа, че Хайдегеровият поврат премахва проблема за субекта, за *ego cogito*, Рикьор защитава тезата, че херменевтиката на "аз съм" се запазва и в късното творчество на немския мислител. Субективността не изчезва чрез поврата, а се поставя вече във връзка с езика: "*Назоваването* указва мястото и ролята на човека в езика. Така битието бива доведено до езика като същевременно се ражда едно крайно говорещо битие (...)"[12].

По този начин късният Хайдегер въвежда наново както когито, така и аналитиката на *Dasein*, тъй като в крайна сметка нахлуването на езика в битието не се отличава от нахлуването на *Dasein*, чрез което битието стига до словото. С това Рикьоровата основна теза, че деструкцията на когито образу-

---

[9] Martin Heidegger. *Sein und Zeit*, 86; срв. Paul Ricœur. *Le conflit des interprétations*, p. 227.
[10] Paul Ricœur. "My Relation to the History of Philosophy.", *Iliff Review*, vol. 35, no. 3, Fall 1978: 7.
[11] Пол Рикьор. *Конфликтът на интерпретациите*, 227.
[12] Пак там, 225-226.

ва обратната страна на херменевтиката на "аз съм", тъй като последното бива конституирано и де- центрирано чрез съотнесеността си към битието, е може би убедително доказана, но остава въпросът, доколко самият Рикьор споделя Хайдегеровите възгледи. Защото на други места той говори за съществуването на множество субекти и разновидности на когито, където "Декартовото *когито* е само един от върховете (...) от една верига от разновидности на *когито*, която съставлява рефлексивната традиция"[13]. В този контекст не всяко, а само картезианското когито се оказва обвързано с епохата на света като картина. Срещу Хайдегеровото схващане, че гърците не са притежавали когито, Рикьор счита, че може да се говори за Сократово, Августиново, Кантово и Хусерлово когито.

Рикьоровата херменевтика на "аз съм" възприема Хайдегеровата критика на абсолютния субект, но не спира до нея. Последната се оказва само част от един по-широк контекст, който свързва Хайдегеровото реципрочно отношение между запитвано и питащ с Хусерловата трансцендентална редукция, с Фройдовата топология и археология на субекта, с Леви-Стросовия структурален метод и др. Рикьор вижда в трансцендеталната редукция условието за възможността за означаване и тълкуване: "Редукцията води до появата на нашето отношение към света; във и чрез редукцията всяко битие стига до дескрипция като феномен, като явление, тоест като значение, подлежащо на изясняване"[14]. Тук именно се пресичат методите на феноменологията и на структурализма, които иначе изглеждат противоположни – и за двата метода символната функция на съзнанието е изворът на обществения живот, на размяната[15]. Символната функция изисква обаче, да се изхожда от безсубектната система на семиологията по посока на субекта, тоест от знака към значението, от нагона към тълкуването, от говора към езика. Фактът обаче, че *аз съм* е по-основоположно отколкото *аз гово-*

---

[13] Пак там, 227; срв. Paul Ricœur. *Soi-même comme un autre*. Paris : Seuil, 1990, 27.
[14] Пол Рикьор. *Конфликтът на интерпретациите*, 239.
[15] Пак там, 250-255.

ря, изисква от философията да тръгне по пътя на *аз говоря* от позицията на *аз съм*:

> ... необходимо е в самото лоно на езика тя да тръгне 'по пътя на езика', както предлага Хайдегер. (...) Днес е необходимо философската антропология да се опита с ресурсите на лингвистиката, семиологията и психоанализата да обходи отново пътя, очертан от *Sein und Zeit*, който тръгва от структурата на битието-в-света, минава през възприятието на ситуацията, проекцията на конкретните възможности и разбирането, като напредва оттук към проблема за интерпретацията и езика. Така философската херменевтика трябва да покаже по какъв начин самата интерпретация стига до битието на света. Отначало съществува битието-в-света, после идва разбирането, после – интерпретацията, после – изказът.[16]

Така разбраното циркулярно движение между езика и битието прехвърля инициативата от символната функция към нейните нагонни, екзистенциални корени и обратното, поради което херменевтиката на "аз съм" следва да отчита колкото аподиктичната увереност на когито, толкова и неизвестностите на непосредственото съзнание.

2.2 Пътища и околни пътища.
Към херменевтиката на самостта

Херменевтиката на "аз съм", която в *Конфликтът на интер-претациите* (1969) е очертана само в най-общи линии, бива преосмислена и заменена двадесетина години по-късно в *Самият като друг* (1990) с една обстойна херменевтика на самостта. Последната завършва с нова дискусия върху Хайдегеровата философия, като, от една страна, открива нови перспективи пред херменевтичната феноменология, но, от друга, като че ли поставя казаното преди това под въпрос.

---

[16] Пак там, 260.

Рикьор предлага едно схващане, което "е чуждо колкото на някаква апология на когито, толкова и на неговото развенчаване", поради което се ситуира отвъд алтернативата "когито – Анти-когито"[17]. За тази цел той се разграничава, от една страна, от Ницшевата деконструкция на субекта, представяща последния като чиста илюзия, а от друга страна, от онези философии на субекта, които смятат когито за източник на непосредствена аподиктична увереност и почва на последното основаване (*fondement dernier, Letztbegründung*). Рикьоровата херменевтика не изхожда от полагащото когито, от "аза", а от самостта: "Да речеш 'самия' не значи да речеш 'аз'. Азът се самополага или бива положен. В качеството си на рефлектирана самостта бива имплицирана в дадени операции, чийто анализ предхожда завръщането към себе си. Върху тази диалектика между анализ и рефлексия бива присадена диалектиката между *ipse* и *idem*. Накрая диалектиката между същото и другото коронова първите две диалектики"[18]. Тази рефлексивна дистанция разграничава Рикьоровата херменевтика от непосредствеността на "аз-съм" и инициира процесите на запитването, на анализа и верификацията в акта на свидетелството. Вместо опит за последно основаване, вместо издигане претенциите за една "първа философия", херменевтиката на самостта съзнателно се поставя като "втора философия"[19], където самостта не е изходно начало, а, казано с думите на Хайдегер, "запитвано". Затова за Рикьор не става вече въпрос за "автентично его", респективно за нововъвеждане на когито в една по-широко разбрана философия на субекта, наречена в *Конфликта на интерпретациите* херменевтика на "аз съм", а за експлицитно предпазване на херменевтиката на самостта "от самополагането ѝ като наследница на философиите на когито с тяхната амбиция за последно самоосноваване"[20]. Херменевтиката на самостта е следователно опит за *мислене отвъд когито* и в този смисъл не мога да се съглася с Жан

---

[17] Paul Ricœur. *Soi-même comme un autre*. Paris : Seuil, 1990, 15, 27.
[18] Пак там., 30.
[19] Пак там., 31.
[20] Пак там., 38.

Грейш, който вижда в нея само едно ново начинание за придаване на смисъл на "раненото когито", където самостта е израз на последното[21]. Този опит за отвъдсубектно мислене се оказва решаващ за цялото начинание на *Самият като друг*, където, за разлика от Хусерл и Сартр, Рикьор не тръгва от непосредствената очевидност на когито, а поема околните пътища на анализа и интерпретацията. Въпросът за самостта започва като въпрос за "кой", за да поведе тълкуването през областите на философията на езика, на дейността, на личностната идентичност и морала. Едва в последната част се тематизират онтологическите импликации на проведеното изследване и се предлага нов прочит на Хайдегер. Този прочит се разгръща в две насоки – тази на първата определеност на самостта в противовес на същостта и тази на втората определеност на самостта чрез диалектическия ѝ начин на поведение към другостта.

Според Рикьор Хайдегер създава една онтология на самостта, "като установява отношение на непосредствена зависимост между самостта и начина на битие, което сме винаги самите ние, доколкото това битие се интересува от собственото си битие, тоест от *Dasein*. Въз основа на тази зависимост между определен начин на възприемане на самостта и определен начин на битие-в-света самостта може да бъде причислена към екзистен-циалите"[22]. С това става очевидна и близостта между възгледите на Хайдегер и на Рикьор: самостта у Рикьор може да бъде сравнена с начина на съществуване на *Dasein*, а неговото понятие за същостта (*Mêmeté*) с наличността (*Vorhandenheit*). Само оттук може да се разбере и Рикьоровото разграничение между *idem* (непроменлива идентичност, тъждество) и *ipse* (*само-стояние*). Но Рикьор отива по-нататък, като определя самостта чрез нейното диалектично взаимодействие с другостта и издига работната хипотеза за "триножника на па-

---

[21] Jean Greisch. "Vers une herméneutique du soi. La voie courte et la voie longue", in: *Ethique et responsabilité – Paul Ricœur*. Textes réunis par Jean-Christophe Aeschlimann. Neuchâtel: La Baconnière, 1994, 157.

[22] Paul Ricœur. *Soi-même comme un autre*. Paris : Seuil, 1990, 358.

сивността, а оттук и на другостта"²³, която се основава върху три опита на пасивността – собствената плът, отношението към другия като другост и отношението към себе си като съвест. При това изпъква на преден план противопоставянето между Хусерл и Хайдегер:

> В известен смисъл Хусерловият принос към онова, което се нарича онтология на тялото е по-значим от Хайдегеровия. На пръв поглед това твърдение изглежда парадоксално и то в двоен план: най-напред, решаващото разграничение между Leib и Körper, което явно следва да се преведе с 'плът' и 'тяло' *('chair' et 'corps')*, заема в *Картезиански размишления* едно стратегическо място, поради което се оказва само етап в конституирането на една обща интерсубективно основана природа. Така понятието за плътта бива разработено единствено с цел да създаде възможност за съвкупяването (*Paarung*) на едно тяло с друго, въз основа на което да може да се конституира една съвместна природа. Но в крайна сметка, що се отнася до фундаменталната ѝ насоченост, тази проблематика се свежда до конституцията на действителността в и чрез съзнанието, конституция, която е свързана с философиите на когито, с които се разделихме още в началото на това произведение. Оттук бихме могли да решим, че тъкмо поради разрива си с проблематиката за конститутивната дейност на интенционалността на съзнанието философията на битието-в-света в *Sein und Zeit* съставлява подходящата рамка за една онтология на плътта. Но тук именно се сблъскваме с втората страна на парадокса – поради известни причини, които ще назовем по-нататък, *Sein und Zeit* не допуска разгръщането на една онтология на плътта и именно в Хусерловото произведение, посветено най-открито на обновлението на трансценденталния идеализъм, ние откриваме най-обещаващия проект за една онтология на плътта, способна да впише херменевтичната феноменология в една онтология на другостта²⁴.

---

²³ Пак там, 368-369.
²⁴ Пак там, 373.

Различието между плът и тяло, в което според Рикьор се състои голямото откритие на Хусерл, е било радикализирано от последния с цел да се изведе *алтер егото* от *егото*. Плътта като обща природа се разкрива като полюса на съотнасяне на всички тела, принадлежащи към тази собственоприсъща природа. Плътта е мястото на всички пасивни синтези, върху които се изграждат активните синтези, тя е ὕλη и произход на видоизменението, на превръщащото се в другост собствено. Оттук следва, че самостта имплицира една "собствена" другост, чиято основа е плътта, тъй като последната се явява като тяло измежду други тела, а аз самият – като Друг измежду Други. Но именно защото Хусерл е мислил Другия само като друго Аз, но не и Самия като Друг, той не е могъл да разреши парадокса, съдържащ се във въпроса: "Как следва да се обясни факта, че моята плът е едновременно с това и тяло?"

За да се отговори на този въпрос и да се изработи една онтология, която отчита както самоинтимността на тялото, така и неговата отвореност към света, би трябвало според Рикьор да се обърнем отново към *Sein und Zeit*, тъй като Хайдегер е този, който чрез понятията за битие-в-света, за състояние, за захвърленост и за фактичност определя философското място на плътта.

> Би могло дори да се каже – отбелязва Рикьор, – че връзката между тягостния характер на екзистенцията и задачата на дължимото в същия екзистенциал на афективно състояние най-добре изразява парадокса на конституиращата самостта другост и за пръв път придава на израза 'Самият като Друг' действителната му сила.[25]

Но възниква въпросът, защо Хайдегер не е разработил понятието за плът като самостоятелен екзистенциал? Отговорът на Рикьор е еднозначен – от една страна, акцентувайки прекомерно върху страха и битието за смъртта, Хайдегер подценява феноменологията на страданието, а от друга, той пренебрегва прост-

---

[25] Пак там, 378.

ранственото измерение на битието-в-света, тъй като го разбира като неавтентична форма на грижата.

Оттук Рикьор се опитва да разреши проблема за другостта на Другия като показва, че тази диалектика не бива да бъде еднозначно конституирана, било като, подобно на Хусерл, се прави опит за извеждане на *алтер егото* от *егото*, било като, подобно на Левинас, крайната инициатива за отговорността към самия себе си се оставя на Другия. Рикьор се стреми, напротив, да обоснове едно напречно виждане за другостта, което отчита двупосочното движение между примата на самооценката и идещия от Другия призив към справедливост. Така Рикьор стига до третия момент на пасивността и на другостта – до проблема за съвестта, която единствено може да откликне на този призив.

Тук Рикьор експлицитно изхожда от Хайдегеровото предизвикателство за де-морализирането на съвестта – за да се излезе от порочния кръг между "чистата" и "нечистата" съвест, следва да се направи връзка между феномена на съвестта с феномена на свидетелството без морални квалификации. Това де-морализиране е формулирано от Хайдегер по-най радикален начин в твърдението: "Съвестта се намира в известен смисъл 'отвъд доброто и злото'"[26]. Защото чрез съвестта си *Dasein* зове себе си, като отдава свидетелство за ужасяващия факт на своята захвърленост в екзистенцията. По този начин свидетелството се оказва вид разбиране, препращащо към същностните ни възможности.

На това де-морализиране на съвестта, което е насочено срещу ценностните възгледи на неокантианците и Шелер, Рикьор противопоставя своето разбиране за тясната връзка между свидетелството и призива. Според него да чуваш гласа на съвестта, значи да бъдеш призован от Другия:

> Докато Хайдегер свежда другостта на призива до неприветливостта и нищожествеността на изпадналата или пропадналата захвърленост и в крайна сметка редуцира другостта на съвестта до всеобхватната другост на битие-

---

[26] Пак там, 401.

то-в-света, центрирана спрямо плътта, то в противоположност на това ние сме изкушени да сближим другостта на повелителния зов и другостта на другия[27].

Но тук става въпрос за нещо повече от едно "сближение". Според Рикьор повелителният призив на Другия формира *структурата на самостта*, намираща се в дълбоко единство със самосвидетелството. Тъкмо тази структура и това единство изискват да се признае нередуцируемата специфика на начина по който другостта съществува.

2.3 Самостта: между текста и Другия

Рикьоровият прочит на Хайдегер внася яснота в дебата за деструкцията, като свързва децентрирането на субекта с границите на аподиктичността на когито. Неговата херменевтика на "аз съм", така както е очертана в *Конфликта на интерпретациите* и *От текста към действието*, съдържа обаче опасността от хиперболизиране на значението и ролята на езика. Ако всяко саморазбиране се осъществява единствено чрез тройното опосредстване чрез знаци, символи и текстове[28], ако може да се стигне до онтичните структури само чрез езика, респективно ако "аз съм" стига до битието единствено чрез околните пътища на текста, тогава словото придобива първичен характер[29]. Рикьоровата херменевтика на самостта се колебае очевидно между едно първично и едно вторично определение на ролята на езика:

> В известен смисъл езикът е първичен, тъй като чрез това, което човекът изказва, винаги може да се разгърне смисловата мрежа, в която се намират присъстващите. Но в друг смисъл езикът е вторичен (...) езикът иска да *изка-*

---

[27] Пак там, 406.
[28] Paul Ricœur. *Du texte à l'action. Essais d'herméneutique II*. Paris: Seuil, 29-32.
[29] Paul Ricœur. *Le conflit des interprétations,* . 252, 261-262; срв. Paul Ricœur/ Yvanka B. Raynova. "Der Philosoph und sein Glaube", *Deutsche Zeitschrift für Philosophie* 52 Jg., 2004, Heft 1, 85-112.

же, тоест да *покаже*, да доведе до настояще, да доведе до битие (...) Принадлежността на езика към битието изисква следователно да се преобърне за последен път отношението, така че самият език да се яви като начин на битие в битието.[30]

Следователно Хайдегер е този, на когото Рикьор дължи, поне номинално, решението си в полза на примата на битието на езика и на говорещия като битие-в-света. За разлика от дебатите върху когито, битието като такова не се превръща за Рикьор в обект на самостоятелно изследване. Ако "Рикьоровата интерпретация на субекта у Хайдегер се оказва донякъде едностранна"[31], то това не е, както твърди Марко Буцони, защото Рикьор "измества на заден план трансцендентално-херменевтичното измерение на онтологията на самостта в ползата на нейния етично-херменевтичен аспект"[32], а защото той пренебрега онтико-онтологичното измерение на херменевтиката на "аз съм" в полза на нейните трансцендентални, семантични, етични и социални димесии. Това важи поне за "дългия път" (*la voie longue*), такъв какъвто е описан в двата тома на *Херменевтичнитете опити*.

В *Самият като друг*, околният път на Рикьоровата феноменология отвежда, както видяхме, и в една друга насока, а именно – към една херменевтика на фактичността, обогатена чрез онтологията на плътта. В това произведение самостта вече не се самопознава изключително чрез текста, а преди всичко чрез Другия:

---

[30] Пол Рикьор. *Конфликтът н интерпретациите*, 259.
[31] Marco Buzzoni. "Zum Begriff der Person. Person, Apriori und Ontologie bei Heidegger und Ricœur", in: Dieter Pappenfuss, Otto Pöggeler (Hrsg.). *Zur philosophischen Aktualität Heideggers*. Bd. 2. Frankfurt am Main: Klostermann, 1990, 233.
[32] Пак там. Следва да се подчертае, че Рикьор изследва експлицитно трансцендентално-херменевтичното измерение, в частност трансценденталното различие и трансценденталното в езика, но като изхожда от Хусерл (Пол Рикьор. *Конфликтът на интерпретациите*, 252 и сл.).

Чрез тази херменевтика се появява една нова диалектика между същото и другото, която свидетелства по различни начини за това, че тук другото не образува само обратната страна на същото, а че принадлежи към неговата най-дълбока смислова конституция. В същностно феноменологичен план различните начини, по които Другият като самост афицира саморазбирането, указват именно разликата между самополагащото се его и самостта, която се самопознава единствено чрез тези афекти.[33]

Това ново саморазбиране, което се характеризира чрез трите начина на съществуване на другостта (собствената плът, Другия и съвестта) дава възможност за едно разширено разбиране на самостта и за едно по-нататъшно развитие на херменевтичната феноменология по посока на ранния Хайдегер, обогатена вече чрез социалните, етико-политическите и комуникативните елементи, липсващи в Хайдегеровата философия[34]. Последова-

---

[33] Paul Ricœur. *Soi-même comme un autre*. Paris : Seuil, 1990, 380.
[34] Хелмут Фетер отбелязва например, че ако се сравни Хайдегер с Дилтай, то "у Хайдегер ще се установи липсата на спецефично комуникативния момент. Дилтай тълкува разбирането по начин, по който то се оказва винаги в релация и предимно в корелация с друго разбиране (...) Макар че и Хайдегеровото понятие за разбиране не може да се вземе абтрактно и изолирано, то другите се явяват "преди всичко и най-често" в модуса на Man, докато "автентичното" срещане с тях изисква наличието на собственото ни съществуване като Dasein. Остро формулирано може да се каже, че Хайдегеровото понятие за разбиране е релативно, но не и корелативно" (Helmut Vetter. "Dilthey statt Nietzsche – eine Alternative für Heidegger. Ein Beitrag zum Thema 'Lebens-philosophie und Phänomenologie'", in: idem. *Nach Heidegger. Einblicke – Ausblicke*. Frankfurt am Main: Peter Lang, 2003, 198). Нещо подобно констатира и Рикьор: "Внезапният преход от единичната към колективната съдба става понятен в *Sein und Zeit* чрез твърде рядкото позоваване върху екзистенциалната категория на съ-битието. Казвам 'твърде рядко', тъй като в параграфа, посветен на съ-битието (§ 25-27) чрез категорията 'Man' се разкриват най-вече деградиралите форми на ежедневието. А по-стигането на самостта се осъществява винаги на фона на 'Man' без оглед на автентичните форми на общност или на съвместна помощ" (Paul Ricœur. *Temps et récit*. Vol. 3, Paris : Seuil, 1985, 137). Произведения като *Du texte à l'action, Soi-même comme un autre, Amour et justice, Le juste, La mémoire, l'histoire et l'oubli* откриват тези перспективи на автентично общуване отчасти с Хайдегер, отчасти отивайки отвъд него, като поставят феноменологията в диалог с психоанализата, структурализма, аналитичната филосо-

телното развитие в тази насока изисква обаче един обратен прочит на Рикьоровия околен подход и предложената от него интерпретация на Хайдегер, тоест вид *lecture à rebours*[35], или прочит, който да не обвързва разбирането и херменевтичния метод първоначално с текста, а със захвърлеността и предоставеността-на-самия-себе-си (*Sich-selbst-überlassen-Sein*). Защото ако приемем самия текст като форма на другостта и като само един от възможните подходи към самостта, ако поемем пътя към себе си и другия не само чрез символиката, рефлексията и спекулативното мислене[36], а и чрез възприятието и погледа[37], то тогава можем да достигнем до едно по-пълно и задълбочено разбиране. Нещо повече, това би ни позволило да очертаем херменевтичния кръг "битие-в-света – разбиране – тълкуване" по един по-консеквентен начин, без колебания, дилеми и разриви.

фия, дискурсната етика, политическия либерализъм и др. При това се открояват не само междуличностните, но и безличните институционални отношения между индивидите (Виж: интервюто ми с Рикьор, "Пол Рикьор: *Quo Vadis*?", в кн.: Иванка Райнова. *Философията на XX век*. Плевен: ЕА, 1995).

[35] Тук използвам съзнателно изразът на Жан Грейш с цел да предложа една различна алтернатива (Jean Greisch. "Vers une herméneutique du soi. La voie courte et la voie longue", in : *Ethique et responsabilité – Paul Ricœur*. Textes réunis par Jean-Christophe Aeschlimann, Neuchâtel: La Baconnière, 1994, 155-173).

[36] Виж: Paul Ricœur. *La métaphore vive*, Paris : Seuil, 1975, 396-399.

[37] Тук имам предвид *Феноменология на възприятието* на Мерло-Понти (виж: Maurice Merleau-Ponty. *La phénoménologie de la perception*. Paris: Gallimard, 1945, 491 и сл.) и анализа на погледа в *Битие и нищо* на Сартр (Jean-Paul Sartre. *L'être et le néant*. Paris : Gallimard 1970, 306-307), тъй като Рикьор третира погледа и виждането предимно от перспективите на Витгенщайн и Хайдегер (Paul Ricœur. *La métaphore vive*. Paris : Seuil, 1975, 1975, 25, 287, 347), а и отчасти и на Левинас (Paul Ricœur. *Soi-même comme un autre*. Paris : Seuil, 1990, 219 и сл., 410), което е недостатъчно.

3

МЕЖДУ БИТИЕТО-ЗА-СЕБЕ СИ И БИТИЕТО-ЗА-СВЕТА

Една от основните цели на ранната философия на Рикьор се състои в това, да ревизира феноменологическата концепция на Хусерл и, опирайки се на вече стореното в постхусерлианската мисъл, да допълни феноменологията с развиването на една проблематика, останала дотогава малко засегната, а именно тази за волевото и безволевото. В този смисъл той заявява на редица места, включително и в едно от интервютата с мен, че онова, което го е занимавало в самото начало, е въпросът за структурата на човешката дейност и тъй като Мерло-Понти вече е бил разработил проблема за възприятието, той се е питал какво остава да бъде направено, за да се изясни въпроса за човешката дейност. В разговор с Франсоа Азуви и Марк Лоне, Рикьор си спомня за първите си срещи с Мерло-Понти в Лион през периода 1945-1948 г., като посочва:

> Тъй като, по мое мнение, той беше положил по съвършен начин жалоните в полето на феноменологическия анализ на възприятието и на неговите механизми, за мен не оставаше друга област – поне така смятах тогава – освен тази на практическия опит (...) Имах чувството, че до този момент във феноменологията бе третиран само аспекта на представата в интенционалността и че цялата практическа област, емоционалната област – колкото и да се възхищавах на книгата на Сартр върху емоциите – не бе действително изследвана.[1]

---

[1] Paul Ricœur. *La critique et la conviction. Entretiens avec François Azouvi et Marc de Launay.* Paris: Calmann-Lévy, 1995, 46.

В своята интелектуална автобиография, *Réflexion faite* (1995), която бива почти винаги цитирана по този повод, Рикьор пояснява, че за него е било важно да предложи "едно практическо допълнение на *Феноменология на възприятието* на Мерло-Понти"[2]. Това изказване се тълкува от интерпретаторите обаче по различен и даже противоположен начин. Някои като Франсоа Дос са сякаш склонни към силно артикулиране на влиянието на Мерло-Понти върху Рикьор, задавайки въпроса, дали неговия феноменологичен път не е "вдъхновен от Мерло-Понти"[3], други като Жан Грейш, реагирайки срещу "двусмислието" на формулировките на Дос, приемат, че става дума само за "допълнение", тъй като Рикьор е бил по-скоро под влияние на Габриел Марсел и на Хусерл[4]. По-предпазлива изглежда Франсоаз Дастюр, когато посочва, че във *Волевото и безволевото* Рикьор се стреми "да даде едно описание на въплътената екзистенция чрез трансформацията на феноменологическия метод. В това отношение" – отбелязва тя – "Рикьор се ситуира в голяма близост до Мерло-Понти и неговата интерпретация на Хусерловата феноменология в излязлата през 1945 г. *Феноменология на възприятието*", като тази "близост" тя вижда в акцентирането и на двамата мислители върху границите на ейдетическия анализ на Хусерл[5].

Тъй като нито Дос, нито Грейш, нито Дастюр не се спират по-подробно на Рикьоровата рецепция на Мерло-Понти, целта на моя доклад е да предложи един по-подробен анализ на проблема като го изследва, от една страна, чрез феноменологията на волевото и безволевото, а от друга, чрез два текста на Рикьор върху Мерло-Понти, които не са получили досега достатъчно внимание.

---

[2] Paul Ricœur. *Réflexion faite. Autobiographie intellectuelle*, 23.
[3] François Dosse. *Paul Ricœur. Les sens d'une vie*. Paris: La Découverte, 1997, 128.
[4] Jean Greisch. *Fehlbarkeit und Fähigkeit. Die philosophische Anthropologie Paul Ricœurs*. Berlin: Lit Verlag, 2009, 42.
[5] Françoise Dastur. "Volonté et liberté selon Paul Ricœur". In:Myriam Revault d'Allonnes, François Azouvi (ed). *Paul Ricœur*. Paris: Éditions de l'Herne, 2004, 181.

3.1 Рецепцията на Хусерл и Мерло-Понти във феноменология на волята

В изследването на волевото и безволевото Рикьор тръгва в действителност не от Мерло-Понти, а от Хусерл и, по-конкретно, от някои негови указания в *Идеи за една чиста феноменология и феноменологична философия*, където се подчертава, че проблематиката на волята трябва да бъде изцяло обновена от метода на интенционалния анализ, оказал се плодотворен по отношение на възприятийното (рецептивното) съзнание и върху плана на обективиращите актове. Според Рикьор самият Хусерл дава някои насоки за приложението на този метод върху "афективните и волеви преживявания". Първо, той показва, че приложена към тези нови преживявания, феноменологията трябва да верифицира универсалността на интенционалния анализ и, в частност, универсалността на разграничението между ноемата и ноезата. С други думи, става въпрос да се провери, дали анализът на ноетико-ноематичните структури, който е бил разработен по отношение на възприятието, въображението, паметта, съждението и пр., тоест най-общо по отношение на представата, е валиден и за обемния афективен и практически сектор на съзнанието. Второ, това разширяване на интенционалния анализ следва според Хусерл да послужи за потвърждение, че съставните или "синтетични" преживявания, към които той причислява афектите и желанията, не поставят под въпрос примата на обективиращите актове, които са вариации на прости представи. С други думи, афективността и волята се изграждат *върху* представата, като някакви по-сложни преживявания, които се основават върху по-прости, които именно ги фундират[6]. Целта, която си поставя оттук Рикьор, се състои в това да покаже както плодотворността, така и ограничеността на Хусерловия интенционален метод по отношение на една феноменология на волята, която не може да бъде затворена в трансценденталния план на представата. За осъществяването на тази цел Рикьор проце-

---

[6] Paul Ricœur. "Méthode et tâches d'une philosophie de la volonté". In: idem. *A l'école de la phénoménologie*, Paris : Vrin, 1986, 59-60.

дира методологически като предприема един троен подход: първо, разглеждане на волевото и безволевото на нивото на дескриптивния анализ, второ, на нивото на трансценденталната конституция и, трето, на нивото на онтологическия анализ. Именно на тези три нива може да се открият според мен общите точки, както и различията с Мерло-Понти и да се изясни, какво всъщност Рикьор е реципирал от *Феноменологията на възприятието*.

На първото ниво, което може да бъде условно означено като "защита" на Хусерловата феноменология, изложена в *Идеи*, Рикьор набляга върху евристичността на ноетико-ноематичния анализ като подлага на критика някои рецепции на феноменологията, очевидно визирайки не другиго, а Мерло-Понти:

> Плодотворността на ноетико-ноематичния анализ от периода на *Идеи* бе несъмнено подценена от поколението феноменолози, които се отправиха непосредствено към произведенията от периода на *Кризата*. Според мен тази феноменологическа школа търси в теорията за *Lebenswelt* твърде бързо вдъхновението на една синтетична дескрипция – ако при всеки проблем ние се отправяме директно към "екзистенциалния проект", към "движението на екзистенцията", което съпровожда всяко автентично човешко поведение, ние рискуваме да изгубим спецификата на проблемите, да потопим контурите на различните функции в някакъв вид недиференциран екзистенциален монизъм, който в крайна сметка води до повторение на същата екзегетика на "екзистенцията" относно въображението, емоцията, смеха, жеста, сексуалността, словото и т.н.[7]

С други думи, без структурирането и диференцирането на феномените на човешката дейност и поведение на едно общо, ейдетично ниво, те както и самите актове на съзнание в които се явяват, ще се окажат неразграничими един от друг. Според Рикьор силата на Хусерловата феноменология се състои, тъкмо

---

[7] Пак там, 61-62.

напротив, в ноематичната рефлексия и дескрипцията като способност за най-общо структуриране, разграничаване и означаване на преплетените интенционалности. С цел избягване на неодразумения от сорта, че при ноематичната рефлексия става въпрос за някакъв анализ на самото съзнание, Рикьор пояснява как тя следва да се разбира:

> Той [Хусерл] разбира под това една рефлексия, отнасяща се несъмнено до преживяването, но до неговата "страна", до преживяването, което не е самата интенционална насоченост на съзнанието, а негов корелат, тоест една рефлексия върху фронталното на различните интенционални насочености на съзнанието : именно като рефлектираме по предпочитание върху обекта на волята (*le voulu*), върху този на емоцията, върху този на въображението, ние стигаме до разграничение на самите актове, на самите интенционални насочености на съзнанието. Например едно е да проявяваш акт на воля, друго – акт на движение, тъй като техните корелати са различни.[8]

Тук специално се спирам на този пасаж, за да онагледя, първо, една от съществените разлики в рецепцията на Хусерловата феноменология от страна на Рикьор и на Мерло-Понти, и второ, за да укажа един съществен момент, свързан с Хусерловата ре-интерпретация на Брентановата концепция за интенционалността и представите. За Брентано психичните феномени са или представа, или пък произтичат, подобно на съжденията и емоциите, от представата (*Vorstellung*) като събитие (*Ereignis*), тоест като акт на поява и на явяване, в който нещо "става явно" за нас. Въз основа на интенционалната си насоченост към онова, което те визират, тоест към интенционалния корелат, феномените биват класифицирани от Брентано в три групи – в представи, съждения и емоции[9]. Тази схема, която се възприема най-общо и от

---

[8] Пак там, 62.
[9] Franz Brentano. *Psychologie vom empirischen Standpunkt*. Hamburg: Felix Meiner, 1973, 111-112; Franz Brentano. *Vom Ursprung sittlicher Erkenntnis*. Hamburg: Felix Meiner, 4 Aufl. 1969, 16-18.

Хусерл, обяснява защо последният отделя фундаментално значение на представата и по отношение на сектора на емоциите и волята – нещо, което ще стане повод за критика и съществена ревизия от страна на Рикьор. Тук искам да подчертая, че освен, че със схващането си за събитието Брентано избягва обект-субектното разцепление, неговата концепция за отношението между представи, съждения и емоции/афекти (към които спадат проблемите за волевото, мотивите, ценностите и пр.) е много по-сложна, отколкото тази на Хусерл, тъй като макар и да приема за основа представата, Брентано показва, че може да съществува както преплетеност на трите вида феномена, така и относителна самостоятелност[10]. Рикьор отива обаче по-нататък, показвайки, че "практическият живот на съзнанието" не може да бъде затворен във и обяснен чрез представата, доколкото указва на безволевото като една област, която е извън съзнанието като негова фактичност, ситуация, външна мотивация и пр., тоест отвъд трансценденталното поле. За да докаже това, той прилага Хусерловата ноематическа рефлексия към волевия корелат:

> Волевият обект (*le voulu*) обозначава най-напред *онова*, което решавам, *проекта*, който формирам; ние разбираме проекта в строгия смисъл като корелат на акта на решението; в проекта аз означавам и обозначавам в празен наглед едно бъдещо действие, което зависи от мен и което е в моя власт. Проектът е сегашно деятелно причастие (*l'action au gérondif*), бъдещо действие, в което съм имплициран (във винителен падеж) като този, който ще осъществява нещо (в именителен падеж) в качеството на можещ.[11]

От този пасаж се вижда ясно, че ранната философия на Рикьор, която бива често означена като философска антропология на "погрешимия човек", съдържа и се основава от самото начало

---

[10] Franz Brentano. *Psychologie vom empirischen Standpunkt*. Hamburg: Felix Meiner, 1973, 120.
[11] Paul Ricœur. "Méthode et tâches d'une philosophie de la volonté". In: idem. *A l'école de la phénoménologie*, Paris : Vrin, 1986, 63.

върху понятието за "можещия", за "способния човек". Така или иначе, проектът, като израз на волевия акт, предполага, както показва Рикьор, редица детайлни анализи като тези на императивната функция, означаваща онова, което трябва да бъде сторено и то от мен, а не от някой друг. Решението, което ме задължава, ме указва същевременно като правоспособен субект, който с това, че "се решава.. да" поема определена отговорност. То свидетелства също така и за определена мотивация – "аз се решавам, *защото*...", – която разкрива несъстоятелността на натуралистическите каузални обяснения на човешката воля и дейност и показва необходимостта от опосредстващи анализи на сложното взаимоотношение между тялото и волята. Вторият основен момент в ноематическата рефлексия, приложена от Рикьор, се отнася до *дейността*, към която неминуемо ни препраща волята:

> Но онова, което "трябва да бъде извършено" е по пътя на извършването: тук интенционалната структура, която ни се предлага, е тази на дейността (*l'agir*); волевият акт не означава вече в някакъв "празен наглед", той твори в настоящето; аз създавам нещо налично като извършено от мен и целият свят с неговите пътища и пречки, с неразрешеното и отминалото, е материята и контекста на моята дейност. За разлика от проекта, "извършеното от мен", бих казал "действието", е в света, а не на фона на света. То е в света, а не *вътре в* моето тяло; това, което "извършвам", не е някакво движение, нито дори някакъв сложен жест, схванат в цялостното поведение на тялото; действието "преминава през" тялото – то не е обекта на действието, дори в широкия смисъл на корелат, а негов *орган*; чрез неговата функция на орган, където то угасва, то е открито за цялостната творба (което аз изразявам чрез всички инфинитиви на действие – тичане, работене и т.н.), творбата е по този начин моят практически отговор, вписан в тъканта на света, отговор на една непосредствено откриваща се трудност.[12]

---

[12] Пак там, 64.

Третият момент, който ни разкрива ноематическата рефлексия на волята, се отнася до един по-скрит феномен, а именно този на "съгласието" (*consentir*). Под съгласие Рикьор разбира активното възприемане на необходимостта във и извън самия мен, която е моята ситуация и условието ми на съществуване като живо същество, проявяващо воля. Само въз основа на това осъзнаване и активно поемане на необходимостта е възможна според Рикьор "една феноменология на крайността, на скритото (или безсъзнателното) – накратко, една феноменология на *състоянието* на съществуване в лоното на самия *акт* на съществуване"[13].

Трите глави на *Волевото и безволевото* изразяват именно тези три момента, като във всяка от тях анализът започва от описание на волевия аспект, след което се указва на безволевите структури, които ги предполагат и накрая, се прави опит за синтез, даващ възможност за едно интегрално разбиране[14]. Рикьор специално указва на евристичността и ползата от Хусерловия дескриптивен анализ. От една страна, дескрипцията дава възможност за разбиране на безволевото чрез разкриване на смисъла му – нещо, което класическата психология не е в състояние, тъй като надграждат волята над низшия етаж на елементарните функции и я обявяват за определяща, без да виждат безволевото като съществуващо "за" волевото под формата на мотив, орган, ситуация и пр. От друга страна, тя дава възможност да се доведе конституираната воля до конституивния акт, който е първичният акт на съзнанието, тоест "активната синтеза", тъй като и в момента на "пасивност", напр. когато се колебая, аз всъщност се въздържам от решение, но оставам в категорията на решението, както мълчанието ми остава в категорията на езика. За разлика от Хусерл и по подобие на Мерло-Понти, който набляга на връзката между феноменологическата философия и хуманитарните науки (науките за човека), Рикьор подчертава, че натуралистичното познание за човека, това на емпиричната психология, на психофизиологията, на психопатологията и пр., не тряб-

---

[13] Пак там, 65.
[14] Виж Paul Ricœur. *Le volontaire et l'involontaire*. Paris: Aubier, 1949, 9.

ва да се отхвърля напълно, тъй като това обективно, наивно познание често имплицитно съдържа "една добра феноменология" (напр. тази на Толман, Кьолер, Кофка, Левин), боравеща с "факти", които могат да бъдат използвани като *диагноза* на феноменологическото преживяване. По този начин чрез вземането на отношение към диагнозата, феноменологията участва в работата на психологическата наука като разработена "същностите" на преживяването, намиращи се в напрежение спрямо понятията на науката[15]. Този подход показва още веднъж стремежа на Рикьор за преодоляване на Хусерловия идеализъм по посока на една онтологична феноменология, която не отрича просто психологизма, а търси диалог с психолозите.

На второто ниво, нивото на трансценденталната конституция, става въпрос за преход от интенционалния анализ към това, което Рикьор нарича "екзистенциална синтеза", при което се поставя под въпрос цялостната интерпретация на живота на съзнанието. Оттук Рикьор си задава легитимния въпрос, дали предходните подходи, а именно приемането на акта на волята за "конституиращ" и "първичен" – две Хусерлови понятия – не потвърждават всъщност трансцеденталния идеализъм? На това място той изрично подчертава, че трябва да се разграничава феноменологическия *метод* от феноменологическата *доктрина*, което дава възможност за използване на резултатите на първия срещу втората и за доказване на неговата теза, че трансценденталният идеализъм е валиден само в границите на една теория на представата на нагледното съзнание. За Хусерл този проблем не се е поставял, тъй като той е считал афективните и волевите преживявания за основани върху представата. Но този примат на обективиращите актове се дължи според Рикьор на един логицистичен предразсъдък, който *не се верифицира* от непосредствената рефлексия върху практическия живот. Волевият акт придава смисъл на света по един начин, който открива нещо възможно в праксиса като изпълва реалното с човешки творби и оцветява с човешката търпеливост или бунт самата съпротива на

---

[15] Paul Ricœur. "Méthode et tâches d'une philosophie de la volonté". In: idem. *A l'école de la phénoménologie*, Paris : Vrin, 1986, 68.

реалното. Затова ноематическата рефлексия върху проекта (или корелата на решението), върху прагмата (или корелата на действието), върху ситуацията (или корелата на съгласието), не разкрива нищо от обективиращия характер, който Хусерл смята, че открива като първоначална смислова основа на афективните и практическите слоеве на съзнанието. Логицистичният предразсъдък на Хусерл се състои в това, че той смята, че зад всички граматически модуси на индикатива, императива и пр. се крие някакъв общ смисъл, някакъв quid общ за всяка ноема, нещо неутрално, нещо като инфинитив (ядене, пътуване, рисуване). Но този общ смисъл не е, според Рикьор, никаква представа, а една абстракция, изведена от цялостната ноема, едно логико-граматическо действие. Позовавайки се на Декарт, Рикьор подчертава, че "Je veux" (аз желая като волеви акт) е първично, доколкото разгръща по свой начин "Аз мисля":

> Следователно изглежда не може да се отрече, че волевият живот придава един привилегирован и нередуцируем достъп до проблемите на конституцията. Той притежава един собствен начин на израз на *Sinngebung* на съзнанието. Подобно на Бога на Спиноза, съзнанието е изцяло само в едно от своите лица; само човешкото съществуване в неговата цялост "придава смисъл" като възприема, проявява воля и въображение, чувства и пр.[16]

Практическият живот на съзнанието поставя следователно специфични проблеми, които според Рикьор не могат да бъдат разрешени чрез никаква интерпретация на представата. Какво следва тогава от това? Може ли, пита Рикьор, да се спаси Хусерловия идеализъм като се отъждестви трансценденталното с екзистенцията, както прави напр. Мерло-Понти? Именно на това място Рикьор се опитва да покаже в какво точно неговата философия на волята се различава от феноменологията на възприятието на Мерло-Понти. На пръв поглед би могло да изглежда, че Рикьор прави нещо подобно, когато обявява "*Je veux*" за консти-

---

[16] Пак там, 71.

туиращо на човешкото безволево. Но това е вярно само отчасти, тъй като философията на волята премахва някои двусмислици в придаването на смисъл, които не могат да бъдат преодолени на нивото на представата. Наистина диалектиката на Мерло-Понти премахва първичните дуализми, наблягайки на неразчленимата единна личност, но същевременно стига до един "екзистенциален монизъм", до една рефлексия, която иска да се стабилизира на нивото на неразчленимото единство на човешката екзистенция. Противно на това Рикьор подчертава, че дуализмът може и трябва да бъде елиминиран като методология, като философски подход, за да се онагледи преживяваното единство на предрефлексивния волеви акт и собственото тяло, което обаче не премахва съществуването на една двойственост на екзистенцията[17]. Подобно на Мерло-Понти, Рикьор се опитва да аргументира една алтернатива отвъд идеализма и реализма (обективизма), като набляга от една страна на праксиса, на "практическото опосредстване" като изход от редукционизма и дуализма, а от друга той подчертава необходимостта от възприемане и трансформиране на данните на хуманитарните науки, и в частност на това, което той нарича "научна психология". Поради това феноменологията на волята атакува дуализма в неговия корен – от една страна, идеализма, като отъждествяване на мисълта със самосъзнанието, при което се запазват от волевото само рефлексивните моменти, а, от друга страна, обективната мисъл, която полага някакви "верни" за всички обекти в един свят, където безволевото и тялото са превърнати във вещи измежду другите, като забравя, че самата тя не е нищо друго освен съзнание, за което съществуват обекти. Напротив, фундаментът, от който изхожда феноменологията на Рикьор, не е вече Хусерловата представа, нито "жизнения свят", реинтерпретиран екзистенциално от Мерло-Понти, а отношението, възстановяващо единството на преживяване и екзистенция чрез едно принадлежащо на своето индивидуално тяло съзнание[18]. Оттук Рикьор показва връзката между воля, способност, тяло и праксис:

---

[17] Пак там, 76.
[18] Пак там, 73.

От само себе си се разбира, че във волевото движение волевият акт (*vouloir*) и способността (*pouvoir*) се преплитат и че се премахва тази дистанция към вещите и тази форма на иреалност на проекта. Но тук трябва да се извърши наново същото движение на връщане от рефлексивното повторение на усилието до онова движение, което се разгръща в подчиняващото се тяло и което е нерефлектираният волеви акт отвеждащ до вещите преминавайки през тялото. На това място трябва също така да се покаже как задвижената и привична на тялото спонтанност предшества волевото движение; нашите знания са също вид тяло; чрез граматически, изчислителни, социални и морални правила ние прибягваме към нови действия и по този начин ние движим знанието си, така както движим нашите способности.[19]

В тази концепция се вижда двойното влияние на Габриел Марсел и Морис Мерло-Понти относно "въплътеността", телесността, праксиса и опита за аргументиране на една концепция за интегралното Когито като жива екс-систенция.

3.2 Преосмислянето на *Феноменология на възприятието*

Прави впечатление, че двете статии като че ли се игнорират от изследователите, затова ще се спра по-специално на тях, което ще ми позволи накрая да направя по-точни изводи от извършените от мен по-горе анализи.

В първата статия, "В почит на Мерло-Понти" (1961), написана по повод смъртта му, Рикьор подчертава, че основата на цялото творчество на Мерло-Понти, без която не може да се види и разбере неговото единство и развитие, съставлява *Феноменология на възприятието*[20]. Тази констатация, която е несъмнено вярна, е в случая твърде интересна поради факта, че в писменото наследство на самия Рикьор едва ли има произведение,

---

[19] Пак там, 75.
[20] Виж Paul Ricœur. "Hommage à Merleau-Ponty". In: idem. *Lectures 2. La contrée des philosophes*. Paris: Seuil, 1992, 158, 162.

което може да се счита за толкова основополагащо и гарантиращо единството на неговото творчество. Значението на тази книга Рикьор вижда в няколко момента. На първо място в подхода на Мерло-Понти, който възприема резултатите от хуманитарните науки (психология, психофизиология, експериментална психология, психопатология) като ги преобразува чрез философията и, по-специално, чрез Хусерловата феноменология, продължавайки същата по един оригинален, неортодоксален начин:

> Чрез собствения си прочит на света и на човека в света, той [Мерло-Понти] поде наново, и то с голяма свобода, темата за собственото тяло, въведена от Габриел Марсел, тоест за живия опит на собственото ми тяло, на това тяло, което не е нито напълно някакъв обект, познаван отвън, нито напълно субект, прозрачен за самия него. С Мерло-Понти теорията за тялото се превърна изцяло в теория за възприятието – тялото се превърна в място на общата символика на света.[21]

От този пасаж се вижда ясно, че Рикьор е далеч от това да третира *Феноменология на възприятието* на Мерло-Понти като вид иманентизъм! По-нататък той подчертава, че неслучайно тук става въпрос за "една философия на двузначността", в която "няма нито съдба, нито напълно свободен акт; и тук реалното е също само двойното или нещо помежду"[22].

На второ място, значението на *Феноменология на възприятието* на Мерло-Понти Рикьор вижда в това, че тя разкрива спецификата на човешката участ, а именно дешифрирането на смисъл в хода възприемането, разкриващ се върху основата на без-смисъла на непрозрачността на суровото и мълчаливо наличие. Според мен това, както и схващането на Мерло-Понти, че свободата се разкрива въз основа на ситуациите, на преодоляването на пречките, не е твърде ново, тъй като тези два момента са характерни и за феноменологическата онтология на Сартр, но това е в случая подробност, която е важна най-вече поради това,

---

[21] Пак там, 159.
[22] Пак там, 160.

че Рикьор застава на страната на Мерло-Понти що се отнася до философските му възгледи, но твърде умерено и с грижата за "обективност" (тоест без субективна оценка и коментар) представя политическата битка между Мерло-Понти и Сартр[23]. За Рикьор съществениятт принос на Мерло-Понти е, че той превръща възприятието в модел на всички човешки дейности в една семантична игра на препращащи едно към друго значения.

По този начин, на трето място, с концепцията за възприятийния опит Мерло-Понти стига, според Рикьор, до едно схващане за дейността, което онагледява диалектиката между свобода и необходимост и което съдържа дори политически измерения. На тази основа той формулира по-късно и една философия на праксиса като продължение на философията на възприятието, продължаваща "младия" Маркс срещу "стария" и противопоставяща се на всеки вид комунизъм, идеология и митология, пречещи на левицата да заеме една реална политика, "способна да надживее илюзията за една истинска история, творена от революционната класа".

Рикьор завършва своя кратък обзор на творчеството на Мерло-Понти, като посочва постепенното съмнение на последния относно фундаменталното значение на възприятието като първична основа на човешката дейност и постъпателния преход към една философия, която под влиянието на Хайдегер, поставя в центъра словото и езика.

> Изказът бива все повече разбран като достъп до незримото – до Невидимото – на съществата (...) Към семплата идея за въплъщението на човека чрез едно възприемащо тяло в един възприеман свят бе прибавена или субституирана, според израза на *Знаци*, "идеята за едно виждане, за едно действено слово, за едно метафизическо действие на плътта, за един обмен, където видимото и невидимото са строго симултанни".[24]

---

[23] Пак там, 160-162.
[24] Пак там, 164-165.

Оттук въпросът, с който завършва Рикьор е понятен, а именно – дали този поврат към езика на късния Мерло-Понти е само продължение на първоначалните теми на *Феноменология на възприятието* (континуитет) или, напротив, става въпрос за някаква "втора философия", съществено различна от "първата" (дисконтинуитет). Рикьор избягва да даде някакъв отговор, завършвайки с думите, че преждевременната смърт на Мерло-Понти е непреодолимо препятствие за даването на някаква оценка.

Втората статия на Рикьор, "Мерло-Понти: отвъд Хусерл и Хайдегер" (1989), е, напротив, строго оценъчна. Може би защото след посмъртното публикуване на *Видимото и невидимото* (1964), на неговите лекции пред Колеж дьо Франс (1968), както и на *Прозата на света* (1969), възниква същият въпрос, който, както вече отбелязах, някои си задават и относно творчеството на самия Рикьор, а именно – дали има някакъв поврат от Хусерл, заемащ основно място в ранното творчество, към Хайдегер, преобладаващ в късното. Според мен статията на Рикьор, която неслучайно се спира само и единствено на *Феноменология на възприятието*, е изключително показателна както за рецепцията му на Мерло-Понти, така и за собствената му позиция относно значението на двамата немски философа за феноменологията. Рикьор подчертава, че третата част на *Феноменология на възприятието* е "пробния камък" за разбирането на различията между Хусерл и Хайдегер, както и за дистанцията, която Мерло-Понти поставя между възгледите си и тези на двамата му учители. И по-конкретно, главата върху времевостта, която представлява за Рикьор нещо като мост между главата върху Когито и тази върху свободата, предава накратко новаторския момент, който Мерло-Понти осъществява по отношение на Хусерловите *Лекции върху вътрешното времесъзнание* и втората част на Хайдегеровото *Битие и време*. Тази глава неслучайно е наречена "Битието за себе си и битието за света", като първото указва на Хусерловата интенционалност, а второто на Хайдегеровото битие-в-света. Доколкото анализът на Когито показва, рефлексивната дейност е неизменно свързана с активната трансценденция, то свързва интенционалността, където обектът е единство на множество профили (*Abschattungen*) с битието-в-света, което не е някаква психологическа или трансцендентална иманентност в някакво конституиращо съзнание, а както подчертава Мерло-Понти "дълбокото движение на трансценденцията, което е самото ми битие, симултанния контакт на моето битие с битието на света"[25]. Това дава основание на Рикьор да заключи, че отказът на Мерло-Понти от всяко конституиращо съзнание го отдалечава от Хусерл и приближава до Хайдегер. Същевременно разглеждайки отношението между рефлексията и нерефлектираното като изпълняващо действие, Мерло-Понти отново ни препраща към Хусерл. Нещо повече, според Рикьор тъкмо в обкръжението на Хусерл се появява у Мерло-Понти и първата препратка към времевостта, като посочва, че в качеството си на утаечен феномен безвремевото убягва от течението на времето. Но основният момент, разкриващ принадлежността на Мерло-Понти към хусерлианството, се състои в концепцията му за Когито, нещо, на което Рикьор не случайно набляга, тъй като това изразява и неговата собствена позиция, както ще видим в следващата глава. Рикьор подчертава:

> Онова, което най-вече характеризира верността към хусерлианството от страна на Мерло-Понти, е запазването на доверието към проблематиката на Когито. Когито не бележи неизбежния залез на модерната мисъл. То може все още да бъде спасено, вярно е, чрез една драстична ревизия, която именно размисълът относно времето въвежда – "Накратко, ние придаваме на Когито една времева плътност", заявява Мерло-Понти (с. 456). Дали *Феноменология на възприятието* е следователно само един вариант на Хусерловата феноменология в последната ѝ фаза? Тъкмо в момента, в който тази хипотеза започва да приема реални очертания, анализът на Когито убягва на верността към Хусерл и отново сякаш клони към страната на Хайдегер. Понятието за "мълчаливото Когито" е, което

---

[25] Paul Ricœur. "Merleau-Ponty : par-delà Husserl et Heidegger". In: idem. *Lectures 2. La contrée des philosophes*. Paris: Seuil, 1992, 166.

довежда до това явно преобръщане – мълчаливото Когито е мястото на обвързаността ми със света преди всяко осъзнаване (...). Мълчаливо Когито и първичен проект на света са едно и също нещо. Значи ли това, че Мерло-Понти се колебае и люшка между Хусерл и Хайдегер? Или, напротив, не отвежда ли *Феноменология на възприятието* автора си отвъд единия и другия? Може би именно главата върху "времевостта" дава възможност да се реши този въпрос.[26]

Рикьор посочва, че на пръв поглед позицията на Мерло-Понти изглежда хусерлианска, доколкото се опитва да обясни времевостта и субективността една чрез друга. Това се вижда от твърдението му, че не съществува време във вещите, че само в полето на моето присъствие се появява времето с неговите различни измерения. В духа на Хусерл протича и дескрипцията на времевостта като мрежа от интенционалности, характеризираща се с обмен между протенции, ретенции и поле на присъствие. Онова, което го сближава с Хайдегер е придаването на примат на въпроса за времето като цялостно-битие по отношение на играта на интенционалностите, в светлината на което Хусерловата диаграма е обявена за моментен разрез на времето, което не е надробено на множество взаимосвързани феномени, а един-единствен феномен на протичане. Съществува едно-единствено време, а не някакво настояще с перспективи на бъдеще и минало, следвано от друго настояще, изискващо някакъв идентичен наблюдател, с други думи – съществува една времева ек-стаза. Следователно континуитетът на времето е първоначалната основа на интенционалните игри. На това място, което говори за ясен уклон към Хайдегер, Рикьор отново показва как Мерло-Понти ненадейно поема към Хусерл, като дава примат на настоящето – ако съществува време за мен, то това е, защото притежавам настояще.

Всички тези люшкания, или "свободни преходи" от Хусерл към Хайдегер и обратно, са илюстрирани от Рикьор обстойно с цитати с цел да докаже своята теза, че Мерло-Понти е

---

[26] Пак там, 166-167.

искал да онагледи *дълбокото родство* между тези два феноменологически проекта. Ключът на този подход Рикьор вижда в интерпретацията на интенционалността от страна на Мерло-Понти, а именно, че под интенционалност той не разбира активната, тетическа интенционалност на *Логически изследвания*, а служещата, оперативната, разработена във *Формална и трансцендентална логика*. Според Рикьор тази оперативна интенционалност е свързана с Хайдегеровата трансценденция. Също така, когато Мерло-Понти говори за синтеза във връзка с времевата цялост, той има предвид не някаква конституирана от субекта синтеза, а една конституираща го композиция, тоест нещо като "пасивна синтеза", която има отношение към Хайдегеровото изместване на проблематиката на съзнанието към тази на *Dasein*. В крайна сметка, най-съществениятт принос на Мерло-Понти се състои, според Рикьор, в показването чрез концепцията за времето на изход отвъд Хусерловия идеализъм и едно възможно спасение на Когито чрез самото Хайдегерово онтологическо тълкуване:

> Гениалността на Мерло-Понти се състои в това, че, от една страна, той забелязва в Хусерловата феноменология на времето един анализ, който подкопава всеки идеализъм на *Sinngebung* (придаване на смисъл) и изисква преработване на понятията за интенционалност и конституция в съответствие с примата на битието-в-света; от друга страна, че съзира в Хайдегеровата херменевтика не толкова някакъв разрив с всяка феноменология на субективността, колкото прехвърлянето й в един онтологически език, който продължава нейната ефикасност (...) Подкрепата, която Мерло-Понти търси у Хайдегер за мислене на времето в неговата "цялост" като преход, засилва по парадоксален начин субективността – времевостта е субект, доколкото субектът е времевост.[27]

В предходната глава, третираща проблема за Когито в Рикьоровата интерпретация на Хайдегер, ние видяхме как Рикьор в

---

[27] Пак там, 171.

своята херменевтика на самостта продължава де факто този опит на Мерло-Понти за спасяване на Когито, макар и да не се позовава на него. Аз няма да дискутирам доколко тези интерпретации на Хусерл и особено на Хайдегер са основателни или не, тъй като това, което ни интересува тук е Рикьоровата рецепция на Мерло-Понти, която според мен оказва влияние и върху прочита му на Хусерл и Хайдегер. С оглед на по-късната Рикьорова херменевтика на самостта от особено значение е заключението на тази статия, където Рикьор показва как чрез конвергирането на Хусерл и Хайдегер Мерло-Понти отива отвъд тях. Това конвергиране се осъществява чрез "смелото" въвеждане на Кантовото понятие за самоафициране, което Хайдегер свързва с тематиката за времето в *Кант и проблема за метафизиката*, а Хусерл в своите *Лекции върху времесъзнанието*, където отбелязва, че първоначалният поток трябва по необходимост да се самоявява. Това именно позволява на Мерло-Понти да установи времевата диалектика на активност, афициращо, и на пасивност, афициран; афициращото е времето като нарастване към някакво бъдеще (цялостното време), а афицираният е времето като поредица, разгръщаща настоящето (субективността като преход от настояще в настояще). Така времето се оказва не само действащо цяло, но и самосъзнаващо се отношение на себе си към себе си, тоест *самост* (*ipséité*). Според Рикьор този оригинален анализ на времевостта показва, от една страна, как тя довежда интерпретацията на интенционалността до онтологическата ѝ вкорененост на битие-в-света, а, от друга, до припомняне, че херменевтиката на *Dasein* принадлежи на "*феноменологическата епоха на онтологията*". Именно чрез артикулирането на взаимозависимостта на времевост и субективност, Мерло-Понти не само онагледява, но и според Рикьор *полага* конвергенцията между Хусерл и Хайдегер, като отива отвъд тях[28].

Тези две статии, както и нашите предходни анализи на Рикьоровата концепция за волевото и безволевото, дават възможност да се направят по-точни изводи относно въпросната рецепция на Мерло-Понти. Ако си позволя най-грубо и накратко

---
[28] Пак там, 172.

да я характеризирам, то тя се състои според мен главно в това, че и двамата мислители изхождат от Хусерл, но придават тежест и значение на различни негови произведения (докато Мерло-Понти интерпретира Хусерл през призмата на късните произведения от периода на *Кризата*, Рикьор акцентира върху фундаменталното значение на *Идеи*), като препрочитат същевременно Хусерловата феноменология въз основа на френската рефлексивна философия (Декарт, Мен дьо Биран, Жюл Ланьо и др.) и, показвайки границите на феноменологичната ейдетика, я допълват с една феноменологическа онтология на *In-der-Welt-sein* (Хайдегер) и една екзистенциална екзегетика, основана върху тайнството, тълкувано в две различни посоки (Мерло-Понти, разбиращ го в смисъла на Жорж Гюсдорф, а Рикьор в смисъла на Габриел Марсел). Рикьор споделя и възприема най-общо следните възгледи на Мерло-Понти:

- Търсенето на среден път между реализма/натурализма и идеализма
- Подхода на опосредяване, конвергиране, на онагледяване на пресечни точки между различни позиции и, в частност, конвергирането на Хусерл и Хайдегер, чрез диалектиката между пасивност и активност, конституиран и конституиращ
- Опита за спасение на Когито (субективността) чрез концепцията за самоафицирането на самостта
- Концепцията за интегралното Когито, обвързваща дейността на съзнанието с тялото, респ. с битието-в-света
- Критиката на непосредствената интуиция на същностите в т.нар. същностно съзерцание (*Wesensschau*) и полагане на методологическата необходимост от дистанция, медиация, тоест подхождане чрез онова, което Рикьор ще нарече по-късно дългия път на "околните пътища"
- Критика на Хусерловата трансцендентална конституция, като за разлика от Мерло-Понти, който я отхвърля изобщо, Рикьор я критикува само дотолкова, доколкото тя се основава на първичността на представата

- Обвързване на "първичната" с "вторичната" рефлексия, тоест на ейдетическия анализ с тайнството, без-смисъла, непроницаемото
- Идеята за праксиса, като изход от Хусерловия идеализъм
- Концепцията за отговорността като изначално присъща на субективността
- Необходимостта от взаимодействие на феноменологията с останалите науки за човека, в частност с психологическите науки
- Разбирането, че няма чиста философия, че философията се изгражда върху не-философията
- Идеята за незавършеността, за невъзможността на философията като завършена система

Това, че Рикьор споделя тези възгледи с Мерло-Понти, съвсем не означава, че той ги приема едно към едно, тоест безкритично или пък, че не ги реинтерпретира и инкорпорира по свои начин. Така напр. проблемът за отговорността се реципира не само от Мерло-Понти, но и от Ясперс и Хусерл. То не означава също, че той препрочита Хусерл и Хайдегер изцяло чрез *Феноменология на възприятието*; неговите собствени обстойни коментари и интерпретации на Хусерл[29] дължат твърде малко на Мерло-Понти. Но така или иначе, ако влиянието на Мерло-Понти не трябва да се надценява, то не трябва и да се подценява.

---

[29] Виж по-специално статиите и студиите върху Хусерл и Хусерловата феноменология, публикувани в Paul Ricœur. *A l'école de la phénoménologie*, Paris : Vrin, 1986.

4

ЛОГОСЪТ И "ОТБЛЯСЪЦИТЕ НА АБСОЛЮТНОТО СЪВЪРШЕНСТВО"

4.1 Към предисторията на религиозната феноменология и конверсията на Едит Щайн

Хусерловият интерес към религията датира от средата на Първата световна война, когато Паул Наторп му обръща внимание върху мистичните произведения на Майстер Екхарт. Но действителният му сблъсък с така наречената "религиозна насока на феноменологията" се осъществява през 1919 г., когато Хайдегер и Хайнрих Окснер му представят произведението на Рудолф Ото *Свещеното*. Оценката на Хусерл за книгата на Ото е двузначна – от една страна, отсъствието на метода на редукцията го кара да приеме, че Ото остава в плен на предпоставките на естествената нагласа, но от друга, той оценява положително завръщането му към началата. В този смисъл той изказва надеждата, че "истинските начала" ще достигнат най-накрая до словото, а оттук и до самото истинно слово – Логоса[1]. Когато впоследствие Хайдегер преминава от католицизма към свободното протестантство, а еврейката Едит Щайн към католическата вяра, Хусерл отбелязва в писмо до Ото:

> Моето философско въздействие притежава една странна революционизираща сила: евангелисти стават католици, а католици – евангелисти. Но аз самият не смятам да посвещавам никого в католицизъм, нито в протестантство, а

---

[1] *Das Maß des verborgenen. Heinrich Ochsner 1891-1970 zum Gedächtnis.* Hannover: Charis-Verlag, 1981, 157-213; срв. *Edith Stein Jahrbuch*, Bd. 2, Würzburg: Echter, 1996, 15.

само да възпитам младите чрез радикалния изказ на мисълта"².

В случая Хусерл надценява своето влияние – конверсията на Едит Щайн се дължи съвсем не на неговото "философско въздействие", а на религиозните записки на Адолф Райнах и на религиозния опит на Св. Тереза. Нещо повече, ако разгледаме по-отблизо тези два основни момента по пътя на Щайновия религиозен поврат, ще видим, че неговите основания се коренят извън теорията и изглеждат, поне на пръв поглед, продукт на "случайни" обстоятелства.

През ноември 1917 г. Адолф Райнах бива убит и Хусерл моли асистентката си Едит Щайн да го замести на погребението, като помогне след това и при подредбата на неговите ръкописи Щайн не приема с особена охота – тя се опасява да остане насаме с отчаяната вдовица. Но се случва нещо необикновено. Госпожа Райнах, приела година преди това заедно с мъжа си протестантското кръщение, я посреща с едно необикновено смирение и спокойствие, за което тя ще се сети години по-късно, непосредствено преди мъченическата си смърт. Когато Щайн преглежда записките на покойния, тя се натъква на редица размисли относно силата на молитвата и божествения произход на Христос. Биографката на Щайн Хилда Греф отбелязва по този повод:

> След като Макс Шелер ѝ бе отворил очите за това, че човек може да бъде едновременно истински философ и убеден християнин, тя откри у Райнах, който беше една по-дълбока и стабилна личност от Шелер, закалената чрез молитви вяра в основните истини на християнството. Затова, когато тя се завърна във Фрайбург на нея ѝ беше ясно, че не може повече да отстъпва от решителния въпрос: 'Какво мислите за Христос? Чий син е той?'³

---

² Пак там.
³ Hilda Graef, *Leben unter dem Kreuz. Eine Studie über Edith Stein*. Frankfurt am. Main: Josef Knecht, 1955, 37-38.

Второто решително събитие по пътя на конверсията на Щайн е откриването на автобиографичното житие на Св. Тереза. През 1921 г. Щайн решава да прекара част от лятната си ваканция в Бергцаберн при своята приятелка Хедвиг Конрад-Марциус. Една вечер, когато Щайн остава сама в къщата, тя решава преди лягане да вземе от библиотеката някаква книга и така се натъква на споменатата автобиография на светицата. Тази нощ, в която Щайн, погълната от четивото забравя за съня, се оказва решаваща. На сутринта тя затваря книгата с прозрението и дълбокото вътрешно убеждение: "Ето това е истината!" В тази нощ Щайн открива дълбоката истина, която винаги е търсила, но за която феноменологията на Хусерл ще остане затворена докрай – "Аз съм Пътя, Истината и Живота" (Йоан, 14:6). Желанието "да виждаш" се пренасочва от същностното съзерцание към откровението, към желанието "да видиш Господ".

Първите стъпки на Щайн по пътя на конверсията са описани на различни места в нейните автобиографични спомени[4] и анализирани от редица изследователи[5]. Но те са само част от онова, което обгръща "тайнството" на конверсията, за което самата тя никога не е искала да говори[6] и истината за което ние, в крайна сметка, никога няма да научим. Така или иначе, Едит Щайн приема напълно тържествено католическото кръщение на 1 януари 1922 г., което коренно променя не само житейския ѝ път, но и насоките на нейните феноменологически изследвания.

4.2 Отвъд Хусерл и Хайдегер

След кръщението си, Щайн решава да загърби философията и светските занимания и да стане кармелитка. Но опасенията, че нейното семейство и в частност майка ѝ няма да понесат

---

[4] Виж: *Edith Steins Werke*, Bd. VII, VIII, IX, Freiburg: Herder, 1965, 1977.
[5] Schwester Teresia Renata de Spiritu Sancto, *Edith Stein*, Nürenberg: Glock & Lutz, 1952, 68; Hilda Graef, *Leben unter dem Kreuz,* 47; Udo Theodor Manhausen, *Die Biographie der Edith Stein.* Frankfurt am Main: Peter Lang, 1984.
[6] На въпроса на Конрад-Марциус какво е предизвикало този радикален поврат към християнството Щайн отговорила: "Това е моя тайна", *Secretum meum mihi...*

втори подобен удар, я карат да приеме поста на учителка по немски и литература в доминиканското училище на манастира "Св. Магдалена" в Шпайер. Първите години в училището минават изцяло в преподаване и религиозни занимания, далеч от философията. Но навлизането в католицизма започва да буди у нея "желанието за опознаване на мисловните основи на този свят"[7]. Решаваща в това отношение се оказва срещата ѝ с йезуитския отец Ерих Пживара през 1925 г., на когото тя дължи до голяма степен завръщането си към философията и създаването на една нова мисловна насока.

Пживара, който по това време търси преводач за произведенията на кардинал Нюман, научава за Щайн от Гьотигенския ѝ състудент Дитер Хилдебранд. Когато в Шпайер той се среща с младата учителка, за да я наеме за превода, тя му задава въпроса как би могла най-добре да се запознае със схоластиката. Той ѝ препоръчва да не прибягва към литература от втора ръка, а да се заеме направо с Тома Аквински, чието произведение *Questiones disputatae de veritate* възнамерявал също да издаде в превод на немски. Преводачка на произведението става самата Щайн. По-късно тя признава:

> Когато започнах да се занимавам с произведенията на Аквински, ме тревожеше постоянно въпросът какъв е методът, с който си служи той. Привикнала към феноменологическия начин на работа, който не прибягва към унаследени учения, а изследва всичко, необходимо за решаване на даден въпрос самостоятелно *ab ovo*, аз бях изумена от този подход, при който се прилагаха цитати от писатели, църковни отци и древни философи, за да се извлекат от тях някакви резултати[8].

Така преводът се превръща за нея в предизвикателство за диалогизиране на феноменологията и томизма.

---

[7] Виж: Edith Stein, "Vorwort". In: *Endliches und ewiges Sein*, In: *Edith Steins Werke*, Bd. II, Freiburg: Herder, 1950, VIII.
[8] Edith Stein, *Endliches und ewiges Sein*, 489.

Първият плод на този диалог се оказва съчинението за сборника по случай 70 годишнината на Хусерл *Хусерловата феноменология и философията на Свети Тома Аквински. Опит за съпоставка* (1929), възложено й от Хайдегер. В него Щайн се опитва да прекара мост между двата философски свята чрез т. нар. *philosophia perennis*, разбрана "в духа на истинното философстване, което живее у всеки философ, тоест у всеки, който е движен от вътрешната необходимост да следва *логоса,* или *рациото* (както го превежда Свети Тома)"[9].

И двамата философи са били движени от този стремеж, но според Щайн голямата разлика между тях е, че Хусерл никога не е виждал в рациото нещо различно от естествения разум, докато философията на Аквински се основава върху експлицитното разграничение между естествен и свръхестествен разум. Изключването на свръхестественото обяснява според Щайн ограничеността на съвременната философия, която игнорира, че единната всеобхватна истина е притежание на Бога и че тази истина може да разшири знанието на естествения разум чрез прозренията на вярата. Нещо повече, централният проблем за битието не може да бъде решен без едно по-обхватно разбиране:

> Едно рационално разбиране за света, тоест една метафизика може да бъде добито само чрез съвместното действие на естествения и свръхестествения разум. С неразбирането на този факт се обяснява безизходния характер на съвременната метафизика, а оттук следва логично и опасението от метафизиката от страна на много модерни мислители[10].

Превръщането на модерната философия в критика на познанието е според Щайн логично следствие от всичко това, и няма нищо чудно, че "Хусерл е завършил по същия начин"[11].

---

[9] Edith Stein, *Husserls Phänomenologie und die Philosophie des Heiligen Thomas von Aquin. Versuch einer Gegenüberstellung*. In: *Jahrbuch für Philosophie und phänomenologischeForschung,* Festschrift Edmund Husserl zum 70 Geburtstag gewidmet, Halle: Max Niemeyer, 1929, 316.
[10] Пак там, 321.
[11] Пак там, 322.

Схващането на Щайн, че Хусерл търси абсолютната изходна точка в иманентността на съзнанието, или на когито, а Аквински във вярата[12], се превръща в основа на нейната критика на Хусерловата феноменология и онтологията на Хайдегер. Срещу Хусерловата иманентност Щайн ще приеме заедно с Хайдегер идеята за съзнанието като отвор за (смисъла на) битието, но не и конституирането на една светска онтология, която измества и премахва божията Трансценденция. Накратко, тя упреква Хусерл, че "в неговата философия няма място за Бога", а Хайдегер, че издига човека в ранга на един "малък Бог"[13].

4.3 Философията като онтология

Юбилейното съчинение *Хусерловата феноменология и философията на Свети Тома Аквински. Опит за съпоставка* не задоволява Щайн. Но то полага основата на онзи труд, който ще се превърне във философския *Magnit Opus* на бъдещата кармелитка – *Крайното и вечното съществуване*.

В този труд Щайн продължава спора между двамата си учители вече не под формата на имагинерен диалог[14], а на едно строго "научно" изследване на битието като основен предмет на томистката философия, осъществено с Хусерловия метод на феноменологична дескрипция на феномените.

За разлика от Ерих Пживара, който в своята *Analogia entis* си поставя за цел да изследва битуващото, интерпретирано чрез основния закон на аналогията, Едит Щайн се насочва към битуващото чрез поставянето на въпроса за смисъла на битието. Бившата ученичка и асистентка на Хусерл продължава да бъде убедена, че философията трябва да изяснява основите на науч-

---

[12] Пак там, 338.
[13] Edith Stein, *Welt und Person*, In: *Edith Steins Werke*, Bd. VI, Freiburg: Herder, 1962, 16, 91.
[14] Съчинението "Хусерловата феноменология и философията на Свети Тома Аквински..." е било написано отначало под формата на закачлив диалог между двамата философи, но тъй като Хайдегер не одобрява стила, Щайн е принудена да го преработи и публикува под обичайната форма на статия. Ръкописът е бил запазен в Лувенския архив и публикуван по-късно.

ното познание. Науката (*die Wissenschaft*) е насочена към познанието (*das Wissen*), чрез което ние достигаме до истината за нещата. Доколкото последната е не само въпрос на трансцендентална конституция, но и на съответствие между определена пропозиция и битуващото, визирано като обект, то "целта на всяка наука е истинното битие"[15]. И ли, другояче казано, феноменологията трябва да скъса с антиметафизическата си насоченост. Тя трябва да изследва онези първични очевидности, които науките възприемат като дадености на донаучното мислене. Тя трябва да бъде изследване на битието и на битуващите и да се превърне по този начин в онова, което Аристотел нарича "първа философия" и което става известно по-късно под названието "метафизика". Щайн възприема в този смисъл дефиницията на отец Даниел Фойлинг, според която

> философията е познание само чрез естествения разум на битието и на битуващите в техните висши принципи и последни основания, доколкото феноменалната даденост (φαινόμενον) позволява на естествения чист разум достъпа до вникването и разбирането на битието (νοούμενον) на битуващите – било в модуса на очевидното, било на вероятното, било на мнението, според особеностите на конкретния случай.[16]

Но ако Фойлинг не приема намесата на откровението в областта на философията, ако на свой ред Маритен и Марсел възприемат "християнското ѝ състояние" като скандал за разума, а Пживара търси обединението на философията и теологията в метафизиката, Едит Щайн вижда висшата мисия на християнската философия в проправянето на път към вярата. За невярващия няма основание да отрича изводите на естествения разум, които може да верифицира. Той следва да реши обаче дали да отиде по-нататък – висшите истини, които вярващите приемат за "тези" (*Sätze*), могат да служат на останалите като "хипотези"

---

[15] Edith Stein. *Endliches und ewiges Sein.* In: *Edith Steins Werke*, Bd. II, Freiburg: Herder, 1950, 17.
[16] Пак там, 20.

(*Ansätze*). Именно това свързване на метафизиката с откровенията на Светото писание образува у Щайн действителното *conditio sine qua non* на истинското обяснение на Природата.

Изхождайки от сърцевината на томисткото учение за битието – концепцията за акта и потенцията, Щайн възприема съществуващото като царство с множество стъпала. Според св. Тома Аквински това са: 1) веществeният свят, тоест мъртвата и живата природа с хората включително, 2) чисто духовните същества, като например ангелите, и 3) първото съществуващо – Бог. В основата на тази йерархия стои различието в степента на потенцията и акта, като по-висшестоящите нива имат по-малко потенция и повече актуалност. Така в тази бегла скица природното цяло, макар и да е разчленено и градирано в себе си, представлява най-низшето стъпало, респективно най-малко актуалното. В известен смисъл, смисъл, подчертан от Аристотел, природата не е нищо друго освен потенция (δύναμις), тоест източник на битието на движението и на промяната. Етимологически погледнато, природата, φύσις, ако се постави ударението върху ὐ, означава формирането на това, което расте. В един друг смисъл тя е това, от което онова, което расте, извежда своето действие. В един трети смисъл пък – това, от което неприродните неща са образувани, т.е. първоматерията. Напротив, в един четвърти смисъл, предаден в словото οὐσία, това е естеството на природните неща, тоест тяхната субстанциална или същностна форма и оттук, в един по-широк смисъл – всяко съществуващо като такова[17].

Но за разлика от св. Тома Аквински, преминаващ към изследването на битието посредством въпросите за божествената същност и тази на ангелите, Щайн счита, че трябва да следваме Августиновия път и да тръгнем от най-близкото на нас – факта на собственото ни битие, както и Аристотеловия път, изхождащ от първичните дадености, тоест от сетивно възприемаемите неща, или – природата. Ако се опитаме да обясним битието чрез онази област на битието, която е най-близка на нас – живота на собственото ни Аз, то ние ще се сблъскаме с една първична даденост, каквато е същността на преживяването. Същностите на

---

[17]Пак там, 171-172, 209.

преживяванията разчленяват, подреждат и обобщават даденостите на съзнанието, като конституират по този начин смисъла и разбирането. Именно когато се опитаме да проникнем в последните ние се сблъскваме с Логоса – крайния, неразбираем и необясним източник на всеки смисъл, на всяко слово и всяко разбиране. Тъй като разбирането е едно производно или някакво визиране на смисъл, разбирането и смисълът са взаимосвързани. Но това не значи, че трябва да се смесва смисълът, т.е. същността, която откриваме като "вече тук" без да можем да я дефинираме, с понятието, което е дефиниция и, като синтез на абстрактни характеристики, наше дело. С други думи същностите на преживяването не са самото преживяване, а едно непроменливо, безвремево битие, препращащо ни към вечното Битие на Всевисшия, което е тъждествено с неговата Същност[18]. Така нашето променливо и чезнещо битие се оказва немислимо без това другото Битие-в-себе-си и чрез-себе-си, Господар на цялото битие и същевременно тъждествено с него. Природата с множеството същества, които възникват и изчезват е основана и произтича от това "царство на смисъла". Именно самото вечно битие е конституирало в себе си (тоест не в едно времево ставане) вечните форми, според които светът е бил създаден във времето. Това тайнство трябва обаче да бъде дешифрирано според Щайн чрез известния пасаж от Евангелието на ап. Йоан: "В началото бе Словото", което трябва да се разбира като Вечното слово, т.е. като втората личност от Триединството. Би могло да се каже също така с Фауст: "В началото бе Смисълът", защото Вечното слово препраща към вътрешното слово. За да се разбере правилно този пасаж трябва да се добави мисълта на ап. Павел: "и той е преди всичко, и всичкото чрез него състои" (Кол., 1:17). Логосът е действителното Битие-Същност на Бога, който като Дух е смисълът на всичко (тоест съдържанието на божественото познание) и същевременно Словото (тоест съдържанието на Откровението на Отца). По своето място в Триединството Логосът отговаря на смисъла като съдържание на естествените неща и също така като съдържание на нашето познание и език. Именно в това

---

[18]Пак там, 63-66.

се състои аналогията, т.е. съответствието и несъответствието, между Логос и логос, между Вечното Слово и човешкото слово. Защото божественият план на сътворението изразява факта на обгърнатостта на всяко крайно съществуващо от божествения Дух, докато връзката на нещата в този план разкрива основата на крайното битуващо в божествената Същност.

4.4 От онтологията към аксиологията

Може да се каже, че проблемът за Логоса заема централно място в аксиологията на Щайн, или по-скоро, че той е Алфата и Омегата на цялата й ценностна теория. Ключът за това се състои в разбирането й, че Той е Смисълът, Истината, Езикът на Откровението, тоест Ценността на ценностите, дадени ни чрез светлината на божието откровение.

Но аксиологията на Щайн е твърде субтилна. Тя не се адаптира само към томистката система, както изглежда на пръв поглед, а включва и елементи от неоплатониците, Августин, Конрад-Марциус, Шелер и др., изкусно вплетени в собствената й интерпретация.

Щайновата аксиология е продължение на онтологията и в този смисъл не може да бъде разбрана извън нея. Като цяло тя се разпростира от крайното (трансценденталийте) към вечното (немислимото съвършенство), и обратно. Другояче казано, Щайн въвежда аксиологията чрез учението за битуващото, за да го пренасочи отново към Логоса и триединната Трансценденция.

Задавайки въпроса за смисъла на битието тя показва, че последното се дели на крайно, сътворено съществуващо и вечно, несътворено, непознаваемо битие, извор на всичко съществуващо. Този извор е единен, докато на съществуващото е присъща множествеността, обуславяща делението на различни родове, на които отговарят различните начини на битие. Съществуващото като такова, тоест независимо от неговите форми и начини на битие, се изразява чрез *трансценденталиите*. Последните според Тома Аквински онагледяват общите определения на всяко съществуващо, а именно съществуващото като такова, съдържателната определеност, едното, доброто, истинното, красивото. Тези различни определения (имена, предикати, единства, релации, ценности и пр.) се различават помежду си по начина, по който се отнасят към съществуващото или по начина, по който го отнасят към друго съществуващо. Оттук те се делят на няколко групи: *ens* (съществуващото само по себе си), *res* (съдържателно, същностно определеното съществуващо), *unum* (негативното определение на едното като неделимо), *alquid* (съществуващото като "нещо", противопоставено на друго), *съвпадението* на битието (като духовна душа или личност) с някакво битуващо (напр. стремежът на душата цели съвпаданеие на волята със съществуващото, а познанието цели съвпадението на разума със съществуващото). Именно с последното са обвързани ценностите: "Съществуващото като предмет на стремежа се нарича Добро, а като предмет на познанието – Истинно – отбелязва Щайн. – (Красивото има нещо общо с двете – то е съществуващото като предмет на харесването, което се основава в преживяването на обективното съвпадение на съществуващото с познанието...)"[19].

Първичните или базисните определения на съществуващото – *ens, res, unum, alquid* – са тези, които го разкриват като някакво цяло битие, което притежава същностна и предметна определеност. Вторичните или производните определения са релациите на едното като отделен предмет с другите предмети и битието, като едва отношението на духовната душа или личността като битие към предмта води до появата на ценността, разбрана като субект-обектно съвпадение. Тази по същество релационна теория на ценностите дава възможност за свързване на проблемите за битието, личността и Трансценденцията, като образува ядрото или синтеза на онтологията, антропологията и теологията. Нека видим в какво по-конкретно се изразява тя.

Щайн процедира твърде диференцирано, като тръгва от едно формалнологическо определение на ценностите към други, по-дълбоки определения – онтологическо, трансцендентално, творческо (естетическо), историческо и теологическо. Ценнос-

---

[19] Пак там, 264.

тите като релационни трансцендентални определения могат да бъдат схванати формално като съдържания, предаващи определена пълнота:

> Съществуващото като съдържание придава на познаващия дух съвършенство, без да навлиза с битието си в него и това именно му придава характера на *истинно*; доколкото обаче дадено съществуващо придава съвършенство на друго и чрез своето битие, то се нарича *добро*.[20]

При това тя вижда и тяхната дълбока връзка: "Така както истината отвежда разума към неговото съвършено битие – познанието, и може да се разглежда оттук като добро (благо), така и красотата като своеобразно добро отвежда към определена духовна сила (...) – чувството за мярка, определеност и ред", тоест към съвършенството на хармонията[21].

Логическото определение на ценностите разкрива тяхната обща структура или условието *sine qua non* на трансценденталната определеност. То откроява интенционалното аксиологическо съдържание като разгръщащо се между полюсите на знанието и неговия обект, на логическия смисъл и изпълващия го наглед. Така например логическата истина полага съществуващото във връзка с някакво мислене (идея), въз основа на което бива оценена като съответствие на някаква реалност с някаква чиста форма. Трансценденталната истина е нещо повече от това – тя е "откровение за духа", което придава смисъл на чистата форма, като подрежда частите в цяло. Но този смисъл не изчерпва истината, а препраща към нейната онтологическа основа, доколкото съвпадението на съществуването с мисленето се основава в самото съществуващо. Щайн привежда в случая прочутия пример със златото. Истинското златото е действителното злато – то трябва действително да включва в себе си всички определения на златото и да не съществува само въображаемо. Затова, когато аз откривам, че парчето, което държа е месинг, а не злато аз съм

---

[20] Пак там, 272.
[21] Пак там, 299-230.

разочарован. Аз измервам следователно някакво съществуващо с "идеята за злато" и откривам, че не съвпада с нея, въпреки, че отначало съм мислил, че съвпада. Не идеята е причина за това разочарование, а това, което "е", което държа, и затова съществуващото като такова е условието за възможността за съвпадението или несъвпадението с идеята. С други думи онтологическата истина е условието за трансценденталната и логическата, тоест за истинността на съждението.

Наред с това Щайн разкрива и съществуването на три други вида ценности – творчески, исторически, божествени Ценностите които творецът (писателят, художникът, скулпторът и т. н.) създава не могат да се сведат до трансценденталната и онтологическата определеност Щайн дефинира творческата истина по следния начин:

> Творческата истина е съвпадението на произведението с чистата идея, която се намира в неговата основа. В това се изразява и сходството ѝ с *онтологическата* истина ("истинското злато" също отговаря на "идеята за злато"), но съществува и разлика между тях, която отговаря на разликата между същността на една природна вещ и тази на едно произведение на изкуството.[22]

Тоест, докато същността на природната вещ е присъща на веща, същността на произведението на изкуството е един допълнително придаден ѝ смисъл. Щайн доуточнява това:

> Творческата истина е съвпадение на произведението на изкуството с чистата истина, но при това не става въпрос дали на тази идея съответства нещо в 'реалния' свят, в света на естествения ни опит. Затова дадена скулптура, представяща главата на Наполеон може да бъде 'истинна', макар и да няма особена прилика с действителния Наполеон.[23]

---

[22] Пак там, 282.
[23] Пак там.

По това именно творческата истина се различава от историческата, която трябва да предава образите и събитията такива, каквито са били. Затова Щайн смята, че истината на твореца е по-богата и по-дълбока от тази на историка, който предава само външните факти. За да бъде "истинно" произведението на изкуството не трябва непременно да съвпада с фактологията, то може да се отклонява от нея, но то трябва в крайна сметка да предава образи и събития, които са същностно възможни и подходящи. С други думи то трябва да предава някаква същностна истина, която не е тъждествена с онтологическата или трансценденталната.

Проблемът за творчеството или творческият дух препраща според Щайн неизбежно към Трансценденцията, към божествения творчески Дух. Щайн показва доста подробно защо трансценденталиите не могат да се приложат към божественото познание, а напротив биват определени от него. Ако човешкото познание има процесуален, времеви характер, при който се изхожда от нещо, за да се стигне до друго, то божественото познание е вечно, "знание от веки веков". Това знание е независимо от съществуващото и от съдържанието на нещата, то не трябва да се съгласува с идеите. Напротив, идеите се съдържат във вечното божествено знание, те са истинните образци на крайните неща. Идеите, отбелязва Щайн, "не са нещо, което се придава отвън на Божествения Дух, а са неговата същност в нейното самоограничаване, както и ограничението, което тя полага като се превръща в праобраз на крайните неща"[24]. Каква е божествената Истина – Истината на всички истини, Ценността на всички Ценности – ние никога няма да разберем, защото с необятността си тя надхвърля възможностите на човешкото познание и неговите в крайна сметка несъвършени понятия. Само вярата и откровението са тези, чрез които можем при посредничеството на Логоса да схванем отблясъците на абсолютното съвършенство[25].

---

[24] Пак там, 285.
[25] Пак там, 287.

4.5 По пътя на Логоса

Макар и да изглежда абстрактна, ценностната теория на Щайн води до конкретни практическите следствия, тъй като намира отражение в ядрото на нейното учение – концепцията за личността. Другояче казано, онтологията като търсене на смисъла на битието и аксиологията като търсене на Истината, Доброто и Красивото отвеждат до източника и архетипа на крайното битие – Триединството, чиито отпечатъци се намират у всички същества и преди всичко у човека. Именно човешката личност чрез своята триединна конституция на тяло-душа-дух изглежда като най-близка до образа на Триединството. Нейният духовен живот се издига от една тъмна основа, подобно на пламъка на свещ, който свети, подхранван от едно несветещо само по себе си вещество. Макар и изцяло невидим, човешкият дух е видим за себе си[26]. Тази двойна природа на човека го разкрива като принадлежащ към рода на живите същества и заедно с това, като единствено отворен за ценностите.

В широк смисъл всички живи същества имат тяло и душа, ако под душа се разбира "една среда на битието", притежаваща "способността за самоформиране". Но в тесен смисъл душата не е само вътрешното като изходна точка и средство за формиране на външното, а преди всичко фактът, че битуващото се разгръща отивайки навътре. Растенията и животните са одушевени, но докато у растението външното взима превес над вътрешното и докато душата на животното е изцяло в услуга на тялото му, човешката душа притежава известна свобода[27] и може оттук да се откъсва от тялото си, за да води един независим живот. Тя се различава още и от ангелската душа, която няма собствена, индивидуална цел, а е живот, посветен изцяло на Бога като служене, познание и любов. Ангелите не съществуват за себе си, а образуват заедно единството на "небесния двор", разположен около Трона на Господа. Наистина човекът е също част от едно

---

[26] Пак там, 336.
[27] Пак там, 347; срв. Edith Stein. *Welt und Person*. In: *Edith Steins Werke*, Bd. VI, Freiburg: Herder, 1962, 137-196.

цяло – човечеството, но този опит изисква да бъде обяснен чрез учението за сътворението, грехопадението и спасението[28].

Според учението за първоначалното или естественото състояние на човечеството освещаващата благодат е била дадена на първите хора извън тяхната природа като един божи дар, който е трябвало да бъде предаден и на следващите поколения. Отнемането на благодатта като наказание за неподчинението е имало за следствие не само пораждането на смъртта (Рим., 5:12), но също така и една промяна на природата, която я е направила тленна и е предизвикала същевременно наследственото предаване на тази тленна природа. С болестите и смъртта телесната и духовна природа, която ни е предадена, е била обречена на развала също и в смисъл, че волята е била отслабена, а сърцето подтикнато към зло. Това смущение в естеството на човешката природа е предизвикано от откъсването на първите хора божествения ред чрез един свободен и личностен акт. Но заедно с тяхното осъждане и това на тяхното поколение Господ е проектирал и една втора двойка, тази на новия Адам и новата Ева, тоест Иисус Христос и Св. Дева Мария, превърнали се в действителните родители на човечеството. Така Христос е не само първородният Син, но също така и Главата на човечеството, Словото станало плът, за да придаде на човешкия род неговия особен смисъл на единяване на земята и небето. Именно чрез Христос, чрез творящия Логос еманират вълните на животворната вода, които трябва да изпълнят човешката природа, да я излекуват и да я направят нетленна чрез вътрешното обновление. Ставайки човек, страдайки и умирайки на кръста, Христос е изпълнил условието за помиряването между Бога и хората, като е станал Посредник и Път, единствено чрез който човекът може да стигне до Отеца (Йоан, 14:6). Това, че хората са извикани чрез възкресяващата благодат на Христа да пристъпят към конверсията и изкуплението, е още един дар на божествената Милост. Но този дар, който трябва да бъде получен, изисква свободно съгласие и сътрудничество от страна на всеки човек. Така, за да стане спасението възможно са нужни едно божествено

---

[28] Edith Stein. *Endliches und ewiges Sein*, 341, 462-466.

действие – слизането, въплъщението и саможертвата на Логоса, както и едно човешко действие – възхождането, свободното отдаване на Бога от страна на човека. Или, другояче казано, необходима е една тройна връзка между Природа, Свобода и Благодат, за да бъде постигнато единението в мистичното тяло на Христос.

Според Щайн би могло да се отиде и още по-далеч и да се разбере под "мистично тяло" цялото творение, защото всичко е било сътворено по образа на Сина, чрез който благодатта нахлува във всичките си членове, във всички живи същества. Тъй като грехопадението на човека е засегнало и подчовешката природа, необходимо е тя да бъде обновена чрез изкуплението на човечеството. Но това широко тълкуване не трябва да засенчва тесния смисъл на мистичното тяло. Защото само той ни открива, че по Пътя, който тръгва от Христос и стига до Христос, човечеството е портата, чрез която Логосът е влязъл в творението, за да го свърже с неговата праоснова[29].

Тези възгледи на Щайн се оказват поставени на изпитание от нацисткия геноцид, на който тя самата става жертва. Когато човек се обърне назад към историята на XX век, не може да не се запита дали човечеството е наистина "порта на Логоса"? Но този привиден парадокс изчезва, предвид концепцията ѝ за свободата, както и ако се приеме традиционното аксиологическо деление на *Sein* и *Sollen*, за да се направи евангелското разграничение между реалност и призвание. Самата тя подчертава, че "онова, което всеки човек трябва да стане, тоест неговото лично "предопределение", принадлежи на неговата същност"[30]. В тази перспектива се прояснява и имагинерният диалог между Хусерл и Тома Аквински. Изглежда Щайн е недооценила или надценила призванието на Хусерл, изисквайки от него да последва светеца и да отвори полето на феноменологията за "Истината, Пътя и Живота". Но не е ли права тя, когато подчертава, че Духът на Логоса е носен от философа по призвание още от неговото рож-

---

[29] Пак там, 482.
[30] Пак там, 282.

дение под формата на потенция и, че тази потенция се превръща в актуалност, когато той намери своя "Учител"[31]?

Колкото и нееднозначно да е последното твърдение, то толкова несъмнено е, че с аксиологията на Едит Щайн постхусерлианската феноменология приема една теологическа насока, която радикализира религиозната феноменология, като не само я превръща в инструмент на тайнството на откровението, но и я подлага на неговите изпитания.

---

[31] Edith Stein, *Husserls Phänomenologie und die Philosophie des Heiligen Thomas von Aquin*, 316.

5

ЧУДОВИЩНОТО ДЕТЕ НА ХАРМОНИЯТА

*"В него бе животът,
и животът бе виделината на човеците".*
(Иоан, 1:4)

Как може да се съгласува концепцията за Логоса с феномените на чудовищност, на които сме ежедневно индиректни или преки свидетели? Този въпрос може да се стори необичаен. Може да приемем дори, че излиза извън топоса на проблематиката за еволюцията на живота, доколкото не се занимава собствено с прехода от животното към човека, а с девиациите след него и най-вече – с обратния преход, този от човека към "животното"[1]. И все пак не мога да не се спра на него, защото той единствено позволява да се преосмисли и интерпретира наново отношението между животинското и човешкото и преди всичко – премисите на т. нар. "феноменология на живота" като изходна точка на философията, а оттук и аксиологическата проблематика, свързана с появата на човешкото и неговата изобретателност.

Личният ми интерес към тази тема е двоен. Изследвайки философското питане за човека, противопоставян почти винаги на животното, често ми се е струвало, че досега прекалено много се е наблягало на неговото "разумно битие", или "съзнание", като се пренебрегвала сложната му и многолика "тъмна страна". Именно тази мрачна бездна, присъща на човешкото същество в една или друга степен, липсва най-много във философските изследвания (за разлика от литературните, драматругичните и филмовите произведения), където съвременните проблеми за злото и насилието са поставени предимно в етичен или социално-политически контекст, но много рядко във фундаменталния

---

[1] В случая държа да акцентирам върху поставянето на "животното" в кавички, доколкото животните, както ще видим, не са способни на чудовищност.

план на философията на човека и/или на метафизиката. Във феноменологията изключение в това отношение правят може би само Шелер, някои негови последователи, Едит Щайн, Сартр и Рикьор. Няма съмнение, че именно феноменологията на живота на Ана-Тереза Тиминиецка бе тази, която отвори истинското философско пространство, позволяващо поставянето на интересуващия ни проблем в едно много по-широко интерпретативно поле, преминаващо от така наречената "човешка природа", която е обект на философската антропология, към едни "по-широки сфери, които са космическата ситуация на човешкия живот, от една страна, и тази на човешкото предназначение, от друга"[2]. Личното ми убеждение, че не може да се разбере човешкото същество извън пределите на неговата ситуация и космическо предназначение, ми разкри преди години привлекателната страна на феноменологията на живота. Тъкмо заради това ще си запазя правото да поставя под въпрос някои от изходните й тезиси, засягащи тези две области и, в частност, проблемите за креативността, хармонията, Логоса и Живота. Излишно е да крия, че в случая става въпрос за полемичен отговор от моя страна, откликващ на предизвикателството, което почувствах по време на интервюто си с Ана-Тереза Тиминиецка, което проведох на Световния философски конгрес в Москва през август 1993 г., както и по време на дискусиите ни в нейното имение във Вермонт и по-късно, на конгреса на Американската философска асоциация в Бостън през декември 1994 г.

5.1 От трансценденталната субективност към феноменологията на живота

Основният пункт, в който феноменологията на живота се разграничава от Хусерловата феноменология и чрез който осъществява един коренно нов поврат, е принципът за изходната точка на философията. Известно е, че в *Парижки конференции* и

---

[2] Ana-Teresa Tymieniecka. *Logos and Life: The Three Movements of the Soul.* Book 2. Kluwer Academic Publishers, Dordrecht / Boston / London / Tokyo, 1988, XV-XVI.

Картезиански размишления Хусерл си задава в духа на Декарт въпроса за изходното начало или Архимедовата точка, способна да послужи за абсолютен фундамент на философията като универсална наука[3]. Този въпрос относно началото, или първия принцип, като източник на всяко познание, което следва да бъде дадено с адекватна очевидност и аподиктичност, не би могло да бъде, според Декарт и Хусерл, онова *Selbstverständliche* (саморазбиращо се) на нашия опит, каквото е съществуването на света. Защото дали светът е действителен подлежи на съмнение; твърде възможно е всичко, на което сме свидетели, да е само един повече или по-малко кохерентен сън[4]. Оттук, тоест от съмнението относно естествения опит на света, Декарт, а след него и Хусерл осъществяват радикален поврат (*Wendung*) и с това една цялостна реформа на философията като наука, основана върху абсолютна основа. Този поврат, изразен в *ego cogito*, е своеобразен преход от обективността, или вярването в битието, към трансценденталната субективност и той се налага от факта на самото съмнение. Защото този, който се съмнява, стига всъщност до нещо абсолютно несъмнено – съмнението като аподиктичен факт на мисловния процес. Като изхожда от тази първична даденост на *cogito*, Хусерл установява една нова трансцендентална теория за обективния свят, опитвайки се да достигне до битийния смисъл (*Seinssinn*) на естествения и културалния свят като нещо "за-всекиго-тук" (*Für-jedermann-da*)[5]. От това абсолютно и безспорно начало неговият проект се опитва да обхване битийния смисъл на света с помощта на анализа и дескрипцията на универсалната структура на световата конституция, т. е. на конституиращите същности, както и с помощта на трансценденталната редукция, призвана да проникне до крайния източник на познанието.

Известно е, че Хусерл не откри никога този финален, висш източник, че в края на живота си той дори се отказа от

---

[3] Edmund Husserl. *Cartesianische Meditationen,* (*Husserliana*, Bd. I). Martinus Nijhoff, Haag, 1963, 43.
[4] Пак там, 57.
[5] Пак там, 124.

своя изначален проект, обявявайки го за "наивен", и че неговият провал допринесе до голяма степен за възхода на антифундационализма и "слабата" мисъл. Но, изследвайки този провал за фундирането на философията като *mathesis universalis*, Ана-Тереза Тиминиецка достигна до едно коренно ново решение, тръгвайки по един път, който се оказа до голяма степен противоположен на Хусерловия. Това, което тя подложи на съмнение, не бе необходимостта от философията като универсална наука, произтичаща от абсолютна основа, а тъкмо нейното изходно начало.

> Накратко, аз пъддържам становището – подчертава тя в началото на *Logos and Life*, – че Архимедовата точка, от която единствено може да се изведе съвкупността на всички възможни перспективи на човешкия опит, се състои в креативния акт на човешкото същество, който го прави именно "човешко" – в креативния акт на човека, където диференцираните фактори на макрокосмоса на живота диференцират[6].

Замествайки по този начин *cogito* с креативния процес, Ана-Тереза Тиминиецка отвори това, което тя нарича *Pandora's box* – резервоарът на всички възможни смисли, които човекът придава на онова, което го обкръжава и на самия себе си. Така основното, което философията е призвана да разкрие, е вече не универсалната структура на жизнения свят, на социалния или културния свят, а една полифония на индивидуално оркестрирани, в зависимост от собственото движение на самоиндивидуализация и формиране, светове. Оттук Тиминиецка осъществява и едно ново разделение на човешките способности, чиято висша роля преминава от интелекта към Творческото Въображение, а сетивната перцепция отстъпва първенството си на волята[7]. Това разделение откроява също така фундаменталната проитовопос-

---

[6] Ana-Teresa Tymieniecka. *Logos and Life: Creative Experience and the Critique of Reason*. Book 1. Kluwer Academic Publishers, Dordrecht / Boston / London / Tokyo, 1988, 6.
[7] Пак там, 11.

тавка между креативната дейност и конституиращата дейност на съзнанието, изисквайки осъществяване на преход от общото към уникалното и неповторимото, от универсалната гледна точка към единичната, от спонтанността към връзките, от непроницаемото към значещото, накратко – "от Ероса към Логоса, чието единство стои начало на прехода от един настоящ жизнен свят към възможните светове"[8]. Същевременно креативният опит представя човека като съставна част от света на живите същества, отвеждайки оттук до онова, което Тиминиецка нарича "единството на всичко живо", тоест до живота като върховна основа на битието и на познанието. В това единство човекът се появява като един съвсем специален вид живот, който принадлежи изцяло към живото и същевременно, който се издига над него тъкмо чрез специфичния за него творчески дух. По този начин човешката участ се разкрива като една от станциите на еволюционното развитие на формите на живота, изправяйки по този начин феноменологията пред едно много по-широко поле от Хусерловото *Wesensforschung* (същностно изследване) – полето на биоса и на космическия живот[9].

5.2. Двузначността на *Imaginatio Creatrix*

Няма съмнение, че този нов поврат допринесе изключително много за разгръщането на феноменологията, откривайки пред нея множество нови перспективи на изследване. Съгласна съм също, че именно човешкият креативен акт е "прототипът на човешката дейност", съставлявайки едновременно и истинската Архимедова точка на феноменологията, и същинската *differentia specifica* на човешкото "животно". Но онова, което искам да поставя в случая под въпрос, е начинът, по който следва да се схваща творенето и човешкият креативен акт, в частност.

---

[8] Пак там, 39.
[9] Виж интервюто ми с Ана-Тереза Тиминиецка "Ана-Тереза Тиминиецка: Креативният опит в светлината на феноменологията на живота", *Философски алтернативи*, 1993/6, 137-140.

Очевидно е, че според авторката на *Logos and Life* креативността трябва да се разбира изключително в позитивен, градивен план. Така, макар и креативният акт да се ражда в сърцевината на конфликта, където обособяването на собствената ни оригиналност се натъква на автоматизмите на установения социален ред[10], той се оказва, в крайна сметка, една положителна метаморфоза. Защото онова, което характеризира креативната функция на съзнанието, според Тиминиецка, това е фактът, че

> тя е породена от едно драматично откритие: тя действа в хода на конфликта чрез една динамична и дейностна диалектика. Далеч от това да бъде отказ от живота, тя е положена, напротив, в неговата сърцевина не за да го подценява, да го отрича или отвежда до провал, до инерция на формите на елементарната статика, а за да я трансформира в цялостен живот, изтъкан от игри и усилия, съзнателно насочен към една цел, която преодолява установения ред. Художникът, ученият или философът често са откривали за себе си едно трагично съществуване, подобно това на Сократ; но вместо да го разглеждат като поражение, те са възприемали, напротив, креативното усилие като път за разрешаване на собствената си трагедия, допринасяйки с това за освобождаването на човечеството.[11]

Според нас този начин на възприемане на креативното съзнание изгубва от погледа си неговата двузначност и преди всичко неговата отрицателна страна. Защото противопоставени на повторението, съзнанието и креативният акт предполагат определена иновация, или изобретение. Да твориш значи да изобретяваш, значи да водиш до появата на някакво *novum* в света – факт, върху който и Тиминиецка многократно набляга[12]. Но изобретението не е непременно акт на съзидание, тоест действие, което

---

[10] Ana-Teresa Tymieniecka. *Logos and Life: Creative Experience and the Critique of Reason.* Book 1. Kluwer Academic Publishers, Dordrecht / Boston / London / Tokyo, 1988, 56.
[11] Пак там, 70.
[12] Пак там, 73ff.

допринася за благото, красивото, справедливото, полезното и пр. То може да доведе и довежда твърде често до разруха. Не са ли различните изобретения на инструменти за изтезаване, на оръжия за физическо, психическо и морално унищожение също продукт на т.нар. *Imaginatio Creatrix*? Не само доброто, но и злото е инвенция на човека, на която и най-жестоките животни не са способни.

Така че поставянето на творчеството – независимо дали то е "съзнание", акт или и двете едновременно – като изходна точка на философията предполага едно разширено понятие за човешката креативност[13], разкриващо двузначността на човека, респективно неговите две "лица", или страни. Това изисква, следователно, един нов анализ на всички форми на креативния опит[14], а не само на експлицитното разгръщане на творчеството като креативна оркестрация на импулсите и на страстите или като *poiesis*, придаващ един специфично човешки смисъл на живота. Това изисква също така и преди всичко тематизиране на чудовищността като онази деструктивна сила на Креативното Въображение и на креативността като цяло, която може да приеме най-различни образи и един жизнен смисъл, който е също така "специфично човешки" – този на "нечовечността".

Като духовна деформация чудовищността може да приеме безкрайно множество форми и прояви, така както и самото сътворение на произведения на изкуството. И все пак тя може са бъде феноменологично изследвана и описана с помощта на една предварителна типизация, установяваща и разграничаваща някои основни разновидности на чудовищното:
- патологичната чудовищност, дължаща се на душевни и психически девиации, били те вродени или появили се по-късно;

---

[13] В случая държа да наблегна на "човешка", доколкото креативността и творческия акт не са непременно и изключително приоритет на човека. Твърде вероятно е в космоса да съществуват и други цивилизации, дори по-напреднали от нас, както и "Творец" – една хипотеза, която би наложила ревизирането на понятието за Логоса у Тиминиецка, което ще покажем по-нататък.

[14] Ana-Teresa Tymieniecka. *Logos and Life: Creative Experience and the Critique of Reason*. Book 1, 9.

- чудовищност, дължаща се на личностни девиации, резултиращи от определени събития и преживявания;
- чудовищност, проявяваща се вследствие на даден общинен или обществен регламент.

Тук ще приведа само няколко примера, за да илюстрирам тези три вида, които не са може би единствени, но са достатъчно емблематични, за да послужат за основа на разработването на интересуващия ни проблем.

Патологичната чудовищност е едно добре известно от пресата и средствата за масово осведомяване явление, отразявано в тях предимно във връзка с рецидивизма. Напоследък в редица статии, посветени на масови убийци и престъпници, бе констатирано, че голяма част от тях са хора, които повтарят ужасните си деяния без да съжаляват или да изпитват каквито и да е угризения на съвестта. Напротив, при разпита им те се хвалели пред съда със своите постъпки, а някои обвинени например за десетина убийства и изнасилвания, добавяли с гордост, че са извършили още толкова. Тази форма на чудовищност е често резултат от патологични перверзии, каквито са например садизмът, некрофилията, вампиризма и др.

Но чудовищността не може да бъде обяснена и дори извинена само с твърдението, че в случая се касае за особено психическо заболяване, при което индивидът не осъзнава напълно постъпките си и не може да бъде, следователно, отговорен за тях. Душевно болният по рождение би имал в известни случаи, поне юридически, известно оправдание. Но известно е, че този, който е извършил съзнателно някакво жестоко престъпление или поредица от престъпления, не може да бъде в никакъв случай оправдан. И във вторият от изброените видове чудовищност, тази, която се появява като резултат от девиации на личността вследствие на определени събития или преживявания, става въпрос именно за съзнателно преследвани цели и постъпки. Често пъти "отмъстителният човек" – частен случай, блестящо описан и изследван от Шелер[15] – се превръща в чудовище.

---

[15] Max Scheler. "Das Ressentiment im Aufbau der Moralen", in idem: *Abhandlungen und Aufsätze*. Leipzig: Verlag der Weissen Bücher, 1915, 39-274.

Достатъчно е да приведа в случая един твърде често срещан пример от криминалната практика. Известно е, че голяма част от изнасилванията на деца, са били осъществени от мъже, които в детството си са били самите те изнасилени. Именно това болезнено и ужасно за тях преживяване ги е накарало по-късно да извършат същото злодеяние напълно съзнателно. Излишно е да припомням колко други престъпления, семейни, граждански и междудържавни войни са били причинени от желанието за мъст, завист или омраза. Човешката история гъмжи от примери. Но в случая искам да наблегна на друго, на престъпленията срещу човешкия род, извършени в името на "прогреса и познанието". Така наречените "научни" експерименти с човешки същества (изпробването на медикаменти, кръстостването на хора с животни и пр.) и биогенетичните опити са водели и водят все още до създаването от самия човек на физически и биологически чудовища, на ужасяващи хибриди, за които не се дръзва дори да се говори. Не без основание ЮНЕСКО състави преди години цялостен проект за защита на човешкия геном.

За жалост в голяма част от случаите съзнателната чудовищност е следствие от общинни или социални регламенти. За това могат да се приведат стотици примери, като се почне от дивашкото състояние на човечеството, където канибализма, преживял до наши дни (!), е бил обичай на племето, и се премине през всички ужасии на античното робство, средновековната инквизиция и горенето на вещици, за да се стигне до рафинираните инвенции на съвременната епоха – инструментите за прочистване на расата (кастрацията, холокоста и пр.), концентрационните лагери, психиатричните клиники, атомното, химическо, бактереологично, психотронично и пр. оръжие, терорът на военните режими като хунтата и пр., и пр. Сред изобретенията на нашия век, положил началото на ново възраждане на религиозния фанатизъм, не може да не се споменат пагубните доктрини на различни секти и "пророци" (Муун, Джим Джоунс, Дейвид Кореш, Люк Жоре и много други), водещи до индивидуално или групово "ритуално" самоубийство, до проституция, групов секс, наркотици, създаване на атомни оръжия и пр. Нека припомним и това, че цинизмът на съвременната чудовищност стигна до създаването дори на произведения на изкуството (абажури, гребени, сувенири и пр.), изработени от човешка кожа и/или човешки кости!

В някои случаи тези различни видове чудовищност се преплитат. Така, социално или политически регламентираната чудовищност често се превръща в патология, като например расизма, шовинизма, религиозния фанатизъм и пр. Заедно с това не трябва да се счита, че чудовищността е непременно една веднъж завинаги дадена деформация на човешката личност (или на дадено общество). Съществуват и случаи, когато тя може да бъде и е била преодолявана, преминавайки в своята противоположност – светостта. Такъв е пример ни дава Достоевски с историята на Зосима – прототип на св. Амвросий Оптински – в Братя Карамазови. Също и в Новия Завет се описва подобна и дори още по-драматична конверсия – преобразяването на жестокия Савел, гонител на християните, подкрепял убиването им с камъни и хвърлянето им в тъмници, в апостол (Деян., 8).

5.3 Между страстите и Логоса

Посочените примери показват, че инвенциите и креативното въображение не са непременно един конструктивен прерогатив на човека, чрез който той се извисява над всичко останало. Затова от значение у човека е не толкова самата му креативна способност, а начинът, по който той я използва или – мотивацията и целите, които си поставя при нейното приложение. Бидейки свободен, човекът може да има различни мотиви за действие и изобретение, респективно да решава за какво и как да употребява своите способности и открития. Очевидно е обаче, че твърде често мотивите за действие и инвенции се обуславят от страстите и влеченията на личността, което означава, че вместо да бъде "оркестрация" или конструктивен катализатор креативността сама бива поставена в услуга на импулсите, инстинктите и нисшите влечения и сили. Оттук следва, че "нравственото съзнание" не е по-първично или изначално, отколкото "безнравственото" и че преходът от виталния към социокултурния стадий, характеризиращ човешката участ, трябва да се разбира също в двузначен план – естетическото и нравственото съзнание у човека се съпровожда от чудовищното и безнрвственото. Кретаивността предполага несъмнено известен ред, но той самият може да бъде използван така, че да доведе до безредие. Нещо повече. Тъкмо защото креативното съзнание отказва да следва вече известните и утвърдени пътища, опитвайки се да преодолее рутината и социално установените правила, то може лесно да приеме деструкцията за свой идеал. Историята на изкуството е имала такъв опит с ДАДА, философията – с нихилизма и диалектиката на Адорно, историята – с анархизма и тероризма. Очевидно е, следователно, че е невъзможно да се решат проблемите за свободата и избора чрез креативното въображение, което само изисква да бъде обяснено чрез фундирането си в свободата на избора, така както я схваща например Едит Щайн[16]. Така, реинтерпретирайки идеята, че творческото въображение е посредникът между страстите и конститутивните актове на съзнанието[17], би трябвало да се добави, че това опосредяване може да бъде поставено в услуга както на Логоса, така и на страстите. Именно поради тази причина големите религиозни традиции (брахманизмът, будизмът, таоизмът, християнството и пр.) подчертават необходимостта от обуздаване на страстите, респективно от аскезата или аскетизма, за който загатва и Тиминиецка в началото на *Logos and Life*[18]. Ще наблегна, от своя страна, върху факта, че животът и особено този на човека не е хармония, а постоянна борба, където дисонансите и деструктивните тенденции са често така силни, че е необходима наистина доста въображение, за да бъдат схванати като елементи на симфония. А това налага преосмислянето на идеята за рационалното формиране на живота, тоест на т. нар. *Logos of Life*.

---

[16] Виж: Edith Stein. *Welt und Person* (*Edith Steins Werke*, Bd. VI). Herder: Freiburg, 1962, 137-145 ff.

[17] Виж: Ana-Teresa Tymieniecka. *Logos and Life: Creative Experience and the Critique of Reason*. Book 1, 375.

[18] Пак там, 46.

Може да приемем с Ана-Тереза Тиминиецка, че

> Разумът не е само прерогатив на човека, защото съществува и в самия живот – единството на всичко живо работи според рационални правила, което не са осъзнавани обаче от никое същество. Разумът не е прерогатив на съзнанието, а една от най-големите сили на самия Живот. Нещо повече, този Разум, който е Разумът на Живота, няма нужда от съзнание. Растението например има един рационален генезис, то се появява от известен зародиш на семето според определено правило, или определена рационална мрежа, според която то цъфти, дава плодове и пр. Следователно съществува не само един огромен труд на Разума на Живота, но и животът показва, че не може да се отрече съществуването на системи на Разума в космоса.[19]

Естествените науки са ни доставили достатъчно доказателства за съществуването на твърде сложни рационални мрежи, без които не би имало впрочем наука. Но там, където има правила, там има също и възможност за отклонение или трансгресия на тези правила. Отклоненията от природните закономерности са довели до създаването във и чрез природата на хибридни растения, животни и индивиди, които са чудовища във физически план. Но съзнателната трансгресия от страна на човека на космическите правила е довело до формирането и развитието на антилогоса. Ето защо считам, че е необходимо въвеждането във феноменологията на живота на понятието за антилогоса в едно значение, доста по-различно от това, на което не без основание се е спряла проф. Тиминиецка, визирайки с този термин трансприродното предназначение на човека.

Като трансгресия и нарушение на рационалните космически правила, антилогосът не е само отрицание на естествените закони, но също така и на духовните ценности, предадени на

---

[19] Ана-Тереза Тиминиецка / Иванка Райнова. "Ана-Тереза Тиминиецка: Креативният опит в светлината на феноменологията на живота", *Философски алтернативи*, 1993/6, 139.

човечеството чрез устната и писмената Тора. Светото писание описва тази трансгресия, която се появява със сътворението на първите хора и завършва едва с последните страници на Апокалипсиса. Чрез образа на змията то показва, макар и по метафоричен начин, че Логосът и Анти-Логосът са колкото едно човешко изобретение, толкова и две космически сили, едната, способстваща за йерархичния ред на вселената, а другата – за неговото нарушаване. Новият завет указва също така на произхода на живота с неговите рационални мрежи и на *архе*-то на цялото творение. Това е Словото или Логосът, за когото апостолът свидетелства така:

> В началото бе Словото; и Словото бе у Бога; и словото бе Бог (...) Всичко чрез него стана; и което е станало, нищо без него не стана. В него бе животът и животът бе виделината на човеците" (Иоан, 1:1-4).

Именно в тази перспектива Едит Щайн разграничава Логос и логос[20] и именно от тази перспектива трябва да се различава Анти-Логоса от антилогоса, за да се обясни не само двузначността на креативното въображение и на креативния човешки акт, но също така и на творението, където се развива голямата космическа битка. Не е трудно да се съзре в този образ *the Great game of Creation*, където човекът трябва да вземе страна било за едната, било за другата от тези две борещи се сили. Именно върху този фон на биполярността ще трябва да се реинтерпретират и останалите фундаментални за феноменологията на живота проблеми каквито са въпросът за Свещеното и за човешкото предназначение, свободно да следва действителния *filum Ariadne* на "Пътя, Истината и Живота" или да скъса с него за винаги.

---

[20] Виж: Eedith Stein. *Endliches und ewiges Sein*. In: *Edith Steins Werke*, Bd. II, HeFreiburg: Herder, 1950, 63-66, 479 ff; Срв. И. Райнова. "Природа и Логос - отговорът на Едит Щайн", *Философски алтернативи*, 1995/ 1, 22-26; Иванка Райнова. *От Хусерл до Рикьор*. София: Университетско издателство СУ "Кл.Охридски", 1993, 73-82.

*

Накрая ще си позволя да отговоря индиректно на поставения в началото въпрос с перифразата на една прочута мисъл: Може би не всичко, което е действително, е разумно, но то носи в себе си своя непроницаем *raison d'être*, препращащ към примордиалната светлина, която "свети в тъмнината", без да бъде обзета от нея.

6

НЕОПРЕДЕЛЕНОСТТА НА ЦЕННОСТИТЕ И БЕЗДНАТА НА САМОСТТА

"Така, ако нищо не ме заставя да спасявам живота си, то и нищо не ме спира да се хвърля в пропастта".
Жан-Пол Сартр

В първата си книга *Габриел Марсел и Карл Ясперс* Пол Рикьор отбелязва в една бележка под линия следното:

> Като реакция срещу екзистенциализма на Жан-Пол Сартр, който субординира ценността на избора, екзистенциалната философия е призована да търси един среден път между априоризма на ценностите, който подценява разбулващия и креативен характер на свободата, и радикалния апостериоризъм, който редуцира ценностите и ги превръща в проекции на избора.1

С това Рикьор дава да се разбере, от една страна, че логическият априоризъм на Шелер, върху когото той се позовава експлицитно на различни места, и Сартровата ценностна теория представляват две противоположни аксиологически парадигми във феноменологико-екзистенциалната традиция и, от друга, че и двете съдържат съществени слабости, които трябва да бъдат преодолени чрез една нова ценностна концепция.

В тази глава аз ще реконструирам Сартровите и Рикьоровите схващания относно ценностите, след което ще ги подложа на сравнителен анализ с цел да онагледя по-ясно развитието по въпроса във философските трудове на Рикьор, което ще

---

[1] Paul Ricœur. *Gabriel Marcel et Karl Jaspers.* Paris : Editions du Temps présent, 1947, 248.

ни позволи да извлечем определени заключения. На това място искам да подчертая, че Сартровата ценностна концепция е сравнително слабо изследвана, докато тази на Рикьор съставлява една празна, "бяла страница", и че Рикьоровата рецепция на Сартр бе частично тематизирана, но не и в аксиологически аспект[2]. За разлика от Франсоаз Дастюр, моята цел е да докажа тезата, че във *Волевото и безволевото* Рикьор не заема просто позиция в полза на Габриел Марсел, като аргументира срещу Сартр[3], а се стреми също така и да посредничи между двамата мислители. Това е от изключително значение, тъй като аксиологическата концепция, която Рикьор разработва оттук, бива в по-късните му произведения запазена точно в онази си част, която го приближава все повече до Сартр и отдалечава от Марсел, респ. от една християнска ценностна теория.

6.1 "Нелегитимиран" и "без извинение"

За да се установи доколко е основателна Рикьоровата критика на Сартровата ценностна концепция, следва да се анализира последната с оглед на това дали ценността съставлява наистина само една проекция на избора. За разлика от мислители като Габриел Марсел, Емануел Муние, Паул-Лудвиг Ландсберг и др., които поставят ценностната проблематика във връзка с божествената Трансценденция, Сартр защитава гледището, че не съществуват предустановени от Бога ценности. Ценностите съществуват само чрез човека в един сътворен от самия него свят. Затова в *Битие и нищо*,

---

[2] В годишния колоквиум на Групата за Сартрови изследвания (Париж) на 22 юни 2002 г. бе проведена секция на тема "Сартр и Рикьор", на която бяха изнесени следните доклади: Jean Bourgault, "Sartre et l'invention de l'herméneutique", Laurent Husson, "Le statut de la volonté chez Sartre et le premier Ricœur", Philippe Cabestan, "Sartre – Ricœur: qu'est-ce que l'habitude?".

[3] Françoise Dastur. "Das Problem des Anfangs. Willen und Freiheit bei Paul Ricœur", in: Stefan Orth/ Peter Reifenberg (Hrsg.), *Facettenreiche Anthropologie. Paul Ricœurs Reflexionen auf den Menschen*, Freiburg/München: Karl Alber, 2004, 39.

както и в други негови философски творби, проблемът за ценностите се поставя в непосредствена връзка със спецификата и структурите на човешкото битие, респ. с битието на съзнанието. Ако човекът е битието, чрез което нищото се появява в света, то според Сартр възниква въпросът: "Какво трябва да е човекът в своето битие, за да се появи чрез него нищото в битието?"[4]. Сартр пояснява, че според Декарт и стоиците тази възможност с корени в свободата, която обаче не е някакво същностно свойство на човешкото битие, а онтологическа определеност, едва въз основа на която неговата същност става възможна. В този смисъл той подчертава, че свободата е неотделима от човешкото битие:

> Човекът не съществува *отначало*, за да бъде свободен *впоследствие* и няма разлика между битието на човка и неговото '*свободно-битие*'[5].

Свободното-битие, което съвпада в този контекст с екссистенцията на съзнанието, е отначало една предрефлексивна дейност:

> Съзнанието на *действащия* човек е отначало едно нерефлектирано съзнание. То е съзнание *за* нещо и трансцендентното, което му се разбулва, е от особена природа – то е една *изискваща структура* на света, която разбулва корелативно инструментни отношения.

Това означава, че съзнанието се появява винаги непосредствено в "ситуация", сред изискванията нещо да бъде сторено или не, сред някакви належащи задачи. В този свят, който Сартр нарича "свят на непосредственото", тъй като той още не е опосредстван от рефлексията, съзнанието се сблъсква с ценности и табута. То ги схваща, изхождайки от света, като някакви обективни предмети и се остава да бъде опреде-

---

[4] Jean-Paul Sartre. *L'être et le néant. Essai d'ontologie phénoménologique*. Paris : Gallimard, 1943, 83.

[5] Jean-Paul Sartre. *L'être et le néant. Essai d'ontologie phénoménologique*. Paris : Gallimard, 1943, 84.

лено от тези опредметени ценности – феномен, който Сартр означава с понятието "дух на сериозността"[6]. Изпълващото ни със страх възприятие на ценностите като нещо, съществуващо чрез нашата свобода, е според Сартр едно по-късно, опосредено явление:

> ...всички тези банални и ежедневни ценности извличат смисъла си всъщност от първичния проект на самия мен, който е един избор на самия мен в света. Но тъкмо проектът ми към една първична възможност, причина за съществуването на ценности, на призиви, на очаквания и най-общо – на един свят, ми се явява отвъд света като абстрактен логически смисъл и значение на моите начинания (...) Аз се появявам сам, изпълнен със страх пред уникалния и първичен проект, конституиращ моето битие, и тогава всички бариери, всички парапети рухват, неантизирани чрез съзнанието за свободата ми – аз не прибягвам и не мога да прибягам към никаква ценност, търсейки убежище от факта, че съм този, който поддържа ценностите в битието им; нищо не може да ме предпази от мен самия, откъснат от света и от същността си чрез това нищо, което *съм*, защото аз трябва да осъществя смисъла на света и на същността си: аз решавам сам съдбата им, нелегитимиран и без всякакво извинение.[7]

Нелегитимируемостта изразява в случая факта, че човекът не може да се позове на никакви външни ценности, че няма никакво извинение под булото на "man", т.е. на някакъв неопределен член на действие ("реши се", "направи се" и пр.), нито пък някакъв "колективен" или "социален" субект, който да вменява някакво деонтологическо поведение, с което по-късно да легитимираме и оневиним стореното от нас под формата: "Изпълних само заповед и действах по дълг". Сартр пояснява това в *Екзистенциализмът е хуманизъм* по следния начин:

---

[6] Пак там, 108-109.
[7] Пак там, 108.

Ако съществуването наистина предшества същността, то нищо не може да бъде обяснено с някаква дадена и неизменима човешка природа; другояче казано, н съществува детерминизъм, човекът е свободен, човекът е свобода. Ако от друга страна Бог не съществува, то ние нямаме пред нас някакви ценности и указания, които да могат да легитимират нашето поведение. Така ние не намираме нито зад нито пред нас в някакво царство на ценностите, оправдания и извинения[8].

Тази захвърленост на човека в света, където той е оставен сам на самия себе си, произвежда страх:

Ако човекът *не е*, а *се създава* (...), ако не съществува нито ценност, нито морал, който да е даден *априори*, а трябва да решаваме във всеки случай сами *за всички*, без всякаква опора, без ръководство, как да не ни е страх, когато трябва да действаме? При всяко наше действие става въпрос за смисъла на света и за мястото на човека във вселената; дори и да не искаме, ние създаваме чрез действията си една ценностна скала и как може пред лицето на една такава отговорност да не бъдем изпълнени със страх?[9]

Затова за Сартр страхът е рефлексивното възприятие на свободата, в което съзнанието ми си откъсва от света, за да се схване самото то като такова. Свободата ми разбулва, за разлика от духа на сериозността, че аз с намирам винаги откъснат чрез едно нищо от същността ми[10], намирайки се върху модуса на небитието било то като съзнание за нещо, което вече е съществувало, било то като нещо, което още не е. Самостта се намира по този начин винаги в една двойна зависимост:

---

[8] Jean-Paul Sartre. *L'existentialisme est un humanisme*. Paris : Gallimard 1948, 125.
[9] Jean-Paul Sartre. "A propos de l'existentialisme. Mise au point", in: Michel Contat, Michel Rybalka. *Les écrits de Sartre*. Paris : Gallimard, 1970, 654-655.
[10] Jean-Paul Sartre. *L'être et le néant. Essai d'ontologie phénoménologique*. Paris : Gallimard, 1943, 101.

По този начин азът, който съм, зависи от аза, който още не съм, точно толкова, колкото и азът, който не съм, зависи все още от аз, който съм[11].

Сартр обозначава самовъзприятието в тази зависимост като световъртеж, главозамайване (*vertige*) и го онагледява със съзирането на бездна. Аз съзирам възможността да се хвърля в бездната и осъзнавам, че нищо не ме спира да го сторя. Фактът, че този страх от свободата се обуславя от рефлексията, осветлява два важни момента: първо, че страхът не е някакво постоянно състояние на съзнанието, тъй като то е първоначално предрефлексивно и, второ, че рефлексията бива често отбягвана, респ. че страхувайки се от свободата съзнанието поема по пътя на бягството, което води до заблуждението (*mauvaise foi*)[12]. Заблуждението е едно самозалъгване, което си служи с възможността за изопачаване на двузначното отношение между в-себе-си (фактичност) и за-себе-си (трансценденция). Това се вижда напр. от опита за представяне на сексуалните ни влечения за нещо чисто духовно или пък когато се опитваме да извиним постъпките си с твърдения от сорта: "Аз съм, какъвто съм, и затова не можах да постъпя другояче". Заблуждението позволява също така да се позовем на обществени ценности, за да се оправдаем. Затова в *Екзистенциализмът е хуманизъм* Сартр пояснява:

> Заблуждението и, разбира се, лъжа, тъй като то забулва тоталната свобода на ангажираността. (...) Съществува заблуждение, когато избирам обяснението, че съществуват някакви дадени ценности; аз влизам в противоречие със себе си, когато ги желая и същевременно заявявам, че те ми биват наложени.[13]

Тази критика е формулирана в *Битие и нищо* също по отношение на т.нар. "защитници на честността" и то по един още по-остър начин, тъй като те полагат определени ценности,

---
[11] Пак там, 96.
[12] Пак там, 117-118.
[13] Jean-Paul Sartre. *L'existentialisme est un humanisme*. Paris : Gallimard 1948, 138.

които обявяват за "универсални" и които служат за вменяване на вина и терор. Защитниците на универсалните ценности представят честността и нейната максима "човекът трябва да е това, което е", като всеобща ценност и полагат по този начин един *битиен* идеал на абсолютна тъждественост и идентичност със себе си, което отвежда до опредметяване и разрушаване на за-себе-си[14]. Такъв е напр. случаят според Сартр с хомосексуалиста, от който се изисква да признае, че е хомосексуален:

> Защитникът на честността – подчертава Сартр – заблуждава (...), защото изисква от една свобода да се конституира като вещ.[15]

Критиката на субстанциализирането на човешкото битие и на ценностите[16], субстанциализиране, което се осъществява както в духа на сериозността, така и в заблуждението, отвежда до Сартровата концепция за двузначността на за-себе-си, което бива оттук схванато в неговите два онтологически аспекта: като трансценденция и свобода, от една страна, и като фактичност, от друга. Тази концепция е от централно значение за Сартровата ценностна теория, тъй като тази теория е изградена върху премисите на случайността, безпочвеността и битийната липса на самостта. Сартр показва, че фактичността отвежда до съзнанието за нашата безпочвеност, неоснованост, до нашето "съществуване без основание" (*gratuité*), за нашето "в повече" като за-себе-си, тъй като в-себе-си не може да основава каквото и да било; то е само основата на нищото като неантизация на собственото ни битие[17]. Самото *sum* на *cogito*, респ. фактът, че за-себе-си *е*, се намира извън съмнение, но доколкото то е каквото е, то имплицира цялата случайност на факта". Оттук произтича и опитът на за-себе-си

---

[14] Jean-Paul Sartre. *L'être et le néant. Essai d'ontologie phénoménologique*. Paris : Gallimard, 1943, 139.
[15] Пак там, 149.
[16] Пак там, 108, 163.
[17] Пак там, 174-180.

да снеме случайността на своето битие и да се самооснове, при което то се самооткрива и разбулва като недостиг:

> Още при своята поява-в-екзистенцията човешката реалност се схваща като непълно битие. Тя се схваща като съществуваща, доколкото не е, при наличието на особената тоталност, която тя не достига и която тя е под формата на нещо, което тя не е и което е това, което е. Човешката реалност е едно постоянно трансцендиране към едно съвпадение със себе си, което никога не е дадено (...) В този смисъл второто картезианско доказателство за съществуването на Бога е строго: несъвършеното битие се трансцендира към съвършеното битие, битието, което е основа само на нищото си, се трансцендира към битието, което е основа на своето битие. Но битието, към което се трансцендира човешката реалност, не е някакъв трансцендентен Бог. Това битие е в нейната сърцевина, то е самата нея като тоталност.[18]

Тази тоталност е, според Сартр, както израз на собствената липса на човека, така и блян по една нереализируема в реалността тоталност, която го кара постоянно да страда и го отвежда до противоречиви понятия и абсолютизации:

> Така човешката реалност възниква като такава при наличието на собствената си тоталност или – на собственото себе си като недостиг на тази тоталност. Тази тоталност не може да бъде дадена по природа, тъй като обхваща в себе си несъвместимите характеристики на в-себе-си и на за-себе-си.[19]

Тази недостижима тоталност е, която превръща за-себе-си в едно "нещастно съзнание", в една "излишна страст", респ. в едно битие, което е предварително осъдено на провал. Въпреки това би било погрешно да се схваща провала у Сартр само в този негативен аспект, тоест като непреодолимо състояние на нещастие. Провалът е по-скоро един шанс за конвер-

---

[18] Пак там, 189-190.
[19] Пак там, 191.

сия и избор на автентично съществуване, което се състои в това да поемеш свободата и отговорността върху себе си и да се откажеш от неосъществимото – Бог, вечни ценности и пр. – с пълното съзнание, че не си в състояние да основеш битието си онтологически, а само да го обосновеш нравствено[20].

В противовес на понятието за Бога като основа на самия себе си на света, за-себе-си не може никога да бъде основа на битието, а само на съзнанието и на недостига и то е, в крайна сметка, самото то недостиг[21]. Това разбиране за самостта като недостиг е ключът към етическата и аксиологическата концепции на Сартр. Недостигът бива дефиниран като "явяване на фона на една тоталност"[22], която имплицира триединството на екзистиращо, недостигащо и недостигнато[23]. Сартр онагледява това чрез примера с пълнолунието, което още не е настъпило: екзистиращото (непълната луна) бива трансцендирано към (пълната луна) и оттук обратно конституирано като непълнолуние[24]. По подобен начин биват схванати и ценностите като идеална тоталност:

> Красотата представлява (...) едно идеално състояние на света, като корелат на едно идеално реализиране на за-себе си, където същността и съществуването на нещата биха се разбулили на едно битие като идентичност (...). Това означава, че в естетическата интуиция аз схващам един имагинерен обект чрез едно имагинерно реализиране на самия мен като една в-себе-си-за-себе-си тоталност. Красотата като ценност (...) се схваща имплицитно по отношение на вещите като отсъствие; тя се разгръща имплицитно чрез *несъвършенството* на света.[25]

---

[20] Jean-Paul Sartre. *Cahiers pour une Morale*. Paris : Gallimard, 1983, 491.
[21] Jean-Paul Sartre. *L'être et le néant. Essai d'ontologie phénoménologique*. Paris : Gallimard, 1943, 180, 185.
[22] Пак там, 211.
[23] Пак там, 210.
[24] Пак там, 208.
[25] Пак там, 361.

Точно тази тоталност, която е и е едновременно не е, изразява според Сартр спецификата на ценността. При това става ясно, че ценността не е просто някаква проекция на избора, както счита Рикьор, а съвпада с битието на самостта:

> Можем вече да определим много по-ясно в какво се състои битието на себе си – то е ценност. И наистина ценността е афицирана от двойната особеност да е обусловавана и да не е (...) Ценността като такава притежава битие, но като нормативно съществуващо тя не притежава битие на реалност. Битието ѝ се изразява в това да е ценност, тоест да не е битие. Така битието на ценността като ценност е битие на това, което не притежава битие (...) човешката реалност е това, чрез което ценностите се появяват в света.[26]

Това е още по-ясно изразено в неговия доклад "Самосъзнание и самопознание":

> Ако ценността притежава този двоен характер на битие и отвъд битието, то това е, защото тя е именно тази тоталност, въз основа на която всяко съзнание възприема себе си като недостиг, и която е основата, която движи всяко съзнание, което си придава битие в смисъл, че ценността трябва да притежава структурата на в-себе-си, и че съществува някакво отвъд битието в смисъл, че всяка ценност изглежда, че притежава структурата на за-себе-си.[27]

Оттук става ясно, че ценността, според Сартр, не бива изначално положена от за-себе-си, а е че е субстанциално присъща на нея, тъй като не съществува съзнание, което да не е било споходено от неговата ценност и тъй като "човешката

---

[26] Пак там, 195-196.
[27] Jean-Paul Sartre. "Conscience de soi et connaissance de soi", in: Manfred Frank (Hrsg.). *Selbstbewusstseinstheorien von Fichte bis Sartre*. Frankfurt am Main: Suhrkamp, 1991, 342.

реалност обхваща в широк смисъл за-себе си и ценността"[28]. Ценността съществува отначало върху нететичната полупрозрачност на съзнанието за битие. Върху това нерефлексивно ниво ценностите са често пъти преживяване, респ. една определеност, идеща от фактичността и страстите. Сартр изяснява това в записките си по етика по следния начин:

> Моето тяло, моите сексуални влечения, моят глад, моят сън, моята смърт са отначало за мен, но те са извън това и ценности. Те са накрая моменти от едно по-широко начинание, което е действието. Всъщност те представляват моята фактичност и то така, че аз съм и не съм нея самата. Например аз съм моя глад и по отношение на моя глад, аз съм един трансцендиран глад[29].

Ценността се превръща следователно по-късно в обект на полагане, а именно тогава, когато рефлексивното съзнание обхваща рефлектиращия опит в неговата структура на недостиг и с това отвежда до поява на ценността като смисъла на недостигащото или неналичното. Това ниво на рефлексивното съзнание съставлява според Сартр нравственото съзнание, доколкото то е разбулване и съзнателно полагане на ценности. Но ценностите се образуват не само възприемането на недостига от страна на за-себе-си; ние се сблъскваме с тях във външния свят чрез другия:

> В света аз съм изправен пред оценките на другия (…) – да бъдеш видян значи да се самовъзприемеш като неразпознат обект на неразпознаваеми съждения, по-специално на ценностни съждения[30].

Чрез срама или гордостта, които за-себе-си изпитва пред другия, то се самоосъзнава изведнъж като за-другия и откри-

---

[28] Jean-Paul Sartre. *L'être et le néant. Essai d'ontologie phénoménologique.* Paris : Gallimard, 1943, 198.
[29] Jean-Paul Sartre. *Cahiers pour une Morale.* Paris : Gallimard, 1983, 102.
[30] Пак там, 481.

ва, че се превръща в обект за една друга свобода, която трансформира нашата самост и я отчуждава, дори поробва:

> Така погледът ме конституира като неспособно на съпротива битие за една свобода, която не е моята свобода. В този смисъл ние можем да се схванем като роби, доколкото се явяваме на другия[31].

Чрез свободата на другия, който може да ни заповядва и да ни налага определени норми на поведение, ние изпитваме идещите отвън изисквания и ценности като потискащи[32]. Срещу това определяне от страна на другия Сартр непрестанно подчертава необходимостта от самоопределение на личността:

> Идеята, която аз никога не престанах да развивам – заявява той през 1970 г. в едно интервю пред сп. *Нувел обсерватьор* – е, че (...) човекът може винаги да направи нещо от това, което са направили с него. Дефиницията, която днес бих дал на свободата би била следната – тя е тази дребна промяна, която създава от едно напълно определено социално същество една личност, която не възпроизвежда всичко възприето от чуждата определеност.[33]

Сартр подчертава в този смисъл, че ценностите не само едно рефлексивно възприятие на недостига под формата на идеално изискване, тоест на едно "трябва", а изобретяване на една ситуирана свобода. Той пояснява това твърде образно и впечатляващо в *Що е литература?*:

> Дахау, Аушвиц, всичко ни доказваше, че злото не е привидно. (...) Ние чухме цели улици да крещят и ние разбрахме, че злото като плод на една свободна и суверенна

---

[31] Jean-Paul Sartre. *L'être et le néant. Essai d'ontologie phénoménologique.* Paris : Gallimard, 1943, 481-482.
[32] Пак там, 487.
[33] Jean-Paul Sartre. "Sartre par Sartre", in: *Situations IX.* Paris : Gallimard, 1972, 101-102.

воля е абсолютно, както и доброто. Но от друга страна, повечето от борците от съпротивата, макар и бити, изгаряни, ослепявани, изтезавани, не проговориха [не издадоха другарите си]; те взривиха кръга на злото и утвърдиха наново човешкото, за себе си и дори за техните мъчители.[34]

Ценностите не са нещо абстрактно, универсално и вечно дадено, а нещо, което трябва ежедневно да се изобретява чрез конкретни ситуации. Рикьор е следователно прав, от една страна, когато подчертава креативния характер на ценностите у Сартр, но от друга страна, тъкмо креативното изобретяване е нещо различно от избора, ако под това се разбира избор на вече съществуващи ценности и решения. Сартр неслучайно пояснява казаното в *Що е литература?* по следния начин:

> Аз се изразих зле, не съществуват някакви изходи, които трябва да бъдат *избрани*. Изходът бива изобретен. И като всеки изобретява собствения си път, той изобретява и себе си. Човекът трябва да бъде изобретяван всеки ден наново.[35]

С други думи, не е достатъчно да избера между две или повече дадености, за да реша какво да правя в една трудна ситуация:

Исторически действащия – подчертава Сартр – е почти винаги някой, който пред лицето на дадена дилема изведнъж съзира една трета възможност която е била дотогава невидима. Между Съветския Съюз и англосаксонския блок трябва наистина да избираме. Но една социалистическа Европа не трябва да бъде "избрана", тъй като тя не съществува – тя трябва да бъде създадена.[36]

---

[34] Jean-Paul Sartre. *Qu'est-ce que la littérature? Situations II.* Paris : Gallimard, 1948, 222.
[35] Пак там, 223.
[36] Пак там, 224.

Новите възможности, решения и ценности ни се разкриват единствено чрез нашата креативност, която в дейността ни отвежда до конкретни заемания на позиция и избори. Другояче казано, ценността не е проекция на избора и не е подчинена на него, а зависи от изобретяването като израз на свободата и креативността. Така за Сартр свободата се оказва "единственият извор на ценността" и като постоянно поемане наново на избора тя е в крайна сметка общата основа на ценностите и на самия избор.

Тук възниква обаче въпросът за това как нашата собствена свобода, креативност и ценности се отнасят към тези на другите. Ако в *Битие и нищо* Сартр тематизира този въпрос в негативни понятия като поробяване, опасност, отчуждение и конфликт[37], то в *Тетрадки за една етика* неговата позиция се променя, доколкото той указва не само върху отчуждението на свободата и ценностите ни чрез другия[38], но и върху необходимостта за признание на свободата и ценностите на другите. Той показва, че моралът е само тогава възможен, когато се осъществява една конверсия, за което е необходим един процес на признание, в който да бъде преодоляно взаимното потискане на свободите[39]. Аз трябва отначало да разпозная другия като свобода, тоест детотализирана тоталност, после да призная тази свобода за ценност и да я желая като такава. След това аз трябва да поема риска да му се доверя и да апелирам на неговата искреност и добросъвестност с надеждата, че той ще се опита да разбере важното за мен, целите ми, и също ще ги признае за ценност. С това аз приемам, от една страна, че първоначалния конфликт на свободите може да бъде преодолян, а от друга, че моите цели следва да бъдат осъществени не само от мен[40]. В този контекст ценността би-

---

[37] Сартр подчертава, че същността на човешките отношения е конфликтът, че другият е скритата смърт на моите възможности, той е "първото ми грехопадение" (Jean-Paul Sartre. *L'être et le néant. Essai d'ontologie phénoménologique.* Paris : Gallimard, 1943, 324).
[38] Jean-Paul Sartre. *Cahiers pour une Morale.* Paris : Gallimard, 1983, 291.
[39] Пак там, 286.
[40] Пак там, 292-293.

ва разбрана като съвместно сътворяване на общи цели в едно отворено многомерно бъдеще:

> Да желаеш една ценност да бъде осъществена, не защото е моя или защото е ценност, а защото е ценност за някого на тази земя (...), да допринесеш за това едно многомерно бъдеще да се появява отново и отново в света, за това затворената и субективна тоталност да бъде заменена от едно отворено многообразие на отклонения, които се поддържат взаимно, означава при всички случаи, че свободата е по-ценна от несвободата[41].

Така свободата, която Сартр отначало разкрива като основа на ценностите, се превръща самата тя в ценност и цел на морала[42].

6.2 Определяне на неопределеното

Рикьор бива конфронтиран с ценностната проблематика от самото начало на своята философска кариера, най-вече чрез заниманията си с екзистенциалната философия и вълнуващите го проблеми за волевото, безволевото и свободата. Това, което следва да се подчертае е, че неговите аксиологически възгледи са повлияни и се придържат отначало към тези на Габриел Марсел, като той доразработва и с това надхвърля неговата концепция.

Рикьор възприема от Марсел в частност неговото описание на свободата, която бива схваната конкретно чрез инкарнирания субект. При това Рикьор подчертава, че свободата у Марсел не е обвързана с избора, както това е у Киркегор и Сартр, а с отвора към божествената Трансценденция. С нея Марсел обвързва и ценностите – собственият ми живот с

---

[41] Jean-Paul Sartre. *Cahiers pour une Morale*. Paris : Gallimard, 1983, 292.

[42] С това накрая на *Битие и нищо* се дава и отговор на въпроса дали е възможно свободата като извор на ценностите сама да се приеме за ценност или трябва да се дефинира по необходимост в отношение към някаква трансцендентна ценност? (Jean-Paul Sartre. *L'être et le néant. Essai d'ontologie phénoménologique*. Paris : Gallimard, 1943, 734).

всичките му пречки и препятствия, които трябва да преодолея, не е просто факт, а нещо което мога да оценя. Ако оценката се ограничи само до т.нар. за и против, то тя може да отведе до нихилизъм. Това изплъзване на свободата към негативните ценности или отрицанието на всякакви ценности се означава от Марсел с термина неблагоразположение, означавайки затваряне и неприемане на призива, или апела, на Трансценденцията[43]. Само по отношение на Трансценденцията ценностите и оценките разкриват своя истинен характер. Затова Рикьор подчертава:

> Няма съмнение, че за Марсел една позитивна аксиология не може да бъде някаква затворена дисциплина. Ценностите не са някакви изолирани специални обекти, а на регулативни принципи на Трансценденцията. Ако те бъдат откъснати от тяхната трансцендентна насока, както и от признанието и свидетелството на една конкретна свобода, тогава те се превръщат в идоли на познанието. Във всеки случай екзистенциалната философия ще може да се обнови само тогава, когато тя обърне по-голямо внимание на тези регулативни принципи, вместо да си губи времето с критика на техните деградирали юридически и казуистки форми.[44]

Затова Рикьор ще се опита в своята философия на волята да създаде една "позитивна аксиология", чиято програма той анонсира още в това първо свое произведение, *Габриел Марсел и Карл Ясперс* (1948), в спомената вече бележка под линия, която поради изключителната значимост тук ще преведа отново в нейната цялост:

> Като реакция срещу екзистенциализма на Жан-Пол Сартр, който субординира ценността на избора, екзистенциалната философия е призована да търси един среден път между априоризма на ценностите, който подценява раз-

---
[43] Paul Ricœur. *Gabriel Marcel et Karl Jaspers. Philosophie du mystère et philosophie du paradoxe*. Paris : Temps Présent, 1948, 218-220.
[44] Пак там, 247-248.

булващия и креативен характер на свободата, и радикалният апостериоризъм, който редуцира ценностите и ги превръща в проекции на избора. Мисля, че този проблем е един аспект от една по-обща рефлексия, а именно тази върху същностите (*essences*) като посредници на Трансценденцията. Същността не е някаква интелигибелна реалност, която съществува независимо от човека и от Бога, а посредник на битието, на онтологическот тайнство, което дава ориентация на свободата и което е същевременно едно конкретно откритие чрез свободата, която всъщност само това опознава, което изобретява и въплъщава. В тези насоки се движат последните разсъждения на Габриел Марсел в *Homo Viator*.[45]

Рикьоровата аксиология ще поеме по този път, но тя няма да върви по него само с Марсел. Рикьор съжалява, че у Марсел липсва една последователна епистемология[46], която да развие проблемите за свободата, волята и ценностите отначало на нивото на "първичната рефлексия", преди да ги постави на нивото на "вторичната рефлексия". Затова, както вече видяхме, Рикьор се опитва да допълни екзистенциалния конкретен подход на Марсел с феноменологическата дескрипция на Хусерл, респ. да разработи проблема за онтологическото тайнство на инкарнираната свобода въз основа на ейдетическата теория за волевото и безволевото[47]. Ключова роля в това отношение играе неговата интерпретация на Когито като "интегрално Когито", която подобно на Сартровата рецепция на Декарт[48], се опитва да преодолее критичните моменти на картезианството в една нова екзистенциално-феноменологична интерпретация, която схваща мисленето като въплътено:

---

[45] Paul Ricœur. *Gabriel Marcel et Karl Jaspers*. Paris : Editions du Temps présent, 1947, 248.
[46] Пак там, 369, срв. 386.
[47] Paul Ricœur. *Le volontaire et l'involontaire*, Paris : Aubier, 1949, 7-8, 17-18, 35-36
[48] Виж Yvanka B. Raynova. "Sartre, lecteur de Descartes", in idem (ed.). *Rethinking Modernity: Philosophy, Values, Gender*. Vienna: IAF, 2002, 47-52.

Завоюването наново на Когито трябва да бъде тотално – подчертава Рикьор –; именно в лоното на Когито ние трябва да открием отново тялото и безволевото...[49]

При това тялото не се разбира нито като чисто обектно тяло, тоест нещо, което бива разбулено или конституирано от трансценденталния субект, нито като чисто субектно тяло, а като инкарнирана и екзистираща самост, като мое екзистиращо аз (*moi existant*)[50]. Разликата между Сартр и Рикьор по отношение на проблема за тялото се състои в това, че първият развива едно разбиране за фактичността на тялото като израз на случайността и абсурда на за-себе-си, докато вторият застъпва една концепция за инкарнацията, която препраща към Трансценденцията като последна онтологическа основа. Същевременно трябва да се отбележи, че Сартр не разбира тялото като чиста фактичност или предметност, а като нещо живо, което аз екзистирам.

Рикьор показва по-нататък, че интуицията на интегралното Когито разбулва тялото, респ. безволевото като извор на мотивите и с това на ценностите[51]. За разлика от Сартр ценностите не биват дефинирани като липсваща тоталност, а като мотиви, които действат върху волята:

> Един мотив образува и, може да се каже, "историзира" дадена ценност и ценностно отношение – да приведеш някакво основание не значи да обясниш, нито да оправдаеш, да легитимираш, а значи да приведеш някакво право.[52]

Оттук волята бива също дефинирана по отношение на ценностите, а именно като "способността да се приемат и признават ценности"[53]. Както и у Сартр, у когото ценностите се появяват отначало върху нерефлексивното ниво на страс-

---

[49] Paul Ricœur. *Le volontaire et l'involontaire*. Paris : Aubier, 1949, 13.
[50] Пак там, 19.
[51] Пак там, 13.
[52] Пак там, 69-70.
[53] Пак там, 24.

тите и тялото и едва след това биват разкрити чрез рефлексията като недостиг, така и у Рикьор ценностите произтичат от извора на безволевото и получават смисъл чрез рефлексията, която може също така да ги постави под въпрос. Рикьор посочва и факторите на отчуждение, които често започват да действат вследствие от нерефлектираното възприятие на обществени ценности и норми[54]. Същевременно той предупреждава да не се схващат ценностите в духа на Киркегор и Ницше само като деградирали нормативни форми, като "мъртви закони", тъй като това би довело до забулване на действителното отношение между свобода и ценности и до отричане на всякакъв правен и ценностен ред[55]. По-дълбокият смисъл на отчуждението се намира според Рикьор не толкова във външния свят, респ. в срещата с другия, а в самите нас – в нашите страсти. За разлика от Сартр, който тълкува волята като съзнателно, рефлексивно претегляне на целите и ценностите, докато страстите биват третирани като предрефлексивно полагане на такива цели, Рикьор вижда в страстите едно усложняване на отношението между волевото и безволевото:

> Настина, страстите идват от лоното на волята, а не от тялото; страстта открива изкушението и своя орган в безволевото, но главозамайването бива предизвикано от душата. В този специален смисъл страстите са самата воля. Чрез главата те пленяват целия човек и го превръщат в една отчуждена тоталност.[56]

Затова отношението на волята остава абстрактно, когато не се осъществява преход от ейдетическата дескрипция към конкретния морал, който започва едва с разбирането на страстите. Защото ценностите се затвърждават в закон именно по отношение на страстите, които са причината за нашите грешки и нашата погрешимост. Рикьор е убеден, както и Сартр, че ние започваме да се замисляме относно ценностите *чрез сре-*

---

[54] Пак там.
[55] Пак там, 170.
[56] Пак там, 24.

щата си с другия, тъй като те ни хвалят, порицават, тоест оценяват и ни казват какво е "добро" и какво е "лошо"[57]. Ценностните съждения се разкриват при това като вид сравнения – това е по-добре от онова, това е по-уместно в това време от онова и пр. Тези ценностни съждения, които съставляват във всяка историческа епоха една повече или по-малко подредена ценностна скала, не биват поставени под въпрос в ежедневието. Те са само ценностни референти на човека в едно небе с "неподвижни звезди"[58]. Те образуват един нравствен хабитус, но все още не и едно етическо съзнание, тоест едно съзнание, което има ценностите не само за референт, но и за хоризонт. Етическото съзнание, за разлика от волевото съзнание, отива отвъд причините на своя проект към причините на причините, поставя под въпрос ценностните референти и постоянно разсъждава относно близките ценности, после относно далечните, най-накрая относно последните. Колкото повече то отива на дистанция от своя актуален проект, толкова повече то радикализира проблемите и оценява своя живот и своята дейност в тяхната цялост. Но това не става без страх и в случая той се изразява като страх относно последното основание:

> В дадена ситуация аз търся някаква опорна точка; обикновено аз я намирам в тоталността на дотогава не преоценените ценности, които показват своята мотивираща сила в *тази* ситуация в разговор, който водя със самия себе си (...) Но в големи кризи, поради едно изпитание което *ме* радикализира, пред лицето на една потресаваща ситуация, която ме атакува в крайните ми основания, аз поставям под въпрос моите неподвижни звезди (...) Всичко изведнъж е променено. Аз не мога да питам повече какъв е хоризонтът на *тази* оценка. Крайните ценности се разбулват като нещо, което няма никакъв референт. Моите звезди наистина ли са неподвижни? Как да очертаем последните референтни оси? Какво означава краен? Страхът от основаването на ценността ме заду-

---

[57] Пак там, 71.
[58] Пак там.

шава; защото този въпрос – какво означава краен? Преминава в една друга – съществува ли изобщо нещо крайно в ценността? Ἀνανκή στήναι се превръща в нещо подозрително за мен. *Grund* (основата) се превръща в *Abgrund* (бездна).[59]

Оригиналността на Рикьоровата концепция за ценностите, която на това място се доближава твърде много до Сартровата аксиология и теория за автентичността, се състои, по мое мнение, в тематизирането на неопределеността на ценностите, която бива разкрита от рефлексията като предизвикателство към човека, изискващо т него да се позиционира наново, да направи своя самостоятелен избор, тоест да преоцени ценностите критично и креативно и да допринесе с това към тяхното създаване. Затова Рикьор пояснява в една бележка под линия следното:

> Ние акцентираме в по-голяма степен отколкото Макс Шелер върху необходимото опосредяване на дейността и на историята, което да се разглеждат ценностите като същности, които могат да бъдат съзерцавани контемплативно. Поради тази причина ние отказваме да затвърдяваме до крайност противоположността си към ценностната концепция на Сартр.[60]

Чрез разграничението на витални и социални ценности Рикьор показва по-конкретно в какво се състои неопределеността и неяснотата на тези две нива. На нивото на виталното влияние оказват мотиви като удоволствие, болка, приятно, неприятно и пр. – фактори, върху които указват впрочем още Шелер, а преди него Брентано. Оттук се стига до съждения като: "Добро е това, което види до удоволствие", "Лошо е онова, което причинява болка" и пр. Тези хетерогенни мотиви ни дърпат често в различни посоки или пък попадат помежду

---

[59] Пак там, 71-72. Рикьор прави на това място алюзия на Аристотеловото схващане за последните изначални форми като вечни и неподвижни (anankê dê stênai) (Met. 1070a[1]).
[60] Пак там, 70.

си в конфликт, така че ние започваме да се колебаем и не знаем винаги как да реагираме, респ. какво решение да предприемем:

> Кое е по-ценно – приятното, което идва в края на един труден път или лекият път, който води до едно жалко удоволствие? – пита Рикьор.[61]

Освен всичко, за един лекото изглежда привлекателно, приятно и добро, а за друг, напротив, това е преодоляването на трудности[62]. Затова Рикьор говори за едно объркване на афектите, тъй като "не съществува витален ред и виталният опит е едно многообразие, което трябва да бъде изяснено чрез решетото на решението"[63].

По подобен начин стои въпросът със социалните ценности. Като исторически форми те са нещо безволево и действат върху нас като телесните мотиви. Така както афективността ми разкрива известни ценности на нивото на виталното, така аз откривам, напр. чрез страх или респект, ценностите, които характеризират моето столетие в определена социална среда. Очевидно в отговор на Сартр Рикьор подчертава, че всички социални ценности препращат в крайна сметка към другия като едно равностойно Аз, като Ти, и разбулват моето Аз като недостиг по отношение на него, а не по отношение на Битието:

> Справедливостта, равенството са само живи правила за интеграция на личностите в едно Ние. В крайна сметка другият е този, който е ценен. Трябва постоянно да се връщаме към това. Аз изпитвам недостиг по отношение на другия. В моето аз съществува липса по отношение на друго мое аз. То ми придава пълнота подобно на хранителен продукт.[64]

---

[61] Пак там, 110.
[62] Пак там1 114.
[63] Пак там, 115.
[64] Пак там, 122.

Социалните ценности с произтичащите оттук задължения попадат обаче поради своите различия и несъизмеримост във вътрешен конфликт – така напр. равенството с йерархията, справедливостта с обществения ред и пр., което изисква да ги разгледаме по-отблизо и да вземем решение. С други думи, не съществува някаква априорна етика и ценностна теория, която би ми помогнала да взема решение – в това Рикьор е несъмнено съгласен със Сартр. Затова той ще се опита да опосреди концепциите на Марсел за ценностите като хоризонт в ангажираността към дадена кауза (едно схващане, което Марсел заема от теорията за лоялността на Ройс) и Сартровата за креативното създаване на ценностите:

> Ценностите ми се явяват само чрез мярата на моята лоялност, тоест на активното ми посвещаване на тях. (...) Всяка ценност е валидна само по отношение на даден проект (...) Затова аз казах преди това, че мотивът "представлява" някаква ценност или ценностно отношение, респ. "историзира" го; следвайки Джосайя Ройс и Габриел Марсел, аз бих казал, че ценностите са (...) свръхличностни изисквания, с което искам да подчертая, че тяхната поява е свързана с определена *история*, в която аз вземам активно участие с цялата си същност, накратко една история, която аз изобретявам. И точно в това се състои парадоксът на ценността – тя не е изцяло продукт на историята, на изобретението, тя бива позната, приета, открита, но дотолкова доколкото съм способен да създавам история, да изобретявам историята. (...) откъсната от тази жива диалектика на съзерцание и на вземане на решение, на легитимация и на изобретение, ценностното съждение изгубва не само своята функция, но и своята възможност. В естеството на ценността е, да се явява само като възможен мотив на някакво решение. Аз съм свидетелят на ценностите само ако ги реализирам.[65]

---

[65] Пак там, 72-73.

Как обаче стигаме до едно решение за това какво е добро или лошо в дадена ситуация? Как да определим неопределеното? Рикьор съзира отговора в свободата:

> Определението чрез най-логично подредените основания и определението чрез чувствата, които са най-малко редуцируеми към някаква интелектуална максима, се снемат и двете чрез свободата на погледа, която взема пред вид ту едното, ту другото, която обединява различните аспекти в една уникална ценност и превръща неясните елементи в ясни ценности.[66]

Но свободата не е чисто мисловно претегляне; тъй като тя сама определя, решава и избира, тя означава и поемане на риск, както и поемане на отговорност:

> Трябва да рискуваме – свободата е винаги риск (...) Да живееш в хармония със себе си е максимата на ценностите, които се намират в съгласие с нашите постоянни житейски основания; да проявяваш смелост, да поемаш риск е максимата на онези избори, които биват осъществени като отговор на несъизмеримостта на рефлектираните ценности (...) Рискът е човешката, а не Божията форма на свободата (...) Дебатът между виталните и по-висшите ценности никога не стига до яснота. Само като избирам, аз благославям йерархията на ценностите (...), и само началото на конкретното, уникално, неповторимо решение адаптира правилото към мярата на една уникална ситуация.[67]

Ако Рикьор, в противоположност на Сартр, вижда извора на ценностите не свободата, а в безволевото, то той е убеден, подобно на него, че самата свобода може да се превърне в ценност. Но Рикьор свързва тази ценност не непосредствено с етиката, а с "поетиката на свободата", която чрез "втората коперниканска революция" следва да ни помогне да стигнем до тайнството на битието. Както вече видяхме, ако в "първата коперниканска революция" обективният свят бива

---

[66] Пак там, 152.
[67] Пак там, 164-165.

центриран върху Когито при което обектът се става *за* субекта, безволевото *за* волевото, ценностите *за* избора и пр., то във "втората коперниканска революция" Всеобхватното[68], или божията Трансценденция, се явява като *хоризонт* на нашата субективност. В тази "втора коперниканска революция", която произтича, според Рикьор, едно задълбочено разбиране на субективността, центърът се измества към Трансценденцията, така че субективността се явява като част на Всеобхватното, като *същество измежду други същества*, като шифър на "онтологическото тайнство", което може да бъде схванато само по един *парадоксален*, нерационален, поетически начин като възхищение от света като аналог на Трансценденцията. Едва въз основа на тази поетика етиката и аксиологията намират отговор на въпроса за свободата на злото – да, злото, страданието и смъртта са също част от сътворението, от този свят, но те не са окончателната родина на свободата и затова може да храним надеждата, че един ден ще бъдем спасени и ще се сдобием с едно ново нетленно тяло[69].

6.3 Между хуманизъм и консенсус

Какви по-конкретни заключения може да направим от този сравнителен анализ?

Както Сартр, така и Рикьор изхожда от Когито и разглежда ценностите на две нива – предрефлексивното ниво, което Рикьор приписва на безволевото, и рефлексивното, което той свързва с волевото. Основната разлика между двамата мислители се състои в крайна сметка в концепцията за Трансценденцията, или Бога, който е за Сартр едно противоречиво понятие на за-себе-си-в-себе-си, отвеждащо до отчуждение и загуба на субективността, докато за ранния Рикьор Трансценденцията е ключът към саморазбиране на субективността в светлината на онтологическото тайнство и достигане до ав-

---

[68] Очевидно е, че Рикьор използва терминологията на Карл Ясперс за означаване на Бога с термини като Всеобхватно, Транценденция и пр.
[69] Пак там, 451.

тентичност. Тази разлика е базата на различни теории, които двамата мислители развиват за тялото, за свободата и за другия; същевременно те стигат и до сходни резултати, а именно до становището за необходимостта да се поеме риска на свободата, на действието, на изобретяването на нови ценности, вместо да се бездейства и да се оставяме да бъдем определяни от чужди ценности.

Но споменатите различия намаляват, според мен, ако се разгледа по-отблизо философското развитие на двамата мислители след 1950 г. Както знаем Рикьор никога не написва третия том на *Философия на волята*, а именно този, който е трябвало да третира проблема за "поетиката на свободата". Нещо повече, както видяхме, ако през петдесетте години той вижда в Трансценденцията ключа към дълбинното разбиране на самостта като *imago Dei*, то в *Самият като друг* (1990) той вижда в Бога нещо като "апория на Другия", при която философският дискурс е принуден да спре[70]. В това произведение изследването на самостта не се осъществява вече чрез запитване отправено към онтологическото тайнство, а към наративната идентичност. Приматът на рефлексивното опосредстване[71] и херменевтичният обходен път елиминират при това напълно парадоксалното мислене. Също и телесността не бива вече разбрана в смисъла на Марсел като инкарнация, а в хоризонта на Хайдегеровата херменевтика на фактичността като самоинтимност и откритост към света[72]. Рикьор се отказва и от есхатологическата концепция за скрития смисъл на историята и т.нар. "епически оптимизъм", защото, както отбелязва в първото си интервю с мен, той счита че не се нуждае от философия на историята, за да бъде отговорен[73]. Ценностите, които той схваща все повече като исторически и културни продукти, като "субстанция", която съставлява

---

[70] Paul Ricœur. *Soi-même comme un autre*. Paris : Seuil, 1990, 426.
[71] Пак там, 9.
[72] Пак там, 392-393.
[73] Yvanka B. Raynova. *Between the Said and the Unsaid. In Conversation with Paul Ricoeur*, vol. 1. Frankfurt am Main u.a.: Peter Lang, 2009, 39.

идентичността на дадена група или народ[74], не се тълкуват вече като регулативни принципи на Трансценденцията, а биват положени в неопределеността на ценностния хоризонт относно благото, или "добрия" живот[75]. Затова Рикьор критикува в по-късните си трудове както колективистката реторика на тоталитарните режими, така и индивидуалистката, тъй като и двете изхождат от погрешното схващане за изначалното съществуване на някакъв фундамент, на някакъв естествен ред, от който могат да се изведат някакви универсални ценности на съвместен живот. Напротив, според Рикьор съществува един плурализъм на ценности, откъдето и различни представи за справедливост и правно устройство на обществото, влизащи често в конфликт една с друга. Тези ценности и представи не могат да бъдат тотализирани, те могат евентуално да бъдат приведени в някакъв "конфликтен консенсус"[76]. Последният бива считан от Рикьор за особена характеристика и мяра за демокрация, тоест като резултат от водене на политическа дискусия и преговори според свободно избрани прозрачни правила, които винаги могат да бъдат поставени под въпрос[77]. В този смисъл, новосъздадената и разширяваща се Европейска общност би следвало да (пре)осмисли своите ценности чрез една херменевтика на Европейската история, като същевременно се насочи към създаването на нова форма на съвместно съществуване и изобретяване на нови общи ценности[78].

Сартровата "втора етика", която е основата на неговите Римски лекции и др. неиздадени ръкописи, развива също една социално-философска и историческа концепция за ценностите. Тя е базата на една революционна етика, чиято висша цел

---

[74] Paul Ricœur, *Lectures 1. Autour du politique*, Paris : Seuil, 1991, 246.
[75] Пак там, 175.
[76] Пак там.
[77] Paul Ricœur. *Soi-même comme un autre*, Paris : Seuil, 1990, 312-313.
[78] Yvanka B. Raynova. *Between the Said and the Unsaid. In Conversation with Paul Ricoeur*, vol. 1. Frankfurt am Main u.a.: Peter Lang, 2009, 132-134.

е интегралният човек, респ. интегралният хуманизъм[79]. Сартр дефинира там морала като "целостта на императиви, ценности и аксиологически съждения, която образува *общото поле* на дадена класа, социална среда или на цяло общество"[80]. Спецификата на ценността като императив не се обяснява вече чрез недостига, а чрез самоопределянето – ценността е едно интериоризирано синтетично единство[81]. Оттук парадоксът на етиката става очевиден – моралният императив има за цел, от една страна, да ме положи като автономия, която владее външните обстоятелства, вместо да бъде овладяна от тях, а от друга страна, той указва на норми на повторението, които трябва да направляват моята дейност[82]. В противоположност на *Битие и нищо*, в Римските си лекции Сартр приема, както и Рикьор, възможността да избереш да бъдеш определян и отвън, без със самото това да изпаднеш в отчуждение[83]. Нравственият живот на обществото се разкрива оттук като конфликт между стари ценности (повторения) и нови ценности (изобретения)[84]. Въз основа на аферата Софтенон, Сартр показва, че по отношение на един и същ случай могат да бъдат изказани различни аксиологически съждения и че при големи спорове винаги се сблъскваме с множество несъизмерими ценностни съждения[85]. Разликата между Сартр и Рикьор е, че за разлика от последния, който търси решението на големите обществени конфликти чрез постигането на конфликтен консенсус посредством пътя на дискурса, на преговори, Сартр вижда изхода в революционния праксис като борба срещу всички системи на подтисничество[86]. Може би общата поука, или общото послание, което може да бъде изведено от анали-

---

[79] Jean-Paul Sartre. "Conférence à l'Institut de Rome", manuscrit, Paris : Bibliothèque nationale, 136.
[80] Пак атм, 7.
[81] Пак там, 11.
[82] Пак там, 16.
[83] Пак там, 13-14.
[84] Пак там, 18.
[85] Пак там, 19.
[86] Пак там, 137-139.

за на тези две ценностни теории, се резюмира в следното – колкото и горди да сме по отношение на дадена традиция, напр. по отношение на т.нар. "Европейски ценности" или "демократичните завоевания", това не ни освобождава от задачата да се позиционираме постоянно наново. И обратното, изобретяването на нови културни и обществени ценности не трябва да води до пълно отричане, респ. разрушаване, на надминати традиции, а да се опита да ги интегрира в един процес на едно преосмисляне на ценностите, което отчита тяхната историчност, тоест конкретния исторически контекст, в който те се появяват и функционират, като извлича чрез ретроспективен прочит съответни поуки от и за настоящето[87].

---

[87] "Не вярвам" – пояснява Сартр в 1970 г. –, "че една революционна култура ще забрави Бодлер или Флобер само защото те са били прекалено буржоазни и затова не са били приятели на народа. (...) Те може би няма да минават за основоположни ценности, но те ще бъдат част от една традиция, която е била преоценена чрез праксиса и една нова култура" (Jean-Paul Sartre. "Sartre par Sartre", in: *Situations IX*. Paris : Gallimard, 1976, 131-132). Но докато Сартр изхожда от определени презумции (напр. превъзходството на революционната култура над буржоазната), в това отношение късният Рикьор отива, по мое мнение, по-нататък като поставя под въпрос субекта на легитимацията, регламентиращ оценката на произведението на изкуството и, в частност, на неговата морална страна (Paul Ricœur. *Temps et récit*. vol. 3. Paris : Seuil, 1985, 295).

ЧАСТ II
От практиките на доминация към интегративните ценности

1

МИТОВЕТЕ НА МЪЖКОТО ГОСПОДСТВО И "ЕТИКАТА НА СПРАВЕДЛИВОСТТА"

Фактът, че заглавието *Le deuxième sexe* (*Вторият пол*) е преведено на немски с *Das andere Geschlecht* (*Другият пол*) съвсем не е случаен. В автобиографичния си роман *Силата на нещата* Бовоар отбелязва, че дълго се е двоумяла как да нарече новото си произведение:

> Една вечер Сартр, Бост и аз с часове обсъждахме този въпрос. Аз предложих названието *L'autre sexe* (*Другият пол*). Бост обаче възрази и предложи *Le deuxième sexe* (*Вторият пол*) и след като размислихме, всички се съгласихме с това предложение.[1]

Макар и аргументите на Бост, на който Бовоар посвещава своето произведение, да не са описани и да остават неясни, няма съмнение, че първоначалният замисъл на Бовоар се е състоял в това, да разкрие чрез изследването на т.нар. *condition féminine* жената в участта й на Друг и то като абсолютна другост. Решаващ в тази насока се оказва нейният идеен обмен с Леви-Строс: "Той потвърди моята теза за жената като Друг, показвайки, че мъжът е бил винаги основното същество, даже и в примитивните общества (...), наречени матриархални"[2]. По този начин женската другост конституира централната, "Архимедова точка" на Бовоаровия *Magnum Opus*, тъй като едва чрез тази специфична характеристика на жената биват придадени атрибутите на "втора" и "несъществена", а не обратното.

---

[1] Simone de Beauvoir, *La Force des choses*, vol. I, Paris : Gallimard, 1963, 235.
[2] Пак там.

В настоящата глава ще аргументирам тезата, че другостта е основата и изходната точка на една многоаспектна критика, която позволява да се определи Бовоар като предшественичка на постмодернизма. Основните компоненти на тази критика се изразяват по-конкретно в тематизирането на т.нар. *Différend*, в критиката на митовете и симулакрите, легитимацията на властовите дискурси, на "големите разкази" и универсалистките метанаративи, в деконструкцията на дуалистичното мислене чрез опозиции, в отказа от абстрактните човешки права и опита за изграждане на една етика на справедливостта.

Прочитът, който ще предложа, се основава, от една страна, върху феноменологико-екзистенциалистките аспекти на Бовоаровата критика, в частност на рецепцията и трансформацията на Сартровите философски идеи, а, от друга, върху постмодерния контекст, чрез който основните тези на Бовоар придобиват ново, актуално звучене. Особено важна в това отношение е необходимостта да се покаже, че философското наследство на Бовоар не следва да се преценява толкова от гледна точка на това дали предхожда времево Сартровите идеи или, напротив, се ражда под тяхно влияние[3], колкото от гледна точка на съвременните деконструктивистки и делегитимационни дебати.

1.1 Властта като дискурс: ситуацията

Да поставяш въпроса "Що е жена?"[4], не означава според Бовоар да поставяш въпроса за нейната същност, защото няма

---

[3] Такава е напр. водещата интерпретативна тенденция в съвременното "преоткриване" на творчеството на Бовоар, стремяща се да докаже, че Бовоар е открила всичко преди Сартр и е обусловила неговата мисъл, а не обратното (виж по-конкр.: Linda Singer, "Interpretation and Retrevial: Rereading Beauvoir", *Women's Studies International Forum,* 1985/ 8, no. 3, 231-238; Margaret A. Simons, "Beauvoir and Sartre: The Philosophical Relationship", *Yale French Studies*, 1986, vol. 72, 165-179; Sonia Kruks, *Simone de Beauvoir: Teaching Sartre A bout Freedom.* In: *Feminist Interpretations of Simone de Beauvoir*, Pennsylvania University Press, Pennsylvania, 1995, 79-96; Edward Fullbrook. Kate Fullbrook, *Simone de Beauvoir. A Critical Introduction,* Polity Press, Oxford, 1998, 2; Margaret Simons, *Beauvoir and the second sex: feminism, race, and the origins of existentialism,* Lanham: Rowman & Littlefield Publishers, 1999.).

[4] Simone de Beauvoir. *Le deuxiume sexe.* Vol. I, Gallimard, Folio, 1976, 13.

"същност", няма някаква "вечна женска природа" – човекът е за-себе-си, той е това което "не е" и не е това, което "е". Не значи също така да питаш относно значението на думата "жена", защото да бъдеш жена, не е просто някаква си думичка. Ако съществуват "жени", както съществуват чернокожи или евреи, то това е защото съществува определена женска ситуация, така че да се поставя женския въпрос, означава да се пита относно т.нар. "женска участ".

Ако се опитаме да разтълкуваме женския въпрос с помощта на Хайдегеровата херменевтика на запитването[5], то можем да приемем, че в случая запитването (*Gefragte*) се отнася до битието на жената, запитваното (*Befragte*) е ситуацията на жената, а отговорът, до който стига (*Erfragte*) е, както ще видим, автентичността. Основания в подкрепата на подобно тълкуване можем да намерим още в началото на *Втория пол*:

> Несъмнено жената, подобно на мъжа, е човешко същество. Но подобно твърдение е абстрактно. Фактически всяко конкретно човешко същество е ситуирано по един особен начин, така че отхвърлянето на 'вечното женско начало', на 'чернокожата душа' и 'еврейския характер' не означава да се отрича, че тук и сега съществуват евреи, чернокожи или жени – за засегнатите подобно отрицание не би означавало освобождение, а бягство в неавтентичността.[6]

Да обясняваш жената чрез ситуацията, а не съществуващата ситуация чрез женската природа означава, че негативността или "липсата" на жената не е даденост, а нещо конструирано. Последното не е обаче някакъв случаен конструкт измежду други, а една фундаментална структура на когито:

> Категорията друг е също така първична, както самото съзнание. В най-примитивните общества и в най-древните митове ние откриваме постоянно един дуализъм – този между същото и другото (...) Няма колектив,

---

[5] Martin Heidegger, *Sein und Zeit*. Tübingen: Max Niemeyer, 1979, 7.
[6] Simone de Beauvoir, *Le deuxième sexe*. Vol. I, 13.

който да се определя като такъв, без със самото това да противопоставя Другия на себе си.[7]

Бовоар отбелязва веднага, че този феномен става ясен едва когато, следвайки Хегел ние откриваме в съзнанието една фундаментална враждебност спрямо всяко друго съзнание: "Субектът се полага като такъв единствено като се противопоставя [на другия] – той се утвърждава като същностен и конституира със самото това другия като несъществен, като обект"[8]. Но тя не се задоволява нито с Хегеловата диалектика, нито със Сартровото битие-за-другия, което се характеризира чрез конфликта, чрез проекта за присвояване на свободата на другия[9]. За разлика от Сартр и Хегел, за които копулата "аз – друг" е симетрична, Бовоар показва, че в случая с другостта на жената и конституирането на пола (в смисъла на *gender*) става въпрос за една дълбока противоположност, която няма никъде подобен аналог:

> Волю, неволю групите са длъжни рано или късно да признаят реципрочността на своите отношения. Но защо никога не се е стигнало до реципрочност между половете, защо един от двата термина се е установил като същностен, отричайки всякаква съотносимост спрямо своя корелатив, дефинирайки го като абсолютна другост? Защо жените никога не са оспорили мъжкия суверенитет? Никой субект не се полага доброволно и спонтанно като несъществен (...) Откъде идва тогава у жената това подчинение?[10]

На този централен въпрос Бовоар предлага два отговора – единият психологически, другият исторически. От една страна, жените са тези, които охотно приемат подчинението, като избират с това един удобен начин за избягване на свободата, страха и опасностите на съществуването, за което биха били единствено отговорни. Но това обяснение чрез заблудата (*mauvaise foi*), което Сартр дава например по отношение на чернокожите и

---

[7] Simone de Beauvoir, *Le deuxième sexe*. Vol. I, 17.
[8] Пак там.
[9] Виж: Jean-Paul Sartre, *L'être et le néant*. Paris : Gallimard, 1943, 502.
[10] Simone de Beauvoir, *Le deuxième sexe*. Vol. I, 17.

евреите, не изразява, според нея, същността на женската ситуация. Тя подчертава, че чрез достъпа и фактическото участие във властта мъжете са създали една социалнополитическа и правна система, която ги е привилегировала за сметка на жените. В подкрепа на това твърдение тя цитира Пулен дьо ла Бар: "Тъй като мъжете са създатели на законите, те са привилегировали своя пол и правораздаващите са превърнали законите в принципи"[11].

Детайлният исторически анализ, който Бовоар предлага, показва как мъжете винаги са разполагали с инструментите на властта и са ги използвали за подсигуряването де факто и де юре на тяхното надмощие и за държане на жените в подчинено положение[12]. Така че не жените са създали ситуацията на изключения и подчинен друг, а мъжете. Жените само са приели тази ситуация или са се опитали, без особен успех, да й се противопоставят пост фактум.

Но не само понятието за жена или *gender* се оказва конституирано, а и самата *condition féminine*, сиреч социокултурният начин на женското съществуване. Оттук Бовоар ревизира Сартровата теза за свободата на подчинените, като подчертава по един полумарксистки начин първичната и определяща роля на ситуацията по отношение на жената: "За да обясним нейните (на жената – б.м.) ограничения е необходимо да се обърнем към нейната ситуация, а не към някаква тайнствена същност"[13].

Чрез самоутвърждаването на мъжете като субекти жените са били изключени от всяка дейност, свързана с трансценденцията; мъжете са запазили единствено за себе си привилегията на трансценденцията, като са изтласкали жените в областта на чистата иманентност *(Küche-Kirche-Kinder /* кухня-църква-деца[14]*)*.

Бовоаровото понятие за изключения друг би могло да се разглежда като аналог на Лиотаровия *Différend*. Като жертва на дадена несправедливост, последният е лишен от средствата за

---

[11] Пак там, 22.
[12] Пак там, 22, 237.
[13] Пак там, vol. II, 640.
[14] Пак там, vol. I, 217.

нейното доказване, тъй като правилата за разрешаване на конфликта са установени в идиомата на другия. Следователно положението, в което се намира, изглежда безнадеждно, защото ако се откаже да подаде жалба, той ще остане подчинен и неоправдан, ако пък се реши да заведе дело ще стане жертва за втори път. Асиметрията остава, а заедно с нея и единственият "дискурс" – този на терора.

Бовоар описва женската ситуация по подобен начин:

> Не може да се създаде справедливост в лоното на несправедливостта. Колониалният управник няма възможност да се отнася добре с местните жители, нито пък генералът с войниците. Единственото решение е да не бъде нито колониалист, нито военокомандващ, но мъжът не може да престане да бъде мъж; затова той е виновен, независимо от намеренията си, и е подвластен на една грешка, която сам не е причинил. Също така и жената е жертва и опърничава жена, въпреки своето желание.[15]

В това, според Сартр и Бовоар, се състои и абсурдността на избора – човекът е винаги избор на самия себе си, но не и основа на самия себе си[16]. Въпреки това, той е отговорен винаги и навсякъде за всичко и пред всички[17].

1.2 Дискурсът като власт: митът

За Бовоар обаче не става само въпрос да се тематизира жената като *Différend*, но и да се разбулят механизмите на нейното подчинение. Тя показва, че всички области на знанието (природни науки, биология, теология, философия, експериментална психология и т.н.) са били използвани, за да се "докаже" малоценността на жените спрямо мъжете:

> Независимо дали става въпрос за някаква раса, каста, класа или пол, която бива третирана като малоценна, процесите за легитимиране на подобно твърдение са би-

---

[15] Пак там, vol. II, 652-653.
[16] Виж: Jean.-Paul Sartre, *L'être et le néant*, 561, 632.
[17] Виж: Simone de Beauvoir, *Le sang des autres*, Paris : Gallimard, 1945, 103.

ли винаги едни и същи – вечното женско начало е аналог на 'чернокожата душа' и 'еврейския характер'[18].

С други думи, за да се аргументира малоценността на дадена група, отначало се търси някакво различие, въз основа на което впоследствие се изработва някакъв мит, чрез който биват конституирани митически образи, или симулакри, целящи да се постигне определен "истинен ефект". Лъжовният характер на тези симулакри се състои в това, че те се представят като "обективни", за да прикрият действителните интереси, които ги движат. Но, според Бовоар, не съществува обективно описание: "Не е възможно да се разглежда никакъв проблем, без да се вземе отношение. Самият начин на поставяне на въпросите и възприетите перспективи предполагат някаква йерархия на интереси"[19].

Древните митове и легенди, особено тези, които разказват за убийството на жени (Клитемнестра, Тимиат и пр.), имат, според Бовоар, дълбок смисъл. Те свидетелстват за това, че другият бива отъждествен със злото:

> От момента, в който мъжът се утвърждава като субект и свобода, възниква и идеята за другия. От този момент нататък отношението към другия се превръща в драма – съществуването на другия е заплаха, опасност. Древногръцката философия показва, че другостта е равнозначна с отрицанието, тоест със злото. Полагането на другия е вече дефиниране на определено манихейство. Затова религиите и законите са се отнасяли така враждебно към жената.[20]

Дуалистичното мислене се нуждае от образи на врага, за да може да бъде легитимирана и задвижена репресивната машина. Злото е необходимо за доброто точно така, както материята за духа и тъмнината за светлината[21]. Тази мисъл на Бовоар е изразена също от Сартр по отношение на Жьоне – обществото се нуждае от престъпници, за да може да наказва и то произвеж-

---

[18] Simone de Beauvoir, *Le deuxième sexe*, vol. I, 24.
[19] Simone de Beauvoir, *Le deuxième sexe*, vol. I, 23 et 30.
[20] Пак там, 134.
[21] Пак там, p134-135.

да престъпници, за да може да подсигури своето съществуване и полицейски функции. По този начин се създава мита: "Злото е другият"[22]. Или, както ще отбележи по-късно Лиотар: "Деспотите се нуждаят от лудите, за да легитимират представата за това, което следва да бъде изключено. Така също лекарите се нуждаят от болни, а политиците – от работници"[23].

Стратегията за промяна на тази ситуация е делегитимацията на митичното дуалистично и авторитарно мислене. Митовете, за които говори Бовоар, могат да се разглеждат като аналог на симулакрите, описани по-късно от Жан Бодрийар. Като референти те господстват над съзнанието, създавайки фалшиви образи, чрез които способността за мислене на субекта бива отслабена и държана под контрол. Бодрийар ги делегитимира чрез деконструкцията на референта като такъв. Референтът е знак, който указва винаги върху определена система и определен дискурс. Тази система и нейните вербални форми, които се представят за абсолютни са обаче винаги относителни, защото се изменят и могат да бъдат тълкувани по различен начин. Те получават различни значения според интересите на индивидите, класата, етоса и пр.[24]

Подобно на симулакрите, митовете са, според Бовоар, изкуствено произведени закостенели, абстрактни и стилизирани изображения на реалното. Тъй като те претендират за абсолютна истинност, те релативират, обезценяват и отчуждават конкретното. Митът за жената, в частност, проецира в областта на платоническите идеи една непосредствено изпитана или въз основа на опита превърната в понятие реалност:

> той [митът за жената] замества стойността, значението на понятията и емпиричния закон чрез една трансцендентна, безвремева, неизменна и необходима идея. Тази идея не търпи никакво поставяне под въпрос, тъй като

---
[22] Jean-Paul Sartre, *Saint Genet, comédien et martyr*, Paris : Gallimard, 1952, 23-24.
[23] Jean-François Lyotard, *Economie libidinale*, Paris : Minuit, 1974, 309.
[24] Jean Baudrillard, *Le système des objets*. Paris : Gallimard, 1968, 19-25; *Pour une critique de l'économie politique du signe*. Paris : Gallimard, 1972, 35-50 et 90-92; *Simulations et simulacres*, Paris : Galilée, 1981; *Les stratégies fatales*, Paris : Grasset, 1983, 63, 97 ff.

се намира отвъд даденото; тя претендира за абсолютна истинност. По този начин митичното мислене противопоставя на динамичната, случайна и многообразна екзистенция на жените еднозначната идея за вечното женско начало.[25]

Митът установява трансцендентната и с това неверифицируема идея, която премахва чрез своята абсолютистка претенция за истинност всяко противоречие. Смисълът на абсолютната претенция за истинност се състои в неговата скрита цел – оправдаването на всички привилегии и поощряването на злоупотребата с тях.

Следователно митовете, така както ги разбира Бовоар, са сходни с "големите разкази" на Лиотар, доколкото легитимират господството на големия (мъжки) Субект. Може да се спори за това дали тези разкази са изгубили или не своята достоверност[26], но безспорно е, че ако са притежавали и притежават такава, тя произтича от "духа на сериозността", както показва Бовоар: "Митът е една от клопките на лъжовната обективност, към която духът на сериозността непосредствено отвежда". Но какво означава това по-конкретно?

Според Сартр сериозността е нагласата, при която субектът изхожда от света, като му придава по-голяма реалност отколкото на самия себе си:

> Така, всяка сериозна мисъл е оплътнена от света, тя се съсирва; тя е отстъпване на човешката реалност в полза на света. Сериозният човек е 'от света' и няма повече опора в себе си. Той дори не си представя възожността да *напусне* света, защото придава на себе си битийния вид на скалата, на консистенцията, на инерцията, на непрозрачността на битието-в-средата-на-света. От само себе си се разбира, че сериозният човек заравя в основата на самия себе си съзнанието за своята свобода, той *се самозаблуждава* и неговата самозаблуда визира да го представи в собствените му очи като някакво следствие –

---

[25] Simone de Beauvoir, *Le deuxième sexe*, vol. I, 395.
[26] Jean-François Lyotard, *La condition postmoderne*. Paris : Minuit, 1979, 105 ff.

за него всичко е следствие, никога не съществува принцип. Затова неговото внимание е насочено изключително към последиците от неговите действия. Маркс положи пръв догмата на сериозността, когато заяви, че обектът е първичен по отношение на субекта и човек е сериозен, когато се възприема като обект.[27]

Играта, напротив, отприщва субективността. Тя е една дейност, чиято първична основа е човекът, чиито принципи биват установени от човека и която може да има следствия само чрез установените от човека принципи. Сартр отбелязва по този повод:

> От момента, в който даден човек се схваща като свободен и иска да употреби своята свобода, неговата дейност, независимо от всички възможни опасения, се превръща в игра – той е първоначалният й принцип, той се изплъзва от сътворената природа, той полага сам ценността и правилата на своите действия и приема да плаща единствено според правилата, които сам е установил и определил.[28]

Следователно когато жените се оставят да бъдат ръководени от митовете и мъжките идоли, те се полагат като обект, вместо като субект и по този начин те загърбват своята истинна екзистенция. Напротив, възприемайки нагласата на играта, те отхвърлят иманентността, битието-в-себе-си и се самоизбират като свобода и автентичност. По този начин те подриват господстващите мъжки ценности, изгубили за тях всякаква сериозност и достоверност, за да се ангажират с нови самостоятелно избрани и самостоятелно изобретени ценности.

С понятието за "игра" Сартр и Бовоар допринасят за създаването на постмодерната концепция за перформативността и т.нар. *playful pluralism*, развити в различни варианти от Джудит

---

[27] Jean-Paul Sartre, *L'être et le néant*. Paris : Gallimard, 1976, 640-641; виж българския превод, осъществен от мен: Жан-Пол Сартр, *Битие и нищо*, том 2, София, 1999, 547.
[28] Пак там.

Бътлър, Анет Колодни, Мария Лугонес, Сара Хогленд и Линда Бел[29].

Остава обаче въпросът, дали във всяка ситуация жените могат изберат автентичността. В това отношение Бовоар остава по-двусмислена, отколкото Сартр, доколкото признава съществуването на непроменими ситуации, в които жените са осъдени да останат за винаги жертви, дори и когато се бунтуват и противопоставят на установения ред[30].

1.3 За една етика на справедливостта

С *Вторият пол* Бовоар осъществява един съществен преход от екзистенциалистката етика на двузначността към една "постмодерна" етика на справедливостта[31]. Последната се състои най-общо в делегитимацията на абстрактните човешки права и деконструирането на мита за общото благоденствие. Дискриминацията на жените, както и на други групи, се осъществява

---

[29] Judith Butler, "Sex and Gender in Simone de Beauvoir's Second Sex," *Yale French Studies* 72, 1987, 35-49; Judith Butler, *Gender Trouble. Feminism and the Subversion of Identity*. Routledge, London/ New York, 1990; Judith Butler. *Excitable speech: A Politics of the Performative*. Routledge, London/ New York, 1997; Maria Lugones. Playfulness, "'World'-Travelling and Loving Perception," *Hypatia*, Summer 1987/2, 3-19; Maria Lugones. "On the Logic of Pluralist Feminism." In: Claudia Card (Ed.), *Feminist Ethics*. Lawrence: University of Kansas Press, 1991; Anette Kolodny. "Dancing Through the Minefield: Some Observations on the Theory, Practice, and Politics of a Feminist Literary Criticism." In: M. Pearsall (Ed.), *Women and Values: Readings in Recent Feminist Philosophy*. Belmont, CA: Wadsworth Publishing Co., 1986, 252; Sarah L. Hoagland. *Lesbian Ethics: Toward New Value*. Palo Alto, California: Institute for Lesbian Studies, 1988; Linda Bell. "Play in a Sartrean Feminist Ethics," *Bulletin de la Société Américaine de Philosophie de Langue Française*, Vol. IV, No. 2-3, Summer-Fall 1992, 285-288; Linda Bell. *Rethinking Ethics in the Midst of Violence. A Feminist Approach to Freedom*, Boston: Rowman & Littlefield Publishers, 1993, 240-260.

[30] Simone de Beauvoir, *Le deuxième sexe*, vol. I, 196-200; vol. II, 652-653.

[31] Бовоар подчертава изрично, че *Вторият пол* се ръководи от перспективата на екзистенциалистката етика (*Le deuxième sexe*, vol. I, 31), но тезата, която поддържам е, че въпреки, че тя се опира на екзистенциалисткия морал, тя отива отвъд него и по-специално отвъд Сартровата "първа етика".

от лицемерната позиция за грижа за обществения интерес и общото благоденствие.

Ако разгледаме някои от книгите, посветени на жената, ще видим, че една от най-разпространените гледни точки е тази за общото благоденствие, за всеобщия интерес. Но всъщност всеки разбира под това интересът на обществото такова, каквото той го желае да бъде. Ние не смятаме обаче, че съществува някакво друго общо благо, различно от това, което осигурява частното благо на гражданите; ние съдим институциите от гледна точка на конкретните шансове, които предлагат на индивидите.[32]

Изхождайки от конкретната ситуация на всеки човек, Бовоар отхвърля както *абстрактните права*, които само привидно осигуряват равноправието на жените, за да могат всъщност да ги експлоатират още по-ефикасно[33], така и *реформизма*, който се опитва да замести справедливостта чрез едно равноправие, което осигурява на жените правото на труд, за да ги държи и занапред под игото на семейството[34]. Промяната на икономическата ситуация не е обаче достатъчна за да се промени положението на жените[35]. Налага се самото общество да осъществи нравствена конверсия чрез деконструиране на дуалистичното мислене, основано върху мита за врага. Бовоаровото понятие за конверсия е в този смисъл една алтернатива спрямо Сартровата конверсия, която остава стриктно индивидуална[36]. Но и то се ръководи от идеята за перманентната революция, тъй като всеки автентичен нравствен начин на поведение изисква да бъде постоянно утвърждаван в действителността.

Схващането за справедливостта-която-трябва-постоянно-да-бъде-установявана[37] доближава възгледите на Бовоар до етико-политическите перспективи, застъпвани от Лиотар, според

---

[32] Simone de Beauvoir, *Le deuxième sexe*, vol. I, 30.
[33] Simone de Beauvoir, *Le deuxième sexe*, vol. I, 24, 228.
[34] Пак там, 194 ff.
[35] Пак там, vol. II, 655.
[36] Виж: Jean-Paul Sartre. *Cahiers pour une morale*. Paris : Gallimard, 1983, 190-193.
[37] Simone de Beauvoir, *Le deuxième sexe*, vol. I, 238.

които политиката на справедливостта би трябвало да бъде установена върху хетерогенността не езиковите игри, несводими до една-единствена алтернатива и изискващи оттук да бъдат анализирани в техните конфликтни паралогизми[38]. Но еманципационният дискурс на Бовоар създава една доста по-диференцира етика на справедливостта от тази на Лиотар. За Бовоар не става само въпрос да се признае другият в неговата хетерогенност, но също така и в неговата еднаквост:

> Фактът, че си човешко същество е много по-важен, отколкото специфичните особености, които отличават хората помежду им (...) У двата пола се разиграва една и съща драма, тази между плътта и духа, между крайността и трансценденцията, и двата пола биват разяждани от времето, биват преследвани от смъртта, и двата пола изпитват същностната нужда от другия.[39]

Етиката на справедливостта, която не е експлицитно заявена от Бовоар, но която може да бъде реконструирана от по-детайлния прочит на *Вторият пол*, изисква следователно трансформация на няколко нива:

- първо, *индивидуалната конверсия на жените* чрез демитологизирането на мита за вечното женско начало и поемането на отговорност в автентичната, самоизбрана от тях екзистенция;
- второ, колективната, социална конверсия, тоест интериоризирането на анти-авторитарните ценности чрез деконструкцията на мисленето чрез опозиции;
- трето, установяването на една нова ситуация, в която жените и всички изключени ще бъдат признати като равноправни в тяхното съществуване, в тяхната трансценденция и свобода.

---

[38] Jean-François Lyotard. *La condition postmoderne*. Paris : Minuit, 1979, 105 ff. По-този въпрос виж по-подробно следващата глава.
[39] Simone de Beauvoir, *Le deuxième sexe*, vol. II, 658-659.

Борбата за осъществяването на тази нова ситуация е условието *sine qua non* за всеобщото освобождение, тъй като

> само когато бъде премахнато робството на половината от човечеството и цялата лицемерна система, която то имплицира, само тогава 'разполовеността' на човечеството ще разкрие своето автентично значение и човешката копула ще намери своята истинна фигура.[40]

Докато непосредствено след като бе публикуван *Вторият пол* предизвиква повече гняв, отколкото разбиране, то след смъртта ѝ Бовоар бе обявена за една от най-големите интелектуалки на века. Нейното дело бе окачествено като "крупен момент в прогресивната мисъл" (Жорж Марше), а тя самата – като "свободна жена, опълчена срещу робството" (Клодин Сер), като "символ на ангажираност" (Лига за правата на жените), като "край на една епоха" (Жак Ширак, Джек Ланг, Б. Поаро-Делпеш). Клод Прево я нарече дори "голяма постмодрена интелектуалка"[41]. А Франсоа Лиотар отбеляза, че тя е "една гранддама на френската литература", оставяща "голяма празнота". Същевременно той самият остана до смъртта си чужд на идеите на феминизма и до голяма степен двусмислен. От една страна, той даде да се разбере, че жените като малцинство също имат правото да изискват справедливост, от друга страна, той постулира една транссексулна и неутрална половост, премълчаваща и загърбваща феминистката проблематика[42].

Фредрик Джеймсън, на свой ред, подчерта, че феминистката критика срещу Сартр всъщност само подпомага дясно ориентираната кампания срещу интелектуалците, като представя живота на Сартр с Бовоар като вид "буржоазен брак", в който тя

---

[40] Пак там, 662.
[41] Виж: Ivanka Raynova. "Liberty – The Destiny of Simone de Beauvoir," *Dharshana International*, Jan., 1987, No 105, 31; Иванка Райнова. *Бовоар, или да живееш по собствените си закони.- Философска мисъл*, 1998/ 11, 84.
[42] Виж по-специално работите на Рада Ивекович (Rada Ivekovic. *Le sexe de la philosophie: Essai sur Jean-François Lyotard*. L'Harmattan, 1997, 41-111 ; idem. "Die postmoderne und das Weibliche in der Philosophie". In: Herta Nagl-Docekal (Hrsg.), *Feministische Philosophie*. Wien: Oldenbourg, 1994, 131; срв. Geneviève Fraisse. *La différence des sexes*, Paris : PUF, 1996 e.a.).

е играла ролята на подчинена и страдаща съучастница. Джеймсън пренебрегва обаче факта, че съвременните сартролози правят повече или по-малко същото по отношение на Бовоар, като омаловажават нейния принос. Самият той поставя Бовоар в сянката на Сартр, доколкото отбелязва, че тя само е доразвила *неговата* "философия на малоценността"[43]. Вярно е, че Сартр е този, който тематизира ситуацията на евреите, на чернокожите, хомосексуалистите, престъпниците и аутсайдерите[44]. Така че, формално погледнато, Бовоаровото проблематизиране на женската участ би могло да изглежда като едно чисто тематично допълнение. Но по своето съдържание *Вторият пол* е една методологическа деконструкция на мъжкия властови дискурс, която отива отвъд Сартровата онтология и екзистенциалната психоанализа, като поставя под въпрос *фундаменталния проект* на за-себе-си. Нима за-себе-си е в своята основа винаги проект за самореализиране под формата на в-себе-си-за-себе-си (Бог) или това е само една мъжка фантазия? В доказването, че тази представа е осъдена на провал и че в този смисъл "онзи, който губи, печели", се състои несъмнено големият принос на Сартр[45]. Но на Бовоар се дължи заслугата за осветляването на другия основен проект – женския проект на съществуването-за-мъжа[46], тоест желанието на жените да отговарят на мъжките представи, което като форма на заблуда е също осъдено на провал. Така се оказва, че ако съществуват два основни проекта на заблуда, то съществува само една автентичност. Последната е и шансът за една нова среща на двата раз-половени свята в отношенията на реципрочност и признание и една по-справедлива ситуация.

---

[43] Fredric Jameson. "The Sartrean Origin," *Sartre Studies International*, vol. I, No. 1-2, 1995, 7-8.
[44] Виж: Jean-Paul Sartre. *Réflexions sur la question juive*, Paris : Gallimard, 1946; *Orphée noir*. In: idem. *Situations III*, Paris : Gallimard, 1949; *Saint Genet, comédien et martyr*, Paris : Gallimard, 1952.
[45] Виж по-подр.: Иванка Райнова. *Жан-Пол Сартр, философът без Бог*. ЕА, Плевен, 1995; Yvanka B. Raynova. "L'être et le néant : une lecture postpersonnaliste", *Etudes sartriennes*, no. 6, 1995, 79-90.
[46] Simone de Beauvoir. *Le deuxième sexe*, vol. I, 234.

Далеч от това да бъде само една "философия на малоценността", *Вторият пол* е по-скоро една философия на изключеността, една антимодерна, антипросветителска философия на *Différend*, която не изхожда от "същността" на жената или нейната "природа", а от антиномията между нейната ситуация на друга и нейното *Da-sein*, чрез което тя е по рождение равностойна на мъжа. В разбулването на тази антиномия се състои и съществената разлика между Бовоаровата двузначност и постмодерната радикалност – така както конкретното полово съществуване не може да бъде разбрано изключително чрез различието, така и полът не може да бъде схванат единствено като културен конструкт, а само като нещо, което е така фундаментално свързано с нашата екзистенция, че до голяма степен я определя. Другояче казано, да отричаш своя пол би означавало да отричаш чрез самозаблуда своята принадлежност към човешкия род. Оттук основната теза на Бовоар би могла да се резюмира по следния начин: разрешаването на дебата относно равенството и различието е възможно единствено чрез тематизирането на разликата между *пола* (на жената) и *мита* (за вечното женско начало)[47]. В този смисъл и днес *Вторият пол* продължава да бъде предизвикателство както за феминистката мисъл, така и за деконструктивизма и философиите на различието.

---

[47] Пак там, vol. II, 600-601, 647.

2

ПО ВЕРОЛОМНИ ПЪТЕКИ[1]

Ето фарсът, който ни изиграват думите, който ни изиграват поривите и който ще ни изиграе от началото до края на тази книга собственото ни поведение – (...) този лист, на който пиша и който е миг на очарование и нетърпение, милвана кожа на жена или отстраняване на вода, в която плувам с любов, вие ще го получите отпечатан, размножен в същия му вид, тиражиран – ще получите един запис (...) Мислите ли, че мрачната констатация на това *дифериране*[2] на писмото ни отчайва и депресира? Напротив, то живо ни интересува и ни обновява. Ако има някаква тайна, неговата е тази – по какъв начин това несъвместимо наслояване на единични пориви отвежда до регулация и запис? По какъв начин дeферирането-разместване извън мястото-време на афективната особеност придава място и време на множествеността, после на общото, после на универсалното, в самото понятие, в общия вид на записа, как се създава място и време на диферирането-композиция, тоест на съвместяването? По какъв начин *потенцията* довежда до *властта*? По какъв начин светкавичната поява опис-

---

[1] Първият вариант на този текст бе публикуван като уводна студия към българския превод на *Постмодерната ситуация* на Жан-Франсоа Лиотар (София: Наука и изкуство, 1996, 7-38).
[2] *Différer* – създаване на различия, разграничаване, диферидане. Лиотар използва понятието за съставяне на специфичния термин le *Différend*, означаващ буквално разногласие, спор, конфликт и който Лиотар описва в термините на "ищец, който бидейки лишен от средствата на аргументация се превръща в жертва", тоест човек, който се намира в ситуация, при която правилата за разрешаване на конфликта са установени в идиомата на другата страна, така че той не може да докаже, че е бил потърпевш.

ва кръг около една нула, която с вписването си се неантизира и получава смисъл?"[3].

Този въпрос за диферирането, поставен още в началото на *Либидиналната икономика*, е основата и извора на големите теми на постмодерното знание и може да бъде отнесен до всички произведения на Лиотар. Но *Постмодерната ситуация* е книгата, която сякаш по случайност, или още по-парадоксално – създадена по институционална поръчка (!), е призвана да им даде един по-пълен, макар и сбит отговор. Превърнала се бързо в "книгата на 80-те години", тя застава в центъра не само на собствено философските, но и на множество частнонаучни, културологични, социалнополитически и феминистки дебати. Достатъчно красноречив е фактът на дълготрайния интерес, който предизвиква у авторитети като Хабермас, Рорти, Джеймсън, Лаку-Лабарт, Келнер, Хонет, Бенхабиб и др. Интерес, който е по-скоро полемичен, отколкото израз на съгласие, но който бележи един съществен обрат във философския дискурс в края на XX век – залеза на "големите разкази" и на белия терор на единния Субект.

2.1 Параноята на универсалното

Отличителна особеност на постмодерните теории, както отбелязва Дон Айди, е отрицателното отношение към установените канони, доколкото канонът като такъв е прекалено общ, за да може да бъде приложен към частния *curriculum*[4]. В *Постмодерната ситуация* това отрицание, или по-скоро тази "съпротива"[5], се извежда от първата до последната страница – от не(до)верието към метаразказите до отхвърлянето на диалога на аргументациите като търсене на универсален консенсус. Обявяването на КРАЯ на големите наративи може да изглежда преси-

---

[3] Jean-François Lyotard. *Economie libidinale*. Paris : Minuit, 1974, 28.
[4] Don Ihde. *Postphenomenology. Essays in the Postmodern Context*. Illinois: Northwestern University Press, Evanston, 1993, 150.
[5] Виж: Andreas Huyssen. "Mapping the Postmodern". In: *New German Critique*, vol. 33, Fall 1984, 52.

лено и дори крайно. Но то съвсем не е ново, а и не претендира за новост. Единствената претенция на автора е да отразява съвременното състояние на знанието в развитите технологични общества. И тук Лиотар констатира нещо, което е действително налично – разпада на авторитетите. Разпад, чиито корени отвеждат във философията към краха на ценностите на Просвещението, на хегелианството и на модерната философия като цяло, в науката – към кризата на основите (аксиоматиката) на физиката, механиката и математиката, а в изкуството – към разлагането на "формите". В този смисъл "диагнозата"[6] на Лиотар е подготвена както исторически, така и от цяло поколение мислители като Киркегор, Шопенхауер, Ницше, Маркс, Фройд, Витгенщайн, Хайдегер и може условно да бъде наречена "параноя на универсалното".

Няма съмнение, че темите за правата на единичното и несъизмиримостта му с универсалното, в частност с Хегеловите тотализации, за несъстоятелността на спекулативните конструкции, за множествеността на истината, за децентрирането на модерния, универсален и безличен Субект, за безсъзнателното, идентичността и отговорността могат да бъдат открити още във *Философски трохи, Post-Scriptum, Болка за умиране, Страх и трепет, Или – или* и др. Схващането на Киркегор, че търсенето на конкретната истина е опознаване на самите нас в екзистенцията, което ще рече откриване на "пароксизма на страстта" чрез отказа от рационалните системи и приложението на парадоксалната диалектика[7], прозира в твърденията на Лиотар, че "проектът за система-субект[8] е един провал", защото не съществува универсален метаезик[8]. Но специфичното е, че у френския мис-

---

[6] Виж по-подр.: Дмитри Гинев. "Очертанията на постмодерното", *Философска мисъл*, 1990/6, 87. Гинев определя твърде сполучливо общото между различните превъплъщения на постмо-дерното философстване - превръщането на философията от доктрина в "диагноза на епохата". Но постмодерната философска нагласа не е само диагностициране, а, както ще се опитаме да покажем, и едно отрицание на правилата на играта, за да се запази самата игра.
[7] Виж: Søren Kierkegaard. *Post-Scriptum aux miettes philosophiques*. Paris : Gallimard, 1941, 240.
[8] Jean-François Lyotard. *La condition postmoderne*. Paris : Minuit, 1979, 67.

лител тази невъзможност на спекулативните дискурси да служат за обяснение на реалните процеси, на екзистенциалния модус на личностното съществуване се съпровожда преди всичко от преосмисляне на движещия механизъм на индивидуалното и социалното "тяло", което той открива в Ницшевата "воля". Свързването на волята или желанието (*Wille*) с Ероса и перманентната революция на произвола (*Willkür*) като съзнателен отказ от институираните правила е отричане на философията като прескрипция и възстановяване на правата е като *критически* проект[9]. Затова апелът на Лиотар: "отворете мнимото тяло и разгърнете всичките му плоскости"[10] е една колкото аналитична, толкова и критическа стратегия. Проведена отначало върху либидинална основа, тя е разпространя по-късно, в *Постмодерната ситуация*, върху съвременното знание с неговите дискурсивни и текстови модуси като своеобразно приложение на Ницшевия генеалогичен метод. Срещу модерната епистема, привелигироваща Субекта като дискурсивен авторитет, Ницше задава във *Воля за власт* същностния за целия постмодернизъм въпрос за субекта на интерпретацията, респективно на легитимацията на "истинното", "доброто", "красивото" и "справедливото". Противно на позитивистката формула "съществуват само факти", които трябва просто да бъдат установени и систематизирани, Ницше показва, че няма "факти", а само тълкувания. Дори твърдения от сорта на "Всичко е субективно" са вече въпрос на тълкуване.

> Субектът – отбелязва Ницше – не е нещо дадено, а нещо изобретено-като-добавка, поставено-зад. Но необходимо ли е да се поставя интерпретатора зад интерпретацията? Това също е изобретение, хипотеза. Доколкото понятието 'познание' има изобщо някакъв смисъл, може да се каже, че светът е познаваем, но е различно тълкуваем – той няма някакъв смисъл зад себе си, а безброй смисли...[11]

---

[9] Виж: Gilles Deleuze. *Nietzsche et la philosophie*. Paris : PUF, 1962, 106.
[10] Jean-François Lyotard. *Economie libidinale*. Paris : Minuit, 1974, 9.
[11] Friedrich Nietzsche. *Der Wille zur Macht*. In: idem. *Werke. Auswahl in zwei Bänden*. Bd. II, Stuttgart: Kröner, 1940, 422.

Хипотезата на Ницше, че "може би приемането на *единия субект* не е наложително; може би е също така допустимо да се приеме едно множество на субекти (...), един вид аристокрация на различни клетки..."[12], се превръща в основна теза на постмодернизма, акцентиращ върху атомизирането на знанието, социалните структури и обществените отношения. Тази теза има няколко фундаментални следствия.

> Изглежда, че в това разпръсване на езиковите игри – подчертава Лиотар – самият социален субект се разпада. Социалната връзка е езикова, но тя не е създадена от едно-единствено влакно. Тя е една текстура, в която се пресичат поне два вида, а всъщност неопределен брой езикови игри...[13]

Разпадането на "единия" или "единния" Субект отвежда оттук до въпросите за основата (фундамента) на познанието, за референта на валоризациите, за възможността за комуникация и обосноваване на каквито и да е общовалидни етически, политически, правни или социални норми. Ето защо Лиотар подчертава, че постмодерното мислене поставя изискването за доказване легитимността на предпоставките, обуславящи знанието и неговия език и че "Ницше не прави нищо друго, когато показва, че "европейският нихилизъм" произтича от приложението на научното изискване за истинност към самото него"[14]. Ерозията на иманентния принцип на легитимация е не само причина за дълбоката криза на фундационализма. Тя поставя под въпрос класическите очертания на научния дискурс и на философията като такава. Това именно налага разрушаването на "наративните монополи", въвеждането на малките (малцинствени) историйки[15] и съответно – заместването на универсалисткия монизъм с паганизма на различието, където няма нито йерархия, нито финал-

---

[12] Пак там, 424.
[13] Jean-François Lyotard. *La condition postmoderne.* 67.
[14] Пак там, 65.
[15] Jean-François Lyotard. *Instructions païennes.* Gallilée, P., 1977.

ност на пропозициите[16]. Тази раздробена текстура на съвременното знание представлява неговата параноя или шизоидност, която не може да бъде обхваната от модерните дескриптивни или прескриптивни идиоми. Нейната циркулярност и постоянна трансфигурация отнема не само възможността за рационализиране, но и разбива познатите критерии за общовалидност. Събитийността на истината, или истината пристигаща със стъпките на гълъб, както се изразява Ницше, я прави ако не напълно недостижима, то вече не прерогатив на *cogito*, а на емпатията – "*Tombons amoureux, vraiment!*"[17].

Колкото и да е парадоксално всяка емпатия се обуславя от празнотата (emptyness), така както звукът от тишината. Оттук и "онтологическият" статут, или основата на събитието (преживяване, дискурс, писмо, артефакт), както и на самото знание, е нищото, защото само то прави възможно съ-съществуването на множествеността. Лиотар означава тази празнота-нищо с многозначителния термин на Аракава – *blank*. Странна и неопределена, белотата "е празното, нищото, където една вселена, представена във фраза, избухва и се известява с нейната поява като фойерверк, за да угасне със самата фраза. Тази пропаст, това нищо, което разделя две фрази една от друга, е "условието" (*condition*) на всяко представяне и на всяко събитие, но това "условие" не е доловимо непосредствено и само по себе си. Необходима е друга фраза, за да бъде доловено (...) "*Blank*"-ът е условието на представянето и на неговото чезнене, може би дори название на битието преди и след събитието"[18]. Неопределеното като основа на предела е пропастта на свободата – извор на различията, причина за стълкновения, където вместо унверсален синтез или аперцепция (Кант) се осъществява свободно, имагинативно продуциране. Ето защо според Лиотар всеки консенсус е само едно напразно обещание за универсализация.

---

[16] Jean-François Lyotard/ Jean-Loup Thébaud. *Au juste*. Paris: Christian Bourgois, 1979, 81; idem. *Rudiments païens*. Paris : 10/18, 1973.
[17] "Нека се влюбим наистина" (Виж: Jean-François Lyotard. *Pérégrinations*. Paris : Galilée, 1990, 42).
[18] Jean-François Lyotard. *Pérégrinations*. 67.

Погледнете сега – призовава Лиотар – някои съвременни схващания, свързани с комуникацията: идеята за разумното съгласие, което Хабермас нарича *Diskurs*; висшето основаване на самия разум, което Апел смята, че открива в метапрагматичната интерсубективна аргументация; дори свободно постигнатото съгласие благодарение на дискусията или на непринудения "разговор", който според Рорти би бил единствено разумното, което ни остава след напразните надежди за 'основаване', – всички тези модели са в една или друга степен 'прагматистки', всички те игнорират споделянето на вкуса и антиномията, от която то страда. Кант обяснява, че не може да се аргументира красивото, а трябва. Какво да отвърнем? Същностната характеристика на рефлексивното съждение е, че то съди без понятие. Вкусът е едно рефлексивно съждение, където това отсъствие е доведено до краен предел (понятието е минимално). Какво да се очаква тогава от общество, съдещо по този начин и търсещо да придаде валидност на съжденията си чрез аргументацията? То винаги ще се създава и разпада.[19]

А не е ли това така, особено в обществата, които не аргументират, а само декретират?

В качеството си на пост/модерна *Постмодерната ситуация* е преди всичко едно негласно обръщане към Кант, един косвен отговор на въпросите "Какво мога да знам?" и "На какво мога да се надявам?". Подобно на Сократ постмодерният мислител знае, че това, което знае е "нищо" и че това нищо е всичко[20]. Нищо – в сравнение със знанието и неговата аподиктична увереност в епохата на Разума. Нищо – поради самото съзнание за това "не" на актуалното знание, където истините са много, или не/съизмерими. Нищо – защото неговото мислене е винаги диферииране на "нещото". Подобно на чужденеца на Камю, той знае, че и това, на което "може" да се надява е "нищо" – той е *Différend* и по отношение на природата, и спрямо обществото,

---

[19] Пак там, 77.
[20] "Un rien qui est tout" (Jean-François Lyotard. *Economie libidinale*. Paris : Minuit, 1974, 302).

създаващо правилата на играта и своите съдебни заседатели. Нищо, защото Господ е мъртъв. Нищо, защото *този Différend*, *този* анти-Герой е **К**.[21].

2.2 Фигурите на постмодерния дискурс

Ако постмодерното знание може да се определи най-общо по посока на отрицанието като осъзнаване на участта на *Différend*, въпросът в какво собствено се изразява постмодерн'*измът* във философията изглежда доста по-сложен. Не само защото става въпрос за понятие привнесено от областта на изкуството, а защото, както отбеляза неотдавна един критик – Дениз Деногю – модернизмът и постмодернизмът са толкова неясни понятия, че изглежда означават всичко онова, което искаме да означават[22]. Но за да не се говори "за каквото и да е" и "какво да е" и за да се оцени мястото и ролята на постмодернизма, е необходимо ако не строгото му дефиниране, което едва ли е възможно, то относително определяне на значенията на термините постмодернизъм, постмодерен, постмодерност, деконструкция, респективно деконструктивизъм. Известни макар и доста разностилни опити в това отношение съществуват, като измежду тях най-сериозен е може би генеалогичният анализ на Андреас Хюйсен[23]. Те могат да се разделят най-общо на няколко групи:
- определяне на постмодернизма като "ултра" модернизъм (Ихаб Хасан, Лесли Фидлър)[24];

---

[21] Виж: Gilles Deleuze / Felix Guattari. *Kafka. Pour une littérature mineure*. Paris : Minuit, 1975.
[22] Виж: Denis Donoghue. "The Promiscous Cool of Postmodernism," *New York Times Book Review*, June 22, 1986, 1.
[23] Виж: Andreas Huyssen. "Mapping the Postmodern," *New German Critique*, vol. 33, Fall 1984, 5-52; idem. *After the Great Divide: Modernism, Mass Culture, Postmodernism*. Bloomington: Indiana University Press, 1986.
[24] Виж: Ihab Hassan. *The Dismembrement of Orpheus: Toward a Post-modern Literature*. Madison: University of Wisconsin Press, 1971 (1982); idem. *Paracriticism: Seven Speculations of the Times*. The University of Illinois Press, Urbana, 1975, 39-59; idem. "The Culture of Postmodernism," *Theory, Culture & Society*, vol. 2, no. 3, 1985, 119-132.

- схващане на постмодернизма като "съпротива" или "разрив" в модернизма, респективно в модерното изкуство, философия, история и политика, като нещо, което е "отчасти модернизъм, отчасти нещо друго" (Чарлз Дженкс, Робърт Вентури, Фредерик Джеймсън, Артър Крокър, Дейвид Кук, Андреас Хюйсен)[25];
- описване на постмодернизма чрез установяване на общите тенденции (и различия) в творчеството и дискурсите на изповядващите го (Зигмунд Бауман, Гери Медисън, Тод Гътлин)[26];
- фиксиране на различните значения на употребата на понятието постмодернизъм (Майк Фидърстоун, Джонатан Еръч и др.)[27].

Ако оставим настрана нашенския "простмодернизъм"[28], съществува и едно пето, не много разпространено, но заслужаващо внимание схващане, че постмодернизмът е измислица, защото нито в изкуство като живописта, нито във философията

---

[25] Виж: Charles Jencks. *The Language of Post-Modern Architecture*. Pantheon, New York, 1977; Robert Venturi et.al. *Learning from Las Vegas: The Forgotten Symbolism of Architectural Form*. MIT Press, Cambridge, 1977; Fredric Jameson. *The Political Unconscious: Narrative as a Socially Symbolic Act*. Cornell University Press, Ithaca, New York, 1981; idem. "Postmodernism, or The Cultural Logic of Late Capitalism," *New Left Review*, 1984, № 146, p52-92; idem. "Regarding Postmodernism – A Conversation with Fredric Jameson," *Social Text*, 1987, no.17, 29-54; Arthur Kroker. "Baudrillard's Marx," *Theory, Culture & Society*, 1985, vol. 2, no. 3, 69-84; Arthur Kroker / David Cook. *The Postmodern Scene: Excremental Culture and Hyper-Aesthetics*. St. Martin's Press: New York, 1986.

[26] Виж: Zygmunt Bauman. "On the Origins of Civilisation; A Historical Note," *Theory, Culture & Society*, vol. 2, no. 3, 1985, 7-14; Gary Madison. *The Hermeneutics of Postmodernity*. Bloomington and Indianapolis: Indiana University Press, 1988, IX-XV and 61; Тод Гътлин. "Животът в постмодерния свят", *Спектър*, 1991, бр. 72, 12-18.

[27] Виж: J. Arac. *Introduction to Postmodernism and Politics.- Theory and History of Literature*. Vol. 28, University of Minnesota Press, Minneapolis, 1986, pIX-XXXIX; M. Featherstone. "In Pursuit of the Postmodrn," *Theory, Culture & Society*, vol. 5, no. 2-3, 1988, 195-215; idem. "Postmodernism, Cultural Change, and Social Practice." In: Douglas Kellner (Ed.). *Postmodernism/Jameson/Critique*. Washington: Maisonneuve Press, 1989, p117-138.

[28] Стефан Десподов. "Постмодернизъм по велики пости", *Философски вестник*, 1995/4, 13.

съществува собствено течение, наречено модернизъм, за да може да се говори за ПОСТмодернизъм.

Не е трудно да се посочат недостатъците на предложените опити за "систематизация" на оспорваното понятие. Явно е, че в първия случай се смесва "нео" с "пост"-модернизъм, а във втория – постмодернизъм с философия или изкуство на постмодерността, като се възпроизвежда само под нова фразеология обичайното деление на "модерна" и "съвременна" философия и култура. В третия случай изброяването на общите характеристики на постмодернизма или на постмодерната мисъл (като например отхвърлянето на институционализирани идиоми, отказът от традиционните опозиции, от *мярката* на разума, от "Аполоновото начало" на цивилизацията, от абсолютния субект, критиката и деконструирането на тотализациите, на серийността, на мисленето на наличието и т. н.) води до установяване на моменти от съвременната философия, живопис, литература и пр., срещащи се много преди това и в модерни творби или пък до смесване на постмодернизъм и деконструктивизъм. В четвъртия случай се предлага изброяване и описание на различните схващания по въпроса, като наново се възпроизвежда бъркотията, но вече в коктейл. Петият, на пръв поглед привилегирован случай, също отпада, когато дискусионното понятие се проблематизира в духа на Ихаб Хасан като ПОСТмодернИЗЪМ[29].

Но ако без определянето на значението на постмодернизма не може да се дискутира методологическата му релевантност, то и обратното – да се премине непосредствено към терминологичния анализ без изследването на постмодернистката методологическа парадигма, е също така невъзможно. Затова целта ни в случая не е нито собствено денотативна, нито дескриптивна, нито интерпретативна и още по-малко полемична. Става въпрос за разкриване на постмодернизма като *частен случай* на постмодерния дискурс и на деконструктивизма, за да се установи онова "съизмеримо" отношение, което позволява да се фиксират както смисловите им граници, така и валидните области на техните претенции.

---

[29] Виж: Ihab Hassan. *The Dismembrement of Orpheus*..., 259-271.

Може да приемем възгледа на Лиотар, че постмодернизмът е децентриране и деконструкция на абсолютния субект и на неговия дискурс като основополагащ. Но тогава програмата на Дада например би се оказала *par excellence* постмодернистка, докато сюрреалисткият проект на Брьотон и параноиднокритическият метод на Дали биха останали на ръба на модернистичните търсения. "Факт" е, че колажите *ready-made* на Дюшан, в частност скандалната *Joconde L.H.O.O.Q.* (1919) предшестват с повече от половин век "постмодернистките" щампи и *Пневмония Лиза* (1982) на Раушънбърг; но не по-малко вярно е, че прочутата "живопис на действието" на Полок бе породена от сблъскновението със сюрреализма или че храмът на постмодернистката архитектура *Жорж Помпиду* е приютил цвета на модернисткия авангард. Кой може да каже днес къде минава фината граница между "*les grands récits*" – големите, преувеличени разкази на модерните герои, и "*les petits récits*" – невинните лъжи на малкия, "постмодерен" човек? В продължаващия *Бунт на масите*, било той социален или културален, маските на Свръх-човека се носят тъкмо от безличието, малките разкази разпространяват най-големите лъжи, докато големите преживяват страстните истини на усмирителната риза.

Очевидно е, че характеризирането на постмодернизма като интелектуална нагласа в "края на големите разкази", като деконструкция на Субекта и на Историята[30], не е достатъчно и че хиперболизирането на тази особеност би довело до невъзможност за обяснение на теоретичните експликации на някои от най-видните му вдъхновители и поддръжници каквито са, освен самия Лиотар – Жан Бодрийар, Ричард Рорти, Фредрик Джеймсън, Гаятри Спивак, Артър Крокър или Рози Брайдоти. Как би могло наистина да се обясни съчетаването на постмодернистката методология с парадигмите на марксизма, на прагматизма, на струк-

---

[30] Виж: Jean-François Lyotard. *La condition postmoderne*. Paris : Minuit, 1979, 63; Richard Rorty. "Habermas and Lyotard on Postmodernity." In: idem *Essays on Heidegger and Others. Philosophical Papers*, vol. 2, Cambridge: Cambridge University Press, 1991, 175; idem. "Postmodernist Bourgeois Liberalism," *Journal of Philosophy*, vol. 80, no. 10, 1983, 588.

турализма, на херменевтиката или на феминизма? А ако трябва да се прави разлика между постструктурализъм и постмодернизъм, както посочи наскоро в критиката си на Джеймсън Дейвид Шъмуей[31], в каква посока следва да се търси различието? Ако за Шъмуей това е в крайна сметка различие в проблематизирането и критиката на "дълбинния модел", респективно на тълкуването, аз от своя страна ще се опитам да докажа, че става въпрос по-скоро за *два различни начина на деконструиране* на Субекта и на Историята, непозволяващи отъждествяването на деконструктивизъм и постмодернизъм.

Може да се каже, че общото между постструктурализма на Дерида и постмодернизма на Лиотар, е тъкмо проблематизирането на "края" или на "смъртта", като в единия случай на критика е подложена метафизиката на наличието, а в другия – системите и идеологиите на модерността.

Една от кулминативните точки в метафизиката на наличието е, според Дерида, Хусерловата феноменология, която трябва да се разглежда като философия на живота, тъй като изворът на смисъла е винаги определен от акта на живеене, убягващ на трансценденталната редукция[32]. Голямото откритие на хусерлианския метод е удвояването на ἐποχή-то чрез което се установява припокритостта на две различни области – психологическата и трансценденталната. Именно оттук се налага и въпросът за различието (*la différence*), което не отговаря на никаква онтическа, респективно емпирична двойственост. Макар и трансценденталното Аз да е коренно различно от психологическото или от естествения човек, субективността е една и съща. Необходимостта от определянето на това "нищо" на различието на тези паралелни области изисква, според Дерида, едно ново, "ултратрансцендентално" понятие за живот, до което може да се стигне само чрез преосмислянето на отношението между *логос* и

---

[31] David Shumway. "Jameson/Hermeneutics/Postmodernism." In: Douglas Kellner (Ed.). *Postmodernism/Jameson/Critique*. Washington: Maisonneuve Press, 1989, 198-200.
[32] Jacques Derrida. *La voix et le phénomène. Introduction au problème du signe dans la phénoménologie de Husserl*. Paris : PUF, 1967, 7 et 14.

фоне, разкриващо привилегироваността на съзнанието като "жив глас". Анализът на езика на феноменологията показва всъщност и основният порок на хусерлианството – желанието да се спаси наличието (*la présence*) и да се редуцира или изведе знакът[33]. Този "принцип на принципите" на феноменологията се изразява в увереността, че "универсалната форма на всеки опит (*Erlebnis*), и следователно на всеки живот, е била и ще бъде винаги настоящето наличие (*le présent*). Изведен от самоналичието смисълът се оказва у Хусерл времеви, което несъстоятелно, доколкото смисълът е винаги вече въвлечен в движението на следата и редицата на означаването[34]. Изразът на наличието не е някакъв предизразен смисъл, а предполага липсата, тоест първичното неналичие на самостта, означено от Дерида със специфичния термин la *différance*. Тази *différance* обаче не е "нито дума, нито понятие"[35], доколкото чрез нея се извършва самото различаване, което тя предхожда и което е едновременно отлагане и дефериране на наличието. Тя е съ-битието на архе-писмото, отвеждащо към граматологичната следа. Грешката на Хусерловия опит за извеждане на различието от актуалността на наличното разкрива до голяма степен порока на самата западна метафизика, ограничаваща смисъла до знанието, логоса – до обективността, езика – до разума. В същността си това е едно абсолютистко "желание-за-чуване-на-собствения-говор", "един глас без *différance*, един глас без писмо, едновременно абсолютно жив и абсолютно мъртъв"[36]. Но въвеждането на съ-битието и на следата показват, че значението не се нуждае от наличието на субективността, че значимата ценност на Аза не зависи от живота на говорещия субект и дори – че "моята смърт е структурно необходима за произнасянето на Аз"[37]. С това се откроява и двойното значение на съвременната криза – *разцеплението на пътя на логоса*, тоест центризмът на наличието, чийто най-

---

[33] Пак там, 57.
[34] Пак там, 96.
[35] Jacques Derrida. *Marges de la philosophie*. Paris : Minuit, 1967, 7.
[36] Jacques Derrida. *La voix et le phénomène*, 115.
[37] Пак там, 107-108.

характерен пример е феноменологията на Хусерл, и *безпътицата на лабиринта*, тоест децентрирането на лудостта, чийто най-ярък изразител е Фуко. Според Дерида тези два пътя са твърде сходни, доколкото означават всъщност ограничеността и двузначността на човешкото съществуване[38]. Затова само когато се схване аналогията между ноумена и оромена[39] и се отхвърли избора между пътя и безпътицата, за да се осмисли общата им почва като *différance* на несводимото различие, ще се осъзнае "чудовищната хибридност на истината"[40].

Очевидно е, че така разбраната деконструкция на субективността не означава невъзможност, отказ или дори смърт на нейното универсално саморазбиране, така както това става в голяма част от постмодернистките проекти и в частност у Лиотар. Този тип деконструкция открива, както посочва Калвин Шраг, само едно ново, децентрирано пространство за интерпретация, в което могат да се насложат различните ценности и подходи към субективността[41]. Такава е в частност херменевтичната импликация на *комуникативната практика* на самия Шраг, която разкрива, че децентрирането на епистемологическото разбиране на субекта, движещо се в противопоставката "вътре – вън", снема тази опозиция в *Ineinander*, а деконструкцията на самата вплетеност-в-света дава възможност за осмислянето є чрез текстурата. В този смисъл Шраг отхвърля Рикьоровата извънтекстуална интерпретация на езика чрез всекидневното съществуване и действие, доколкото те самите са текстура на комуникативната практика, несводима "нито до текстуалността на дискурса, нито до нишките на човешката дейност"[42].

---

[38] Jacques Derrida. *L'écriture et la différence*. Paris : Seuil, 1967, 97.
[39] Под оромен (букв. "елемент от") Дерида разбира най-общо проявата (на езика, на битието и пр.), като задава въпроса за междинното положение на Логоса, респективно за аналогията между Сина (оромена) и Отеца (ноумена). Виж: Jacques Derrida. *La dissémination*. Paris : Seuil, 1972, 93.
[40] Jacques Derrida. *L'écriture et la différence*, 428.
[41] Calvin O. Schrag. *Communicative Praxis and the Space of Subjectivity*. Bloomington and Indianapolis: Indiana University Press, 1989, 120-121.
[42] Пак там, 171.

Именно срещу подобни, по същество "примиренчески" позиции, е насочен постмодернисткият проект на Лиотар, наблягащ върху дисконтинуитета и некомуникативността на съвременните регионални дискурси. Още в *Дискурс, фигура* Лиотар подчертава, не без основание, несводимостта на фигуралното въображаемо пространство на живописта до дискурсивния порядък. Като извежда креативната си потенция от фигурите на безсъзнателното изкуството прекъсва привидното съгласие на конформеността и комуникацията, с което логическата регламентация се измества на втори план[43]. Този факт има не само художествени, но и сериозни философски и социалнополитически импликации. Така, ако философските системи и идеологиите на модерността са били само метаразкази, легитимиращи познанието, респективно всеобщата справедливост, "постмодерната ситуация" свидетелства за краха на универсализма и тотализациите като разкрива, от една страна, атомизирането на обществото, а от друга – преминаването на държавната власт в ръцете на една все по-безлична, технологизирана администрация. Това заличаване на индивидуализма, на институциите и на традициите отвежда до онази идентификационна криза, при която всеки е препратен към себе си, а това "себе си" е твърде немощно и оплетено в сложната, раздробена текстура[44]. Оттук се поставя и централният за *Le Différend* въпрос: как е възможно две хетерогенни фрази да се отнасят до един и същи обект, респективно кой е всъщност субект на легитимацията. Как е възможно например да се докаже рационално чудовищността на газовите камери, когато не могат да се извикат мъртвите, за да разкажат за смъртта си. Тази невъзможност да се докаже несправедливостта прави от пострадалия двойно по-голяма жертва. Но фигурите на хетерогенност показват нещо много по-съществено от невъзможността за доказателство, интерпретация и саморазбиране – в по-голямата част на "уреждане" на конфликтите всъщност нищо не се решава, защото само се налага

---

[43] Jean-François Lyotard. *Discours, figure*. Paris : Klincksieck, 1971, 17.
[44] Jean-François Lyotard. *La condition postmoderne*, 30-31.

един идиом на друг, с което за сетен път се потвърждава несводимостта на обособяването и партикуларизацията[45].

Срещу интелектуалния скандал на съвремието, който според Клод Ланцман се състои в "опита за историческо разбиране, така сякаш съществува хармоничен генезис на смъртта"[46], са настроени по същество всички постмодернисти. Макар и да признават известна валидност на интерпретацията и дори на някои форми на тотализация, базиращи се върху хомологиите и прекодирането, отвеждащо до т.нар. "ефект на истината", Бодрийар, Джеймсън и Крокър изразяват отчетливо тенденцията към заличаване на историята. Според Бодрийар логиката на удобството е довела при капитализма до формирането на една случайно определена самореферентна система от означения. Консумативната култура е станала разпространител на образите и означенията на едно симулиращо общество, което е заличило различието между реалното и въображаемото и е довело до лишеното от дълбина халюциниране на реалността. Откриването на нихилизма в лоното на капиталистическата логика на удобството е насочено към взривяването на "референциалните илюзии" – всички привилегировани социални цялости като труд, потребителска стойност, наука, общество, секс, еманципация и пр. и техните теоризации, наречени от Лиотар метаразкази, са всмукани в тъмницата на симулациите. Това разпадане на историята като дезинтеграция на социалните връзки, превръща обществото в една аморфна маса от изолирани индивиди[47]. Макар и да се противопоставя на подобна робинзониада като носталгичен остатък от райската представа за някакво изгубено "органично" общество, Лиотар, за когото социалните връзки са езикови изрази, вплетени в сложната текстура на дискурса, стига до признаването на дисеминацията на езиковите игри, а оттук и до раздробя-

---

[45] Jean-François Lyotard. *Le Différend*. Paris : Minuit, 1983, 215-230.
[46] Claude Lanzmann. "L'amour et la haine", *La nouvelle revue de psychanalyse*, 1986, № 33, 13.
[47] Виж: Jean Baudrillard. *Pour une critique de l'économie politique du signe*. Paris : Gallimard, 1972, 31-48; idem. *Le Miroir de la production*. Paris : Casterman, 1973, p103-115; idem. *A l'ombre des majorités silencieuses, ou la fin du social*. Utopie, P., 1978, 128.

ването на социалния субект[48]. Много по-радикален в това отношение е Джеймсън, за когото стилистическото различие и хетерогеността на пастишите и симулациите свидетелстват за загубата на референта и за "смъртта на субекта". Фрагментирането на дискурсите е следствие от фрагментирането на времевостта и на смисъла на историята в основната за Джеймсън и Бодрийар социална парадигма – шизофренията[49].

Очевидно е, че постмодернистката и постструктуралистката деконструкции на Субекта и Историята се базират върху две съвсем различни трактовки на "смъртта" или на "края", откъдето и тяхната различна цел и значение. Ако постструктуралистката деконструкция се основава на "смъртта" на субекта и на историята като разпадане, обезличаване и заличаване и цели разбиването и премахването на илюзията за общия и общозначим референт, респективно за възможността за валидно и легитимно гносеологическо и социалноисторическо обяснение, постструкту-ралистката деконструкция набляга върху "смъртта" като необходим и неотделим момент от разбирането на безличната основа на субективността и историята (момент, който е наличен както у Дерида, така и у Фуко и Леви-Строс), които не се премахват, а проблематизират чрез невъзможността за отделянето им от отделните дискурси. Постструктурализмът не отрича референта или означеното, а посочва неговата недостатъчност и оттук необходимостта от прехода към по-дълбоки пластове на обяснението. Неговият деконструктивистки проект не е деструктивен, както считат голяма част от опонентите му, а критически, доколкото финалната му цел е не разрушаването на философското и социалноисторическо обяснение, а разграждането на неговата еднозначност. По-радикален в своята програма, постмодернизмът е частен случай на постмодерния дискурс, към който спада

---

[48] Jean-François Lyotard. *La condition postmoderne*, 31 et 66.
[49] Виж: Frederic Jameson. "Postmodernism and the Consumer Society". In: Hal Foster (Ed.). *The Anti-Aesthetic: Essays in Postmodern Culture*. Port Townsend: Bay Press, 1983, 115-119; Jean Baudrillard. *A l'ombre des majorités silencieuses...*, 79.

постструктурализмът, и съответно частен случай на деконструктивизма – негов краен израз или "ултрадеконструктивизъм".

Погледнати от тази гледна точка Дада и сюрреализмът биха придобили нов статут. Прокламираното в манифеста "нищо" на Дада би се оказало постмодерна основа или начало на субективността, а сюрреалистката революция – постмодернистко взривяване на социалните симулации. Този статут обаче не е окончателен, нито задължителен – и Дада, и сюрреализмът, и всички останали идейни или художествени течения на постмодерността биха могли да получат както постмодерен, така и постмодернистки прочит. Задължителни изглеждат само изводите, които се налагат от така установеното различие. А именно, ако постмодерният дискурс може да бъде основа на обяснението на постмодернизма, обратното не е възможно. Дори и когато се наема да обхожда дискурсивно постмодерността, постмодернизмът "пропада", защото се локализира и разпилява в раздробената палитра на самата текстура и защото по изначалната си парадигма неговият дискурс е регионален. Фокусиран върху образите на една "хиперреалност", чиито знаци не са нито истинни, нито грешни, постмодерн'*измът* не е толкова обяснение на постмодерността, колкото нейна смъртна страст или може би – нейно заслужено предизвикателство.

2.3 (Не)споделени игри

Въпреки че *Постмодерната ситуация* може да се разглежда и често е разглеждана като разрив с традицията, тя е не по-малко и нейно преосмисляне. Ако се ограничим с френската традиция, не може да не открием негласните реинтерпретации на Сартр или Фуко, а оттук – и критическото преосмисляне на Декарт. Щом човекът не *е*, това, което той е, защото е това, което той *не е* (Сартр), значи той носи от самото начало у себе си различието, дифериращата и диференцираща способност като свой отличителен онтико-онтологически белег. А това означава, че няма "стабилен" модел на човека, че неговото невъзможно тъждество е една невъзможна идентичност. Или, както по-късно ще констатира Фуко – "има човешки същества, но не и човек"[50]. "Човекът" е една измислица на модерността, която се оказва несъстоятелна, защото реалното човешко същество не може да бъде изследвано нито като обект – чрез научен анализ, нито като познаващ субект – чрез философски тотализации. Рационалистката формула на модерността "*Cogito ergo sum*" е най-малко приложима към съвременните условия, когато мисленето не е вече някаква обща форма на съществуване на конкретното, а еманация на строго индивидуални прояви, които разлагат универсалното и се характеризират все по-често като негово отклонение[51].

Очевидно е, че антикартезианската нагласа на Фуко не възпроизвежда просто антиномията "абстрактно-конкретно", която е основата на споменатата Киркегорова критика срещу Хегел. Невъзможността, според Фуко, да се изведе човешкото съществуване от мисленето доказва както краха на модерната философия, така и нещо много по-фундаментално – промяната на съвременната ситуация, изразяваща се в ограничаването на нормалното и рационалното от безсъзнателното и патологичното. Колкото и краен да изглежда подобен възглед, той не е присъщ само на Фуко и на радикални постмодернисти като Лиотар. Констатации като: "сама за себе си епохата е истина, но игнорирана истина" (Сартр)[52], "хората правят своята история, но не знаят за това" (Леви-Строс)[53], "човекът не само не може да бъде разбран без лудостта, но и не би бил човек, ако не я носи като граница на свободата" (Лакан)[54], "либидото трябва да проникне социалното поле под безсъзнателните му форми и оттук – да халюцинира историята, да доведе до делириум цивилизациите, континентите, расите", за да разруши репресивното, Едипово безсъзнателно и да го замени с непосредствено продуктивното (Дельоз, Гатари)[55] и пр., се превръщат в праксис на деконструи-

---

[50] Michel Foucault. *Les mots et les choses*. Paris : Gallimard, 1966, 333.
[51] Пак там, 334-336.
[52] Jean-Paul Sartre. *Vérité et existence*. Paris : Gallimard, 1989, 131.
[53] Claude Lévi-Strauss. *Anthropologie structurale*. Paris : Plon, 1958, 31.
[54] Jacques Lacan. *Écrits*. Paris : Seuil, 1966, 575.
[55] Gilles Deleuze / Felix Guattari. *Capitalisme et schizophrénie. L'Anti-Oedipe*. Paris : Minuit, 1972, 117.

рането на всичко, прието за догма в проблематични области, като се започне от теорията и се стигне до политиката (Дерида). Така у Лиотар *Cogito* е деконструирано, за да разкрие основния елемент на чистото фигуриране, или "фигурата-матрица" – желанието, изправящо ни пред портите на шизофреничната продуктивна дейност и нейната перманентна революция[56]. Либидиналната музика, за която говори Лиотар, не означава обаче търсене на лудостта, защото това би значело да се легитимира отново властта на нормите: "деспотите се нуждаят от своите шутове[57], които са тяхна легитимация, дворцово представление на това, което е изключено. По същия начин лекарите се нуждаят от болните, а политиците – от работниците"[58]. Лиотар отрича и дискурсивната противопоставка прекъснато/непрекъснато като логически дериват, неспособен да обясни промяната в познавателната ситуация. И все пак последиците от тази деконструкция, представени като "бразди" на постмодерното знание, очертаващи неговия "лабиринт", са ясни и логични – отказ от универсалните правила и общовалидните норми, поставяне под въпрос на социално-политическата и културната идентификации, проблематизиране на комуникативната практика и институциите. Накратко, ако *мета*разказите са изгубили своята легитимност, последната трябва да се търси не другаде, а в самите разкази – в локалното, а не във всеобщото.

Подобно заместване на Хегеловата максима "целостта е всичко" с "конкретните елементи са всичко" съвсем не е ново. От средновековните дебати между номиналисти и реалисти до спора във феноменологията как следва да се тълкува призива "*Zu den Sachen selbst!*" философията не веднъж се е натъквала на подобни полемики, поставящи не само знанието, но и самата нея под въпрос. Ако в случая има нещо учудващо, то е, че нито Ницше, нито Киркегор, нито Хусерл, изоставил в края на живота си проекта за философията като "строга наука", за да потърси първичните основи на знанието в "жизнения свят", не са предиз-

---

[56] Jean-François Lyotard. *Discours, figure.* Paris : Klincksieck, 1971, 326.
[57] В случая Лиотар играе с думата fou, означаваща едновременно и шут, и луд.
[58] Jean-François Lyotard. *Economie libidinale.* Paris : Minuit, 1974, 309.

виквали толкова критични отзиви колкото Лиотар с *Постмодерната ситуация*. Отзиви, които варират от радикалното несъгласие до частичната рецепция, преминавайки през допускането, че Лиотар може някой ден да се окаже прав, но толкова по-зле за човечеството.

Няма съмнение, че Лиотар дължи известността си тъкмо на своите критици и най-вече на дългогодишната полемика с Хабермас. Интересното в случая е, че апологетът и критикът на модерното знание изхождат от общи източници, виждайки мисията на философията в една и съща задача – разобличаването на идеологиите. Като фундира всяко знание, подобно на постструктуралистите и на постмодернистите, в сферата на желанието, на "интереса", Хабермас осъществява една своеобразна археология, която за разлика от тази на Фуко (а по-късно и на самия Лиотар) не е насочена към откриването на прекъснатите безсубектни структури, а, тъкмо обратното – към очертаване на непрекъснатостта на универсалната рефлексия чрез реално съществуващите противоречия на интересите[59]. Очевидно е, че тези два деривата *à partir de Marx et Freud* тръгват от една обща основа, но стигат до две коренно противоположни философски перспективи, чиито аргументи не престават да се дискутират и днес.

Както отбелязва Лиотар, класическата или модерна теория за обществото е разделена между два модела – единият, представящ обществото като функционално, органично цяло (Огюст Конт, Толкът Парсънс, Никлас Луман), другият, разглеждащ социума като разделен на две (марксизъм, критическа теория на обществото)[60]. Целта на първата (в зависимост от което се обуславя и самото знание) е оптимизацията на функциониране на социалната система, тоест перформативността. От тази по същество технократична гледна точка знанието се представя като власт, която се легитимира чрез технологичната си ефикасност и способност за контролиране на основните социални функции, а не чрез морала и правото; власт, която се използва като средство

---

[59] Виж: Jürgen Habermas. *Erkenntnis und Interesse*. Frankfurt am Main: Suhrkamp, 1968.
[60] Jean-François Lyotard. *La condition postmoderne*. 24.

за легитимиране на управлението и направляване на самото знание[61]. Вторият модел, към който спада всъщност Хабермасовата алтернатива, представлява обществото като една раздробена цялост, нуждаеща се от обединение. Неговата епистемична програма е "критическа", насочена срещу функционализма, срещу поставянето на знанието в услуга на властта. Знанието трябва да помогне на човечеството да се самоформира, да преодолее своите антагонизми и да създаде един нов, общ свят. По този начин Хабермасовият проект се оказва своеобразно продължение на идеята за *Bildung*, издигната от Вилхелм фон Хумболт – в своето ставане философският Дух трябва да обедини разпръснатите научни знания, превръщайки се в единствена легитимация на различните езикови игри (научни, морални, социални, политически и пр.)[62]. Във варианта на Хабермас, по-конкретно, той трябва да доведе до постигането на консенсус чрез диалогизиране на различните аргументации, тоест чрез *Diskurs*. Макар и да отчита положителния момент на подобна позиция – възвръщането на автономността на знанието и откъсването му от технократическите и политически (зло)употреби, Лиотар отбелязва, че "каузата е добра, но аргументите не са"[63]. Защото излиза, че крайната цел е да се постигне на всяка цена консенсус, а не справедливост, да се търси някаква обща основа или изоморфност на езиковите игри, каквато не съществува, и съответно – да се прибегне отново към терор. Това, което Хабермас и неговите последователи възразяват на подобен вид критики е, че аргументацията като *задоволяване на изискването за валидност* и приемането чрез консенсус на нещо за истинно и легитимно не означава да се *насилва* някого да вярва в нещо, не означава да се налага спрямо социокултурния друг собствената ни интерпретация, а да се търсят съвместни универсално значими процедури за разрешаване на противоречията, произтичащи

---

[61] Пак там, 77.
[62] Пак там, 56-57.
[63] Пак там, 106.

от антагонизма на интересите и позициите⁶⁴. Затова общата критика, която Хабермас отправя към постмодерните дискурси, е, че те игнорират и разтварят дълбоката връзка между модерната рационалност и модернизацията на съвременното общество като по този начин ги релативизират, че нямат модел за обяснение и се отказват от всякакъв теоретически подход⁶⁵. Целта на критическия проект, предложен от немския мислител, се състои във възстановяване на изгубения опит на рефлексията, деградирала в съвременния обективизъм и позитивизъм, с помощта на която единствено могат да бъдат разкрити, от една страна, институционалните форми на принуда, а, от друга – условията за социална еманципация.

Като критика към Лиотар защитата на диалогичния *Diskurs* е особено ясно артикулирана от Аксел Хонет, според когото аргументацията на автора на *Постмодерната ситуация* "се основава до голяма степен на една погрешна аргументация на Хабермасовия (и Апеловия) принцип на диалога, освободен от доминация, като процедура за репресивно унифициране на всички частни интереси и потребности, вместо да се види в него начин за комуникативно тестиране на степента до която подобни интереси и потребности могат да бъдат обобщени. Целта на процедурата на дискурсивната етика не е в установяването на общите потребности, както предполага Лиотар, а по-скоро в интерсубективното съгласие относно социалните норми, които позволяват осъществяването на различните интереси и потребности заедно с общозначимите връзки на обществения живот"⁶⁶. Лиотар не си задава въпроса дали социалните езикови игри и

---

⁶⁴ Jürgen Habermas. *Theorie des kommunikativen Handelns*. Bd. I, Frankfurt am Main: Suhrkamp, 1981, 20 ff.; idem. *Der Philosophische Diskurs der Moderne*. Frankfurt am Main: Suhrkamp, 1985, 396 ff.; Wolfgang Welsch. *Unsere postmoderne Moderne*. Weinheim, 1987, 69; Seyla Benhabib. "Epistemologies of Postmodernism: A Rejoinder to Jean-Francois Lyotard." In: Linda J. Nicholson (Ed.). *Feminism/Postmodernism*, New York and London: Routledge, 1990, 114.
⁶⁵ Jürgen Habermas. *Der Philosophische Diskurs der Moderne*, 3; idem. "The Entwinement of Myth and Enlightenment: Rereading 'Dialectic of Enlightenment'," *New German Critique*, no. 26, Spring/Summer 1986, 28.
⁶⁶ Axel Honeth. "An Aversion Against the Universal. A Commentary on Lyotard's "Postmodern Condition," *Theory, Culture & Society*, vol. 2, no. 3, 1985, 154.

форми на живот се базират на универсални правила на комуникация, където именно привържениците на дискурсивната етика се опитват да открият предпоставките за човешко взаиморазбиране и легалните основи на нравствените принципи. Напротив, "безвъпросната" според Хонет премиса, от която изхожда Лиотар е, че езиковите игри са хетерономни и подлежащи на хетерогенни прагматични правила, което само означава, че универсалното е погрешно и репресивно, водещо до потискане на културните различия.

> Това изключва възможността за формулиране на правила, както и на институционализирането на някакъв закон, който да може извън вътрешната нравствена перспектива на езиковите игри да поеме отговорност за универсалното признание на еднаквите права на културите. Откъде тогава може да се обоснове еднаквото право на всички езикови игри като морален принцип, след като трябва да се лишим от всякаква регулация на социално взаимодействие, излизащо отвъд нормите на специфичните култури?[67]

Причината за тази неразрешима апория на *Постмодерната ситуация* се дължи според Хонет на изначалната антипатия на Лиотар към универсалното, към теорията и всеобщите правила на модерната мисъл. До подобни констатации стига и Дъглас Келнер, който посочва, че един от проблемите на формулирането на постмодерното като залез на метанаративите е, че тази теза също се нуждае от метанаратив, който да обясни появата на постмодерното, предполагайки по необходимост някаква теория за обществото и за посочения разрив в социалното развитие[68]. В липсата на подобна теория, или "социален критицизъм лишен от философия", и отказ от формулиране на "минимални критерии за валидност на нашите дискурсивни и политически практики"

---

[67] Пак там, 155.
[68] Виж: D. Kellner. *Postmodernism as Social Theory: Some Challenges and Problems.* - *Theory, Culture & Society*, 1988, № 5, p239-264.

се състои и главният упрек на феминистки като Нанси Фрейзър, Линда Николсън, и Шийла Бенхабиб[69].

Симптоматично е, че не само последователите на комуникативната практика и дискурсивната етика, но и самите привърженици или симпатизанти на постмодернизма се отнасят критично към социалните импликации на *Постмодерната ситуация*, приемайки само отчасти нейните изводи. Характерен пример в това отношение е Ричард Рорти, който заема средна позиция между Хабермас и Лиотар. Според Рорти френският критик на Хабермас е готов да отхвърли либералната политика, за да избегне универсалистката философия, докато Хабермас се опитва да се облегне на универсалистката философия, за да подкрепи либералната политика. Затова "френските автори, които Хабермас критикува, са склонни да изоставят противоположността между "истински консенсус" и "фалшив консенсус", или между "валидност" и "сила", за да не им се налага да си служат с метаразкази в обяснението на "истинско" и "валидно". А Хабермас е на мнение, че ако се откажем от идеята за "по-добрия довод", противопоставен на "довода, който убеждава само дадена публика в даден момент", тогава ще разполагаме единствено със "зависима от контекста" социална критика. Той смята, че връщането назад към подобна критика би било предателство спрямо "елементите на разума в съвременната култура, които се съдържат в ... буржоазните идеали"[70]. Според Рорти, Лиотар би отвърнал в случая, че Хабермас не разбира характера на съвременната наука. Дискусията на прагматиката на науката в *Постмодерната ситуация* цели да разруши вярата, че човечеството като колективен, универсален субект се стреми към обща еманципация чрез регулиране на ходовете, позволени във всички езикови игри и че легитимността на всяко изказване се намира в приноса му към тази еманципация. Лиотар претендира да е до-

---

[69] Виж: *Feminism/Postmodernism. Routledge*, New York and London, 1990, p34, 125.
[70] Richard Rorty. "Habermas and Lyotard on Postmodernity". In: idem *Essays on Heidegger and Others. Philosophical Papers*, vol. 2. Cambridge: Cambridge University Press, 1991, 165.

казал, че консенсусът е само едно определено състояние на дискусията, а нейна цел, показвайки, че постмодерната наука, която се занимава с неопределимото, със знаците на точния контрол, катастрофите и прагматичните парадокси, теоретизира собствената си еволюция като прекъсната, катастрофична, некоригируема и парадок-сална. Но според Рорти подобни научни теми не допринасят с нищо в подкрепа на твърдението, че консенсусът не е целта на дискусията. Лиотар се позовава неоснователно на настоящите научни занимания в стремежа си да защити становището, че науката е генеративна, че крайната є цел би трябвало да бъде перманентната революция, а не редуването на нормални и революционни периоди, както счита Кун. Но според Рорти "да се каже, че "науката има за цел" трупането на паралогия върху паралогия е все едно да се твърди, че "политиката има за цел" да трупа революция връз революция. Никакъв преглед на интересуващото съвременната наука или политика не би показал нещо подобно"[71]. Това, в което Лиотар е несъмнено прав е, развенчаването на емпирицизма, схващането, че езикът на теоретичната наука е неизкоренимо метафоричен и неформализуем и че логиката на науката се състои в кръгови обяснения, повторения, реинтерпретации и самокоригиране на данните с оглед на теорията и обратното. Но науката не е, според Рорти, непременно такава, каквато я описва емпиризмът. Затова и противопоставката "научно знание" (аргументация и доказателство) – "разказ" (отказ от легитимация), която се превръща в съмнение относно необходимостта да се обвързва универсализма с либералната социална мисъл, е неправомерна. Знанието и политиката са обвързани дотолкова, доколкото за разграничението на нормата и абнормеността е необходима теория, тоест някакъв метаразказ, и доколкото легитимността не може да се търси извън историята, извън обществото. Оттук основният упрек, който отправя Рорти срещу Лиотар, е липсата на идентификация с някакъв социален контекст. Подобно на Фуко Лиотар "си самозабранява тона на мислителя-либерал, който се обръща към своите съграждани с думите: "*Ние* знаем, че трябва да има по-добър начин да се пра-

---

[71] Пак там, 166.

вят нещата от този; нека ги потърсим заедно" ... Като че ли мислители като Фуко и Лиотар така се страхуват да не бъдат уличени в още един метаразказ за съдбините на "субекта", че не могат да си наложат да употребят "ние" поне за да се идентифицират с културата на поколението, към което принадлежат"[72]. Според Рорти това откъсване на философията от философската реформа е начин за изразяване на неодоволство спрямо традицията, но не е единствено възможният. Другият би бил да се намери значението на тази традиция, за да се създаде един нов канон, според който белегът на "големия философ" би бил осъзнаването на новите социални, религиозни и институционални възможности (на демокрацията и на отвореното общество), а не изпадането в метафизиката и епистемологията. Това би бил именно средният път между Хабермас и Лиотар: "Бихме могли да се съгласим с Лиотар – отбелязва Рорти, – че не са ни необходими повече метаразкази, но и с Хабермас, че ни е нужна по-малко безстрастна сухота. Можем да приемем заедно с Лиотар, че изучаването на комуникативната способност на трансисторическия субект допринася твърде много за укрепването на чувството ни за самоидентификация с общността, но да не се отказваме да подчертаваме важността на това чувство"[73]. Подобен път е избрал навремето Дюи, когато превръща социалното строителство в заместител на традиционната религия. Този път въплъщава Лиотаровата постмодернистка недоверчивост в метаразказите, като заедно с това отхвърля предпоставката, че интелигенцията е натоварена с мисията да бъде авангард, да се изплъзва от правилата, практиките и институциите с оглед на "автентичната критика". Интелигенцията като такава притежава според Рорти необходимостта от възвишеното и неизразимото, от преминаване отвъд границите, отвъд обичайните езиковите игри и институциите. Когато изпълнява тази необходимост, тя съвсем не служи на социалната цел, за което е необходимо откриването на красиви начини за съгласуване на интересите (Хабермас), а не възвишени начини за отдръпване от тях (Лиотар).

---

[72] Пак там, 174.
[73] Пак там.

Тези аргументи "срещу" Лиотар са развити няколко години по-късно в "постмодернистката" дискусия, публикувана на страниците на сп. *Критик*[74]. Там Рорти открито заявява, че се ръководи от прагматистката идея за прогреса на Джон Дюи, според която "Американската демокрация е въплъщение на най-добрите характеристики на Запада"[75]. Възхвалата на парламентарната демокрация и на т. нар. *welfare state* обаче е обоснована – тя се дължи, според Рорти, на сравнението с другите *конкретни* алтернативи, тоест без да се изпада в метанаративи, обосноваващи тези институции като по-адекватни на вечната човешка природа, на универсалните нравствените закони и пр. Но ако Рорти отхвърля, подобно на Лиотар, метафизическия подход към социалното развитие, за разлика от него той смята, че промяната на обществото трябва да се движи с помощта на "утопичната фантазия", на преследването на идеала на либералната демокрация и преди всичко на отвореното общество, което той свързва с космополитизма като най-добрата алтернатива за човечеството. Ако се обърнем към културните различия и се запитаме какво общо има въпросната алтернатива с китайците или кашинахуа "можем само да отговорим – подчертава Рорти, – че ... взаимодействието с тези народи може да помогне да промени западните ни представи за това кои институции най-добре въплъщават духа на западната демокрация"[76]. Според американския философ този етноцентризъм е неизбежен и ако членовете на другите култури възразят, че очакването за реципрочна толерантност е типично "западна", то не би могло да им се отвърне нищо друго освен, че всеки се ръководи от собствените си представи, защото няма свръхкултурна платформа, която може да преодолее локализациите. Затова прагматистката утопия за от-

---

[74] Виж: *Critique*, mai 1985, 45, където са поместени статиите "Универсалната история и културните различия" на Лиотар, "Космополитизъм без еманципация: отговор на Жан-Франсоа Лиотар" на Ричард Рорти и "Думите на племето" на Венсан Дескомб.
[75] Richard Rorty. "Cosmopolitanism without emancipation: A response to Jean-Francois Lyotard." In: idem. *Objectivity, Relativism and Truth. Philosophical Papers*, vol. 1, Cambridge: Cambridge University Press, 1991, 211.
[76] Пак там, 212.

вореното общество не цели еманципирането на човешката природа, а създава-нето на среда, където всеки да има възможност да предлага пътища за създаването на един общ (галактичен) свят и където всички предложения да бъдат обсъждани свободно и открито. Този идеал, който твърде много напомня на Апеловата комуникативна етика, е упрекнат от Лиотар в (етно)центризъм, сходен с нацисткия терор. В отговор на това Рорти отбелязва: "Съществува разлика между нацистите, които казват "добри сме, защото сме една особена група" и либералните реформисти, които казват "добри сме, защото чрез убеждението, а не със сила ще убедим и останалите, че сме добри"[77].

Така ПОСТмодерната ориентация, в която възгледите на Рорти и Лиотар се пресичат, се изразява в общото убеждение, че модерната метафизика е претърпяла провал в опита си да създаде един единствен "голям" универсалистки дискурс и съответно – един-единствен пакет от критерии и ценности. Но това не значи, според Рорти, че трябва да се съмняваме във възможността за мирен социален прогрес и, съответно, че трябва да изоставим плодотворното разграничение между убеждение и насилие. В крайна сметка това, за което трябва да се съжалява при мислители като Лиотар е техният антиутопизъм, тяхната очевидна загуба на доверие в либералната демокрация, разклатена с майските събития от 1968 г. Но никакво историческо събитие, дори и Аушвиц, не може според Рорти да опровергае либерално-демократичното устройство и неговата космополитична утопия, освен една по-добра концепция за организиране на обществото, респективно друга, по-убедителна утопия[78].

Без да подценява клопките на утопизма (инструментализмът като оправдаване на средствата чрез целите, респективно използуването на авторитарни практики в името на някакво "по-добро" бъдеще), до подобен извод стига и Шийла Бенхабиб, която отбелязва, че утопията като практически-морален императив, като регулативен принцип е неизбежна и необходима за радикалната трансформация на обществото по пътя на неговото

---

[77] Пак там, 214.
[78] Пак там, 220.

демократично устройство[79]. Без преувеличение може да кажем, че нейната позиция представлява един от най-интересните, най-оригинални и най-важни приноси към този дебат, доколкото се опитва да спаси универсализма не във война срещу постмодернизма, а като показва техните области и граници на валидност, както и възможността за тяхното плодотворно диалектическо взаимодействие.

Според Шийла Бенхабиб подобно на другите "постизми" (постхуманизмът, постструктурализмът, постфордизмът, постисторията и пр.) постмодернизмът е израз на дълбоките, радикални трансформации в края на нашия век във социалния, символичния и политическия живот. Характерна особеност на нашия *fin de siècle* е фрактурираността на духа, съществуването на *ungleichzeitige Gleichzeitigkeiten* (Ернст Блох). Като форма на скептицизъм постмодернизмът произвежда един интелектуален климат на недоверие спрямо моралните и политическите идеали на модерността, на Просвещението и на либералната демокрация, основавайки се на анализа на развитието на късния капитализъм. За разлика от постмодернистите Бенхабиб е убедена, че проектът на модерността не трябва да бъде разрушен, а реформиран чрез реконструирането на неговия морален и политически универсализъм, който макар и да изглежда остарял е издигнал идеалите за всеобщия респект към всеки човек, респективно за човешкото достойнство, за моралната автономия на индивида, за социалната справедливост и равенство, за демократичното участие, за гражданските и политическите свободи, свързани със справедливостта и създаването на солидарни човешки обединения. Тази реконструкция налага да се отговори на въпроса какво е живо и мъртво от универсалистките морални и политически теории на съвремието след тройната им критика от страна на комунитаристите, феминистките и постмодернистите. Само като се извлекат поуки от тях, може според Бенхабиб да се защити универсализма от тези три вида критики. Тези три течения предлагат сериозно преосмисляне на идеалите и традициите на

---

[79] Seyla Benhabib. *Situating the Self: Gender, Community and Postmodernism in Contemporary Ethics*. New York: Routledge, 1992, 229.

Просвещението в областта на етиката и политиката, като се почне от Кант и се стигне до Роулс и Хабермас, съдържащо се в три основни пункта: 1) скептицизъм относно някакъв законодателен разум, способен да артикулира необходимите условия за една морална гледна точка, за една оригинална първоначална позиция или идеална езикова ситуация (*speech situation*); 2) поставяне под въпрос на абстрактния, неоснован носталгичен идеал на автономния мъжки субект, привелигирован от универсалистката традиция; 3) демаскиране на неспособността на законодателния универсалистки разум да проникне в неопределеността и многообразието на контекстовите жизнени ситуации, с които практическият разум непрестанно се конфронтира.

Бенхабиб вижда големия принос на Лиотар в критиката на логоцентризма, на "големите разкази" като игнориращи и елиминиращи "малките разкази" на жените, децата, лудите и пр. и формулирането на необходимостта от една етика и политика на другия[80]. Именно затова тя разглежда постмодернизма като нещо повече от случаен съюзник. Характеристиката на постмодернизма като "смърт на човека, историята и метафизиката" (Джейн Флекс) показва родствеността му с феминистката критика, която е също така насочена към разобличаването на есенциалистките концепции за вечната човешка природа, за историческата хомогенност и фундационализма на метафизиката на наличието[81]. Това обаче, което Бенхабиб не приема, за разлика от други феминистки, е интерпретацията на смъртта на човека като разтваряне на субекта в езика и оттук – заличаване на автономността, интенционалността и саморефлексивността. Ако ние сме само "продължение на нашите истории" или "съвкупност от изрази на перформативността на нашия джендър", респективно ако идентичността ни е "дейност без действащ" (Джудит Бътлър), то кой е този, който действа и може ли да действа автономно, така че да осъществи проекта например на женската еманципация?[82] Тоест критиката на мъжкия субект не трябва да

---

[80] Пак там, 15.
[81] Пак там, 211.
[82] Пак там, 214-215.

премахва субекта като такъв, а да разкрива контекстуално неговата въплътеност и джендърност. Второ, интерпретирането на смъртта на историята като край на големите исторически наративи, тоест като отхвърляне на възможността от "правене" на глобална история е също опасно. В крайна сметка, според Бенхабиб, изследователят, а не философът с епистемологически аргументи, трябва да реши как да провежда своето историческо изследване. Но най-големият проблем не е в това, а във въпроса, ако големите наративи са невъзможни, то как да се мисли тогава връзката между политика, историография и историческа памет, как да се формулира императива на бъдещите интереси на еманципацията? Как да се формулират по-трайни ценности и стратегии, а не само временни съпротиви?[83] Оттук възниква логически и следващият въпрос, свързан със смъртта на метафизиката. Ако тя се интерпретира като смърт на философията изобщо, то тогава изчезва и гледната точка от която може да бъде осъществена всяка критика на дискурса и властта, тоест теоретичната канава на социалноисторическата критика и феминизма[84]. Именно тези трудности на постмодернизма налагат според Бенхабиб създаването на един интерактивен универсализъм.

За разлика от постмодернистите Бенхабиб смята, че универсалистката традиция в практическата философия не е непременно свързана с претенциите за законодателен разум, за автономно, неситуирано мъжко его, нито пък с безразличието и незаинтересуваността към ситуацията и контекста. Постпросвещенческата, контекстуална защита на универсализма предполага : отказ от метафизическите илюзии, превръщането на универсализма от законодателен в интерактивен, от сляп за джендъра в отчитащ джендърните различия, от индиферентен към ситуацията в контестуален. Основните илюзии на Просвещението са приемането на някакъв самопрозрачен и самоосноваващ се Разум, на някакъв невъплътен субект, съдещ от някаква архимедова гледна точка, ситуирана отвъд историческата и културална случайност. За разлика от просвещенческите мислители, смята-

---
[83] Пак там, 220.
[84] Пак там, 224-225.

щи, че Разумът е някакво естествено разположение на човешкото мислене, способен да открие истините чрез определено образование, Бенхабиб счита, че трябва да се прави разграничение между условията за валидност на истините и характеристиките, които дават възможност на човека да организира перцептуалния и експериментален, емпиричен опит. Универсално прагматичното преформулиране на универсалната философия, предприето от Апел и Хабермас, е постметафизическо в смисъл, че истината не е вече разгеждана като атрибут на човешкия разум или като свойство на реалността, че тя не се състои от "доставени" на съзнанието и кореалтивни на опита "преддадености", а е дискурсивно обосноваване и валидиране на моменти, които биват открити в хода на потенциално безкрайния дискурс на изследователите. Това преминаване от едно субстанциалистко към едно дискурсивно понятие за рационалността е първата крачка в обосноваването на контекстуалния универсализъм. Втората крачка е приемането, че разумът е краен, въплътен, че няма безтелесно когито или абстрактни аперцепции, тоест разобличаването на редукцията на самостта, на идентичността до някаква последователност от субстанции, която се предава от едно невъплътено его на друго. Човекът е ситуиран в една общност, където се ражда и развива и неговата самост е способна да говори и действа само като се учи и взаимодейства с другите, с общността. Тоест самостта става социална, способна на езикова комуникация, взаимодействие и познание когато се конституира чрез някакъв наратив, който интегрира нейното Аз в Моето Аз, тоест в очакванията на другите и собствените й проекти. Наративната структура на дейността и персоналната идентичност е второто условие, което дава възможност да се преодолеят метафизическите пороци на универсализма. Преходът от законодателната рационалност към интерактивната показва, че разумът е случаен, контингентен завършек на лингвистично социализирания и въплътен индивид. Това коренно променя и възгледите за морала, който престава да бъде Архимедов център, от който нравствената философия претендира да оценява света. Новата моралната гледна точка артикулира вече някакво състояние в лингвистично социализираното човешко същество, което започва да размишлява относно общите правила от гледището на едно хипотетично запитване : при какви условия може да кажем, че тези общи правила за действие са валидни не само, защото аз и вие вярваме в тях или защото родителите ни, синагогата, съседите и пр. ни го казват, а защото са честни и справедливи и "от общ интерес за всички". Елементите на един постметафизически интерактивен универсализъм са : универсално-прагматичното преформулиране на основите на истината в термините на дискурса на теорията на легитимацията; визията на едно въплътено човешко същество, чиято идентичност се конституира наративно; преформулирането на нравствената гледна точка като контингентен завършек на една интерактивна форма на рационалност, срещу безвремевата гледна точка на законодателния разум[85]. Взети заедно тези премиси формират една по-широка концепция за разума, самостта и обществото, опитваща се да коригира крайностите на рационализма на теорията на комуникативната практика и на постмодернисткия "безкраен скептицизъм", обединявайки ги с феминистката теория.

*

Това, което Рорти и останалите критици на Лиотар не отчитат, на първо място, е, че авторът на *Постмодерната ситуация* съвсем не отрича философията и теорията, включително социалната, а смята, напротив, че те трябва да бъдат "отворени" като "отворената систематика" на Салански. Лиотар подчертава в този смисъл, че всяка дейност се нуждае от правила, тоест от метапрескриптиви, и че, "диференциращата, имагинативна или паралогична активност в съвременната научна прагматика трябва да открои тези метапрескриптиви ("предпоставки") и да изиска партньорите да възприемат други"[86]. Това означава да се възпроизведе хетерономността в самия философски и социалнополитически дискурс, да се анализират различните езикови игри в

---

[85] Пак там, 4-7.
[86] Jean-François Lyotard. *La condition postmoderne*, 105.

тяхната конфликтност, а не да се "свеждат" до една-единствена алтернатива, каквато е да речем либералната демокрация от американски тип, само защото била най-добрата възможна във всички възможни светове. Най-добра за кого?...

Второ, отказът да се обвързва рационалността със социалната теория, което е характерно не само Лиотар, но и за мислители като Филип Лаку-Лабарт и Жан-Люк Нанси, издигащи програмата за *retrait du politique*[87], както и интелектуалното бягство от социалната идентификация съвсем не е порок, а исторически и интелектуално обоснован акт на отказ от свеждането на философията до легитиматор на една или друга политическа или партийна линия, опит за запазване на нейната критическа функция.

И не на последно място, ако Лиотар набляга на това, че начинът за постигане на социална справедливост не е в търсенето на съгласие на всяка цена, нито в убеждението, нито във "валидността", то това не значи, че той изключва възможността за диалог, за консенсус и необходимост от аргументиране на социалните решения. Но той е убеден, че т. нар. консенсус води твърде често до несправедливи резултати като налагането в крайна сметка на мнението на една група на друга или приемането на нещо за валидно, което да обслужва само една от противоположните страни. Така се получава на практика и при всеки терор – една личност или група се изключва (осъжда) от друга с консенсус. Ето защо той отбелязва в *Moralités postmodernes*: "Казват ни, че съобщенията се обменят при условие, че са разбираеми и че вие и аз приемем последователно позициите на говорещ и слушател. Ричард Рорти стига дотам да смята, че само по себе си това прагматично условие е достатъчно, за да гарантира демократичната солидарност, без оглед на това, какво се казва, нито на начина, по който се изказва. Езикът може да е "бял", като този на чужденеца на Камю, важното е да бъде адресиран към другия. Човешките езици придават на говорещия структуралната възможност да говори на други. Но тази въз-

---

[87] Виж: Philippe Lacou-Labarthe, Jean-Luc. Nancy (dir.). *Les fins de l'homme: A partir du travail de Jacques Derrida*. Paris: Galilée, 1981, 493-497.

можност не е задължение. Никой досега не е доказал, че желаното мълчание е грях. Но престъпление е то да се налага на другия... Независимо дали е политическо, социално или културно, упражняването на терора се състои в това да се лиши другия от възможността да отговори на това лишение"[88]. Така действителността поражда *le* Différend и въпросът не е просто да се търси съгласие, а да се търсят пътища към преодоляване на агресията срещу различното.

Този момент е доловен и използуван за създаването на нови алтернативи преди всичко от т. нар. *difference feminism* и *the politics of difference*, които настояват върху това да се чуе и другата страна, и "другият" глас. Макар и този глас да изглежда ограничен в някои концептуални варианти, доколкото е насочен например към открояването на специфични особености от всекидневния нравствен опит на жените, пренебрегнат или изключен от водещите етически и политически дискурси, неговият анализ може да се разглежда като конкретно потвърждение или приложение на Лиотаровия подход към другия и другостта. Това приложение е също доста нюансирано и варира според различните феминистки ориентации. Така, за разлика от Карол Гълиган, която извежда различието като съпоставя мъжката "етиката на правата" на женската "етика на грижата"[89], Айрис Иънг предлага алтернативата на една "политика на различието", която отчитайки съществуващите групови антагонизми се опитва да очертае възможностите за преодоляване на потисничеството и постигане на справедливост и взаимен респект. "Отношението между груповите идентичности и култури в нашето общество – отбелязва тя – е пропито от расизъм, сексизъм, ксенофобия, хомофобия, подозрение и презрение. Политиката на различието отхвърля институционалното и идеологическото мислене, за да

---

[88] Jean-François Lyotard. *Moralités postmodernes*. Paris : Galilée, 1993, 179.
[89] Виж: Carol Gilligan. *In a different Voice*. Cambridge: Harvard University Press, 1982; Срв.: Eva F. Kittay, Diana T. Mayers (eds.). *Women and Moral Theory*. Totowa, New Jersey: Rowman & Littlefield Publishers, 1987; Stephen K. White (ed.). *Lifeworld and Politics: Between Modernity and Postmodernity*. Notre Dame, Indiana: University of Notre Dame Press, 1989; Stephen K. White. *Political Theory and Postmodern Problematic*. Cambridge: Cambridge University Press, 1991.

признае и утвърди в две основни насоки различно идентифицираните групи: чрез придаване на политическо представителство на груповите интереси и ознаменуване на отличителните културни характеристики и особености на различните групи"[90].

Върху това мислене на различието, което трябва "да засили способността ни да понасяме несъизмеримото"[91], протича в действителност и целият философски танц на "пост"модерното. Танц, освободен от каноните на класи-ческото, но породен и подхранващ се от него. Мистичен танц – изплъзващ се от установените норми към тъмата на непознатото. Танц, поставящ Другия (другото) преди Същия (същото), за да отрече традицията на репресия и доминация (Левинас)[92]. Танц, идещ не от стъпките и не от правилата, а от самата игра. Или както казва Дерида: "Истината" на полезното не е полезна, "истината" на продукта не е продукт. Истината на продукта "обувка" не е обувка. Но различието между Битието и битуването като обувка може да бъде мислено благодарение на стъпката. Така е и с онтологическото различие – обуване в живопис/пътека в живописта"[93].

Остава въпросът защо този танц на *je est un autre*[94] е най-самотният от всички.

Ето това е фарсът.

---

[90] Iris M. Young. *The Ideal of Community and the Politics of Difference.* In: *Feminism/Postmodernism*. New York/London: Routledge, 1990, 319; Срв.: Iris M. Young. *Justice and the Politics of Difference.* Princeton, New Jersey: Princeton University Press, 1990, 238-41.
[91] Jean-François Lyotard. *La condition postmoderne.* 9.
[92] Виж: Emmanuel Levinas. *La philosophie et l'idée de l'Infini.* In: Adriaan Peperzak. *On the Other.* West Lafayette, Indiana : Purdue University Press, 1993, 79-80.
[93] Jacques Derrida. "Restitutions. De la vérité en pointure", in idem *La Vérité en peinture.* Paris : Flammarion, 1978, 325.
[94] *Аз е друг* (Рембо).

3

ВМЕНЯЕМОСТ И ОБЕЩАНИЕ, ИЛИ ИЗМЕРЕНИЯТА НА ОТГОВОРНОСТТА

Както видяхме, въпросът за самостта заема в качеството си на своеобразно продължение на френската рефлексивна традиция централно място в херменевтичната феноменология на Пол Рикьор. Проблемът за отговорността, който бива многократно тематизиран в неговото творчеството, се появява по този начин в контекста на рефлексията върху Самия като действащ, страдащ и (право)способен субект, който носи отговорност за постъпките си и който притежава заедно с това определени задължения към другите, към общността и самия себе си[1]. Рикьорова-

---

[1] Не мога да се съглася с мнението на многоуважавания колега Доменико Йерволино, че "проблемът за отговорността не заема централно място в творчеството на Рикьор", изказано по време на организираната от мен конференция "Философия, интерпретация, отговорност – феноменологически и херменевтически перспективи" (Гьоте Институт, София 2004). Първо, защото Рикьор счита своите произведения за фрагменти, които не образуват едно цяло, тъй като всяко отговаря на различен въпрос (виж Yvanka B. Raynova. *Between the Said and the Unsaid. In Conversation with Paul Ricoeur*, vol. 1. Frankfurt am Main u.a.: Peter Lang, 2009, 20). Второ, защото проблемът за отговорността е от централно значение за саморефлексията на самостта, в частност за теорията на Рикьор за "способния човек", а оттук и за всяка теория за дейността (*Handlungstheorie, théorie de l'action*); Рикьоровата херменевтика си поставя експлицитно за цел да не се затваря в текста, а да служи за преход "от текста към действието" като включва и областите на историята и на т.нар. практическа философия или, както той предпочита да я нарича – "практическа мъдрост" (Paul Ricœur, *Du texte à l'action*, Paris: Seuil, 1986). Трето, защото Рикьор не случайно поставя и тематизира многократно въпроса за отговорността както в ранните, така и в късните си творби и упреква съвременната мисъл за това, че му отделя прекалено малко внимание (виж: Paul Ricœur. "Postface au 'Temps de la responsabilité'". In: idem, *Lectures 1. Autour du politique*, Paris: Seuil, 1991, 281-282). Така че без да смятам, че това *е* "централният въпрос" на Рикьоровата философия,

та херменевтика на "способния човек", допълваща ранната му концепция за "погрешимия човек", поставя въпроса за отговорността в няколко плана: исторически, психологически, етически, политически и правен. Тезата, която ще изложа и ще се опитам да обоснова тук, гласи, че тези планове или нива на прочит разкриват различните измерения на волята, които трябва да бъдат събрани и обединени, за да може да се схване отговорността в нейната цялост. За разлика от онези автори[2], които предлагат само една частична интерпретация на отговорността у Рикьор, в настоящата глава, аз ще се опитам да реконструирам този проблем по-цялостно в контекста на многопосочното развитие на творчеството на френския философ, с оглед на едно критическо преосмисляне на проблема, както и на интересуващите ни моменти на континуитет и дисконтинуитет.

3.1 От "историческата несправедливост" към феноменологическата концепция за отговорността

Твърдението на Рикьор, че добиваме съзнание за собствената си отговорност едва чрез другите и чрез общността[3], придобива особен смисъл, ако се разгледа в контекста на собствения му жизнен път. Нека припомним, че той остава кръгъл сирак още на две годишна възраст: майка му умира наскоро след раждането му, а баща му бива убит в битката при Марн през 1915 г. В своята интелектуална автобиография *Reflexion faite* Рикьор описва как отрано се сблъсква с несправедливостта на историята:

> Преждевременното откритие – когато бях едва единадесет-дванадесет годишен – на несправедливостта на Версайския договор преобърна изведнъж смисъла относно смъртта на

смея да твърдя, че той заема съществено място в нея, което се надявам да стане ясно от следващото изложение.
[2] Виж напр.: Jean Greisch, "Promesse et responsabilité". In: idem, *Paul Ricœur, l'itinéraire du sens*, Paris: Jérôme Million, 2001, 360-371.
[3] Paul Ricœur, *Le volontaire et l'involontaire*, Paris: Aubier, 1950, 55.

баща ми, който в 1915 г. бе убит на фронта: тази смърт, която изгуби свещения ореол на справедливата война и неопетнената победа, се оказа една напразна смърт. Към моя пацифизъм, който възникна от човъркащите ме въпроси, касаещи войната, се прибави много скоро и силното чувство за социална несправедливост, което бе подхранено и легитимирано от протестантското ми възпитание[4].

В статията си "Немската вина", публикувана през 1949, Рикьор обвързва проблема за историческата несправедливост с проблемите за вината и отговорността. Там той очертава между другото разликата между нравствената отговорност, която препраща към постъпки, свързани с представите за добро и зло, и политическата и правната категория за отговорност, където последната бива сведена до понасянето на санкции поради престъпването на определени норми и закони[5].

Рикьор развива следователно една особена чувствителност към въпросите за несправедливостта, за злото, за смисъла, за вината и отговорността поради кризата, която предизвикват у него събитията от двете световни войни. Не случайно в студията си "Хусерл и смисълът на историята" (1949), той поставя въпроса как всъщност се е получило така, че Хусерл, който е бил в началото аполитичен и не е проявявал никакъв интерес към социалната проблематика, смятана от него за съставна част на естествената нагласа, в последните си трудове ненадейно започва да преосмисля философията от гледището на историята. Кои са мотивите, накарали Хусерл да тръгне от възгледа за една колективна криза и необходимостта от размисъл не върху абстрактното трансцендентално Его, а от конкретния европейски човек и неговото бъдеще? Какво го довежда до убеждението, че феноменологията е отговорна за този европейски човек и че само тя може да му покаже пътя на обновлението[6]? Рикьор съзира отговора на тези въпроси в личната съдба на Хусерл:

---

[4] Paul Ricœur, *Réflexion faite. Autobiographie intellectuelle*, Paris: Esprit, 1995, 18-19.
[5] Paul Ricœur, *Lectures 1. Autour du politique*, Paris: Seuil, 1991, 150ff.
[6] Paul Ricœur, "Husserl et le sens de l'histoire". In: idem, *A l'école de la phénoménologie*, Paris: Vrin, 1986, 21.

Като учен от неарийско потекло и особено като сократически гений, поставящ всичко под въпрос, Хусерл изглеждаше подозрителен за нацистите. Когато бе отпратен на пенсия и осъден на мълчание, старият мъж трябваше да установи, че духът притежава собствена история, която е свързана с факта, че духът може да заболее, че самата история може да се превърне в опасна зона и да доведе до залеза на духа[7].

Очевидно Рикьор приема, че Хусерл стига едва през тридесетте години до философско-историческата проблематика на Кризата, обяснявайки този поврат с възхода на нацизма. Но това твърдение е проблематично, защото, както показва в частност Манфред Зомер, Хусерловата диагноза от съчиненията му върху кризата не се отличава много от тази, която той формулира още през 1911 година във *Философията като строга наука*: доколкото "бедствената ситуация", сиреч "кризата", произтича от науката, то задачата на науката и по-точно на философията като "строга наука" е да положи всички усилия, за да я преодолее[8]. За Хусерл става въпрос за една криза на знанието, вследствие на която, според него, е възникнала една културна и историческа криза, докато за Рикьор става въпрос, напротив, за регионални кризи на историята, които оказват влияние върху света на идеите и на съзнанието и представляват предизвикателство за тях. Онова, което все пак обединява двамата мислители е схващането, че европейската криза е свързана със загуба на смисъла, то-

---

[7] Пак там, 22. На друго място Рикьор дава подобна оценка, но я формулира още по-остро: "Този мислител [Хусерл], който бе по-субективен от всеки друг, трябваше да бъде принуден от събитията да се самоинтерпретира исторически: едва когато националсоциализмът постави на обвинителната скамейка цялата сократическа и трансцендентална философия, Фрайбургският професор реши да се размърда, за да се опре на великата традиция на рефлексивната философия и да открие в нея смисъла на западната цивилизация" (Paul Ricœur, *Histoire et vérité*, Paris: Seuil, 1955³, 36).
[8] Manfred Sommer, "Husserls 'Krisis'". In: Jörn Stückrath / Jürg Zbinden (Hrsg.), *Metageschichte. Hayden White und Paul Ricœur*, Baden-Baden: Nomos, 1997: 25-36, тук 25-26.

ест че тя е вид "криза на смисъла", по отношение на която философът носи определена отговорност[9].

Хусерловата феноменология като философия на историята изхожда, според Рикьор, от кризата и съмнението с цел да достигне до някаква идея и смисъл като формулира по този начин някаква обща задача[10]. Ако това движение към "вътрешния смисъл" на европейската история и европейското човечество е изобщо възможно, то това е защото Хусерл от самото начало разглежда телеологията и историята като синоними. Той твърди дори, че само Европа притежава някаква "иманентна телеология", някакъв "смисъл", което Рикьор обяснява по следния начин:

> Твърдението, че само Европа притежава определена идея, изглежда по-малко учудваща, когато това твърдение се интерпретира в две посоки. От една страна, би трябвало да се признае, че строго погледнато цялото човечество притежава някакъв смисъл. Но Европа се е откъснала културно и географски от останалото човечество, доколкото е схванала неговия смисъл и тъкмо в това се състои нейната универсалност. От друга страна, единствената идея, която е за всички идея, това е философията. Философията е 'вътрешната ентелехия' на Европа, или прафеноменът на нейната култура. Да бъдем европейци не е следователно някаква слава, която ни прави уникални, а по-скоро една *отговорност*, която обвързва всички ни.[11]

Студията на Рикьор завършва с критика на Хусерловата философия на историята, която бива окачествена като "прекомерно опростенческа и априористка"[12]. Рикьор пледира, напротив, за една философия на историята, която да онагледи отношението между идеи и история не само като *априорно*, но и като *апостериорно*, тоест като едно двустранно *диалектическо* от-

---

[9] Paul Ricœur, "Husserl et le sens de l'histoire", 51-54; срв. Paul Ricœur, *Histoire et vérité*, 36-40.
[10] Paul Ricœur, "Husserl et le sens de l'histoire", 30.
[11] Пак там, 31-32.
[12] Пак там, 50.

ношение. Защото, от една страна, идеите оказват съществено влияние върху историята, както показва Хусерл, но от друга, самите идеи трябва да бъдат изпробвани, верифицирани и коригирани от историята[13]. Задачата и отговорността на философа се оказва по този начин двойна: той трябва да съдейства не само за едно по-добро разбиране на европейската история и култура чрез изследване на разума, но и да подложи понятията на разума и съответно различните философски интерпретации на критична проверка в съответствие с историческите събития.

3.2 Самият: между автономията и удвояването на волята

Във *Волевото и безволевото* (1949) – първата част от трилогията, посветена на волята – Рикьор поставя проблема за отговорността в един философско-антропологически контекст, изискващ едно ново разбиране на човека като действащ субект. Това изисква в частност изясняването на въпроса за вменяемостта на действията, както и на проблема за вземането на решение. Рикьор посочва, че действието винаги имплицира някакъв проект, който следва да бъде осъществен, както и определен субект, който да е инициатор на своите действия:

> Аз добивам съзнание, че съм инициатор на моите действия в света и, по-общо казано, на мисловните си актове, преди всичко чрез отношенията ми с другите, тоест в един социален контекст. Ако някой попита: Кой стори това?, тогава ще стана и ще отвърна: "Аз го сторих". Отговор: отговорност (*Réponse: responsabilité*). Да бъдеш отговорен, значи да си готов да отговориш на подобен въпрос.[14]

В крайна сметка другият е този, който ми дава повод да осъзная и осмисля вменяемостта по отношение на собствените си постъпки. Съвместното съществуване с другия може обаче да протече и в нещо като съвместна дрямка. Пример за това е ано-

---

[13] Пак там, 49.
[14] Paul Ricœur, *Le volontaire et l'involontaire*, Paris: Aubier, 1950, 55.

нимното Хайдегерово "*man*" (или "*das Man*"). *Man* е "никой", сиреч една човешка тълпа, в която всеки може да се скрие и да избяга от отговорност. Затова "Азът", който поема съзнателно отговорността за своите постъпки, е противоположен на "man". Рикьор подчертава в този смисъл, че не можем да проявим чувството си за отговорност *на ръба* на своите дела, а само като изцяло се ангажираме:

> В момента на ангажиране чувството за отговорност довежда до висша степен на самоутвърждаване и до решително въздействие върху реалността, за която самостта е отговорна. То имплицира едно двойно акцентиране върху самостта и проекта. Отговорното същество притежава готовност да даде отговор относно своите дела, тъй като действа според равенството на волята, гласящо: "Аз съм това дело".[15]

Всяко действие би трябвало следователно да може да бъде отнесено към даден субект на вземане на решения, както и да се установи със сигурност, че действащият е взел решението доброволно. Възниква обаче въпросът защо той е решил така, а не иначе?

Според Рикьор вземането на решение става посредством мотиви и ценности, които ни *склоняват* да извършим нещо, без да ни *принуждават*. Рикьор изхожда в случая от едно предрефлексивно действие, което е твърде сходно с предрефлексивното когито у Сартр. В предрефлексивното волево действие мотивите оказват влияние, без действащият да разсъждава експлицитно върху тях и върху себе си. Моралните действия се извършват, напротив, в един ценностен хоризонт, в който се извършват съждения чрез оценяване на до този момент нерефлектираното.

> В дадена ситуация – подчертава Рикьор – аз търся помощ и обикновено я откривам в тоталността на дотогава неподложените на оценка ценности, които в хода на вътрешния дебат с мен самия показват своята мотивираща сила в *тази*

---
[15] Пак там, 57.

ситуация. Всички останали ценности функционират така, сякаш принадлежат на една частична ситуация. (...) Но в по-дълбоки кризи, при едно изпитание, което изисква да бъда радикален или в една ситуация, която поставя под въпрос моите последни основания, започвам да се съмнявам относно своите твърди убеждения. Изведнъж всичко е променено. (...) Крайните ценности престават изведнъж да указват към каквото и да било.[16]

С този пример Рикьор се опитва да покаже, че не съществуват абсолютни, вечни и универсални ценности, които подобно Платоновите идеи или същности, чакат да бъдат разкрити от чистата интуиция. Мисълта, че не сме в състояние да обосновем своите решения, може според него да ни доведе до отчаяние и страх, подобен на главозамайване при съзиране на пропаст. Този страх не може да бъде рефлексивно преодолян, защото по негово мнение всеки опит за последно основаване е осъден на провал. Мотивите и ценностите са емоционално обосновани и съдържат в себе си един дълбок парадокс:

> Ценностите ми се явяват единствено с оглед на моята преданост, на моето активно посвещение на дадена кауза (...). Всяка ценност е валидна по отношение на даден проект, тоест ценностите ми се явяват само в определена историческа ситуация, в която се ориентирам и се опитвам да мотивирам своята дейност (...). Заедно с Джосая Ройс и Габриел Марсел бих казал, че ценностите не са извънвремеви, а свръхличностни изисквания, с което искам да подчертая, че тяхната поява е свързана с определена история, към която съм съпричастен с цялата сила на отдадеността ми, накратко с една история, която изобретявам. Именно в това се изразява парадокса на ценността: тя не е абсолютен продукт на историята, тя не е и просто изобретение, а бива призната, приета и открита, доколкото притежавам способността да творя и да изобретявам истории.[17]

---

[16] Пак там, 72.
[17] Пак там, 72.

С други думи, ценностите възникват от една тъмна, неясна и неопределена основа – тази на нерефлектираната воля и на безволевото, свързано с нагони като глад, жажда и пр. Ценностите мотивират нашите действия, те се появяват същевременно чрез същите тези действия като се превръщат чрез тях в обект на етическа оценка. Ценностите съществуват чрез кръговрата между етическа рефлексия и действие като деградират съответно, когато този кръговрат бъде прекъснат[18]. Отговорната постъпка се отличава от безцелното, безсмисленото действие чрез "ценностното помазване", тоест чрез определена аксиологическа легитимация. Последната се състои в това, че ми бива поверена една мисия, която е от моята компетенция и за която нося отговорност пред общността. С други думи, аз съм "отговорен пред" общността, която ме е натоварила с дадена задача и в "тази легитимация на отговорността се състои принципната възможност за съждение относно моята дейност, за похвала или порицание, накратко за санкция"[19].

Рикьоровият анализ на вземането на решение съдържа следователно три момента: проекта на действие, вменяемостта на действащия субект като отговорен инициатор на проекта и мотивацията му чрез определени ценности, чрез които всъщност проектът бива легитимиран като такъв.

Показателно е, че в своя доклад върху свободата като отговорност и решение – "Свобода: отговорност и вземане на решение", – изнесен на Световния конгрес по философия през 1968 г., Рикьор поставя проблематиката за отговорността вече не първоначално върху нивото на решението, а върху това на свободата. Той подчертава необходимостта от привеждане в семантично единство на понятията решение, отговорност и свобода, изглеждащи на пръв поглед разнородни. Трудността на това начинание произтича според него от факта, че тези понятия се намират на три различни нива на философски дискурс. Понятието за решение се намира на нивото на философската психология, тоест на феноменологията. На него отговорят класичес-

---

[18] Пак там, 75.
[19] Пак там, 79.

ките описания на субективната способност, наречена *liberum arbitrium*, или произвол. Понятието отговорност се среща, от друга страна, и на нивото на етиката и на това на политическата философия, където се поставя в контекста на проблемите за връзката и съответствието между индивидуалната и всеобщата воля. Понятието свобода, напротив, се намира на нивото на онтологията и препраща, от своя страна, към въпроса за конституцията на човешкото битие, а именно – как следва да бъде конституиран човекът, за да може да е психологически и нравствен инициатор на своите действия?[20]

Рикьор ситуира по този начин проблема за отговорността върху нивото на "обективната воля". Понятието решение, което произтича от субективната воля и съответно от произволното действие, не може според него да съдържа в себе си понятието за отговорност като измерение на обективната воля. Следвайки Хегел, Рикьор назовава три условия, характеризиращи понятието отговорност като обективна воля. Първото условие е договорът, който обвързва една воля с друга. Това удвояване на волята съдържа една нова релация, която не може да бъде изведена от отношението между избора и мотивите, защото се осъществява един обмен, който не зависи само от индивида, а предполага вид реципрочно признание на двете воли, чрез които Азът се "обективира". Второто условие е самоограничението на субективната воля, която се превръща в обективна, доколкото се подчинява на определена норма или закон. Казано с думите на Кант, отговорната воля е тази, която открива легитимация си в универсалността на своята максима. Но според Рикьор перспективата на Кант не може да бъде възприета напълно, тъй като Кант разделя дълга от удовлетворението и щастието, а "едно правомерно действие, което не носи удовлетворение, не може да бъде дело на волята в пълния смисъл на думата [тоест нещо желано]"[21]. Третото условие е общността, което ще рече вписване-

---

[20] Paul Ricœur, "Liberté: responsabilité et décision". In: *Akten des XIV Internationalen Kongresses für Philosophie, Wien : 2-9 September 1968*, hg. von Leo Gabriel, Bd. I, Wien: Herder, 1968, 155.
[21] Пак там, 160.

то на волята в определени социални и икономически групи, в семейството, в държавата и др., чрез които тя се осъществява. Това условие съставлява по мнението на Рикьор кулминационната точка на дискурса за отговорността, но за разлика от Хегел той отхвърля отъждествяването на осъществената свобода с държавата. Крайният извод, до който стига в този доклад се състои в констатацията, че само чрез диалектическото движение, тоест чрез прехода от субективната воля, която е обект на феноменологията, към обективната, която се изследва от диалектиката, може да се разберат основанията и развитието на дискурса за отговорността.

3.3 Семантичното изясняване на отговорността в политически и правен план

Най-обхватното изследване на Рикьор на проблема за отговорността представлява статията "Понятието за отговорност. Опит за семантичен анализ", публикувана през 1995 г. В нея Рикьор уточнява, че интересът му към понятието отговорност е било мотивирано от комплексната и многозначна употреба на словото в ежедневния език, която му се е сторила доста объркваща:

> Прилагателното "отговорен" влече след себе си едно многообразие от уточнения – отговорни сте за последствията от вашите действия, но също така и за другите, за които се грижите или които са ви поверени (...). Може дори да сте отговорни за всичко и за всички. Във всички тези случаи на неясна употреба [на понятието отговорност], съществува някакво указание върху задължението (*obligation*); това означава, че трябва да бъдат изпълнени определени задачи, да се поеме някакво бреме, да се спазват известни ангажименти.[22]

---

[22] Paul Ricœur, "Le concept de responsabilité. Essai d'analyse sémantique". In: idem, *Le Juste*, Paris: Esprit, 1995, 42.

Също така и полисемията на глагола "отговарям" дава основания за различни тълкувания на понятието отговорност: не става въпрос само за това да-бъдеш-отговорен-за (*répondre de*), но също така и за това да-отговаряш-на (*répondre à*) даден въпрос или зов. Затова Рикьор предлага да се изясни понятието отговорност не чрез семантиката на думата "отговарям", а чрез глагола "вменявам" (*imputer*).

> Да вменяваш означава според нашите най-добри речници, да вмениш на някого една порицаема постъпка или някаква грешка, тоест да конфронтираш дадено действие с предходно задължение или забрана, която това действие е накърнило. Предложената дефиниция показва как от задължението или забраната на определено действие (...) съждението за вменяемостта стига до съждението за възмездие, което имплицира задължението за поправяне на стореното или за понасяне на наказание. Но това движение, което насочва съждението за вменяемостта към възмездието, не трябва да ни кара да забравяме противоположното движение, което отвежда възмездието (rétribution) обратно към приписването (attribution) на дадено действие на инициатора му.[23]

Метафората на смятането (*compter*), имплицитно съдържаща се във вменяването (*imputer*), е според Рикьор особено интересна, доколкото латинският глагол *putare* съдържа смятането (*comput*), а с това и представата за водене на счетоводство в две колони – приход и разход, кредит и дебит – с оглед на една позитивна и негативна равносметка. От морална гледна точка, подобна равносметка би включвала добрите и лошите постъпки, добродетелите и пороците. Така се стига всъщност и до юридическото понятие за отговорност, което се характеризира с изместването на вменяемостта по посока на възмездието, на задължението за поправяне на стореното или за понасяне на определено наказание. Според Рикьор в гражданското право се говори все още за вина, поради стремежа да се запазят следните три

---

[23] Пак там, 44.

аспекта: първо, да се докаже, че въобще е налице някакъв деликт; второ, че действащият е познавал закона; трето, че е бил господар на своите дела, така че е можел да постъпи и другояче. Но правното разбиране за отговорността все пак е претърпяло развитие и то в една посока, която е изместила акцента от инициатора на правонарушението към жертвата, която изисква някакво обезщетение. Стигнало се е даже дотам, да се изисква обезщетение дори и в случаи, в които не може да се установи виновник, което е довело пък до идеята за "отговорност без вина". Рикьор разглежда това постепенно отдалечаване от вината като едно по принцип позитивно развитие, но подчертава и някои негативни аспекти, като например факта, че разширяването на сферата на рисковете е довело до усиленото търсене на отговорност на лица, от които да се изиска съответното обезщетение. Защитата срещу рисковете, която първоначално е била замислена като форма на солидарност спрямо жертвите, се е превърнала все повече в засилване на мерките за сигурност. По този начин се е стигнало до заместване на проблема за свободното вземане на решение с този за съдбата, която е пълна противоположност на отговорността, тъй като "съдбата е никой, но отговорността е някой"[24]. Въпросът до каква степен може да се откъсне наказанието от вината остава в подобни случаи отворен.

Конкретен пример за тази проблематика е случаят с "аферата за заразената кръв"[25], по повод на която Рикьор е повикан

---

[24] Пак там, 60.
[25] Случаят със заразената от СПИН кръв, който трае близо 20 години, е един от най-заплетените в историята на френската съдебна практика. През 1983 г. са констатирани аномалии в имунната система на редица хемофили, лекувани с преливане на кръв от френски донори. В началото на 1985 г., когато вече е установено, че заразяването със СПИН става и чрез преливане на кръв, френското правителство забавя влизането в сила на закона за извършване на тестове за серопозитивност, тъй като френските тестове още не са готови, а американските (в частност тестът на Абот, който впоследствие се оказва неблагонадежден) се разглеждат като конкуренция; законът влиза в сила на 1 август 1983 г. Това забавяне, както и пренебрегването на други познати мерки за деактивиране на вируса, са повод за подаване на първите жалби през 1988 г., а съдебната процедура започва през 1991 г. и след трикратно възобновяване бива прекратена от касационния съд през 2003 г. (виж

през 1999 г. като консултант в съда. Твърдението в едно телевизионно предаване на Жоржина Дюфоа, бивша министърка по социалните въпроси, че е "отговорна, но не и виновна", предизвикало такива остри дебати, че съдът решава да покани Рикьор с молба да изтълкува предложената формулировка. В своята реч – публикувана в *Le juste 2* – Рикьор не само излага своята концепция за отговорността, но и я превръща в енергична пледоария за едно ново политическо съзнание и ново политическо устройство. Като подчертава, че не е нито политик, нито юрист, а само обикновен гражданин, който размишлява върху процедурите на вземане на решение в "неясни ситуации"[26], Рикьор предлага едно работно определение на отговорността, състоящо се от следните три пропозиции:

- "Смятам се за отговорен за своите постъпки" – това означава, че съм инициаторът на своите действия и тъй като съм вменяем, съм отговорен за тях;

- "Готов съм да отговарям за постъпките си пред упълномощена инстанция, която ще ми държи сметка за тях" – това означава, че освен мен самия съществува и още някой друг, "пред когото" следва да се легитимирам и комуто дължа обяснение;

- "Отговорен съм за правомерното функциониране на една лична или обществена институция" – този трети аспект на отговорността придобива централно значение, когато дадена личност придобива поради заеманата длъжност определена политическа власт и означава, че тя е отговорна за подчинените си пред дадена инстанция. Така към хоризонталната отговорност се прибавя и една вертикална, което ще рече йерархично обусловена.

по-подр.: Philippe Froguel et Catherine Smadja, "Sur fond de rivalité franco-américaine, les dessous de l'affaire du sang contaminé". In: *Le Monde diplomatique*, 1 février 1999).
[26] Paul Ricœur, "Citation à témoin: la malgouvernance". In: idem, *Le juste 2*, Paris: Editions Esprit, Seuil, 2001, 289.

Рикьор посочва по-нататък, че изказването на бившата министърка е вид признание в смисъла на първата пропозиция, тоест от гледище на вменяемостта. Втората пропозиция, засягаща въпроса за "отговарянето-пред", е предизвикала от своя страна бурни дебати сред юристи, политици и журналисти, тъй като не винаги е било ясно *пред кого* следва да се дава отчет, респективно да се носи отговорност, и *докъде* се разпростира и следва да се разпростира отговорността. Рикьор посочва и следствията от "отговарянето-пред" – ако политическото осъждане на дадена личност може да означава превръщането й в "политически труп", то при осъждането й от страна на правна институция може да се стигне до загуба на свобода и публичен позор. В много случаи е трудно да се преценят грешките и правонарушенията. Юридически погледнато грешката е индивидуална и води до различни санкции. Но политически погледнато, твърде сложно е да бъдат установени фактите на "лошото управление от страна на правителството", защото вместо критериите да бъдат предварително уточнени и регламентирани те се превръщат в обект на обсъждане и процесуално разследване едва след подаването на жалба в съда, пред който следва впоследствие да се дават обяснения.

Рикьор набляга изрично на неяснотата относно инстанцията, пред която следва да се носи отговорност. От правна гледна точка нещата изглеждат повече от ясни: тази инстанция е съдът. Но от политическа гледна точка нещата не са толкова еднозначни, макар че по негово мнение в една парламентарна демокрация това би следвало да е парламентът с неговите репрезентативни комисии. Ако се окаже, че в парламента липсват подходящи инстанции за разследването на подобни случаи, то това не значи нещо друго, освен че те следва да бъдат създадени. Рикьор припомня, че случаят със заразената кръв датира още от 1985 г., но е подет от медиите едва през 1991 г. и влиза едва тогава в съда, вместо проблемите, които повдига, да бъдат подложени на дебат от самото начало в Парламента, където е следвало да бъде създадена специална служба за политическото му изясняване. Той подчертава в този смисъл, че става въпрос за един дълбоко *политически* и философско-политически проблем:

> За разлика от англосаксонците ние [французите] не поставихме противоречивия дебат относно разграничението на управленческите власти в основата на политическото. Избрахме Русо против Монтескьо, Русо с неговата единна обща воля. Това се вижда ясно от двойното наследство, завещано ни от Якобинската революция и от постоянно възраждащото се царско право на така наречения "ансиен режим". Оттук идва и предпочитанието ни към тихомълком взетите решения, слабото внимание към конфликтите на интереси, към двойните компетенции (...), към феодалния ред, който отразява от горе до долу арогантността на големите и малките шефове. (...) Оттук произтича и мълчанието на институциите в периода от 1985 г. до 1991 г., после пък скандалът, наместо дебат, раздухването на случая от страна на пресата в ситуацията на политически вакуум и най-накрая съдебният процес като резултат от липсата на политическо разследване на нарушените функции на управленческата власт и, което е още по-лошо, оправданият страх от общественото мнение – страхът, че ако не се накаже някой, хората ще си помислят, че нещо се премълчава и укрива.[27]

Накратко, политическото заемане с проблема е било според Рикьор възпрепятствано, тъй като политическото измерение на отговорността е било предоставено за разследване на съда. По този начин обширното поле от грешки и вини, вследствие от лошото управление на правителството, остава нетематизирано в този процес. Затова Рикьор предлага *всички административни нарушения и грешки да се подложат на политическо, а не на наказателно-процесуално разследване*. Това предложение не бива според него да се тълкува в смисъл, че политиците, които са извършили престъпление, следва да се отърват безнаказано, а в смисъл, че процесуалните наказания трябва да се поставят на нивото на "големите престъпления", така да се каже на "десетте

---

[27] Пак там, 292-293.

Божи заповеди", а не на нивото на управленческите грешки[28]. Необходимо е според него възможно по-скоро да се анализира обстойно проблема за отговорностите на управляващите и структурата на властовата йерархия, като на първо място се осъзнае липсата на *политически инстанции*, пред които управляващите да отговарят.

> Всичките ми забележки относно конфликтите на компетенции, логиката на управление и символния референт – отбелязва Рикьор – имат единствено за цел да заострят въпроса относно нашата политическа култура, който не престава да ме занимава, а именно: коя политическа инстанция е готова да изиска и получи сметка относно определени политически действия? Нека оставим този въпрос отворен, за да си представим мислено (...) една инстанция, занимаваща се с противоположни мнения и дебати, имащи за цел да се онагледи и коригира нарушението на функциите на властта, вследствие на лошото политическо управление. Тази инстанция би функционирала в гражданското общество като открит граждански съд, ръководещ се от ценностите на Просвещението, тоест от публичност, вместо непрозрачност, от експедитивност, вместо протакане, и най-вече – от ориентиране към бъдещето, вместо пребиваване в едно минало, което така и не отминава.[29]

Рикьор завършва своята интерпретация с припомняне на отговорността към жертвите. Тази специфична отговорност се състои първо в това, *да се изслуша* мъката им, както и техните укори; второ, да се осъществи опит *за разбиране*, тъй като те очакват и изискват справедливост и, трето, да им се осигури правомерно *обезщетение*[30]. Заедно с това той посочва, че не трябва да забравяме, че всички тези политически и правни мерки няма никога да доведат до непогрешими решения или до пълно поправяне на стореното зло, доколкото причиненото страдание носи винаги белега на нещо непоправимо.

---

[28] Пак там, 293.
[29] Пак там, 296.
[30] Пак там, 297.

3.4 Обещанието, или етическото измерение на отговорността

В интервюто си с Жан-Христоф Ешлиман Рикьор споделя, че за разлика от Левинас той не подхожда към нравствената отговорност, изхождайки от апела на Другия, който ни призовава да поемем отговорност, а от реципрочността и преди всичко – от понятието за обещание[31]. Според Рикьор между речта и действието съществува винаги някакво взаимодействие, което се осъществява между две или повече личности. Това взаимодействие имплицира някаква ангажираност, тоест поемането на някаква задача под формата на ангажимент, свързан с даване на обещание. Другояче казано, всяко *promissio* (обещание, обет) е някакво *missio* (мисия, задача)[32].

> Да бъдеш отговорен означава в този смисъл не само да признаеш себе си за инициатор на извършената постъпка, но и за едно същество, което е поело някакво задължение, при което дадената от него дума бива поставена на изпитание.[33]

В "малката етика" на *Самият като друг* (*Soi-même comme un autre*) Рикьор описва обещанието като един дискурсивен акт, в който една личност се задължава да извърши за друга нещо при определени обстоятелства[34]. Но този факт съвсем не обяснява нравствения проблем защо следва да се изпълни обещанието. Единствено понятието за вярност (*fidélité*), въведено от Габриел Марсел, което се тълкува от последния като благоразположение и "отговор на" определен апел или молба от страна на Другия, дава според Рикьор възможност да се изясни нравстве-

---

[31] Paul Ricœur, "Entretien. Propos recueillis par Jean-Christophe Aeschlimann". In: Jean-Christophe Aeschlimann (ed.), *Ethique et responsabilité. Paul Ricœur*, Neuchâtel: À la Baconnière, 1994, 24.
[32] Виж: Paul Ricœur, *Le conflit des interprétations*, Paris: Seuil, 1969, 403.
[33] Paul Ricœur, "Entretien. Propos recueillis par Jean-Christophe Aeschlimann". In: Jean-Christophe Aeschlimann (ed.), *Ethique et responsabilité. Paul Ricœur*, Neuchâtel: À la Baconnière, 1994, 30-31.
[34] Paul Ricœur, *Soi-même comme un autre,* Paris: Seuil, 1990, 309.

ното значение на обещанието. Принципът на верността предполага известна реципрочност между нравствените субекти:

> Другият ми казва: 'Аз очаквам от теб да удържиш на думата си'. А аз му отвръщам: 'Можеш да разчиташ на мен'.[35]

Този кратък диалог се интерпретира от Жан Грейш като израз на Ницшевата характеристика на човека като същество, способно да дава обещания.[36]

Лично на мен ми се струва обаче, че в случая следва да се артикулира по-скоро Марселовата диалектика между предателство и вярност[37], отколкото принципната възможност да даваш обещания, схваната от Ницше като изключително човешка особеност. Затова Рикьор набляга не на *способността*, а на *изпълнението* или *неизпълнението* на поетото обещание като морален критерий:

> Да не удържиш на обещанието си означава да извършиш предателство едновременно спрямо очакването на Другия и на институцията, която опосредява доверието между говорещите субекти. (...) Възможността на тези конфликти се съдържа в структурата на реципрочността на обещанието. Ако верността се състои в това да изпълниш очакването на Другия, който разчита на теб, то очакването трябва да се приеме за мярка на приложението на (нравственото) правило.[38]

Така Рикьоровото понятие за реципрочност в акта на отговорността опосредява в известен смисъл подходите на Марсел и Левинас. Но Рикьор ги разширява, доколкото предлага една реинтерпретация на Другия в контекста на известното произведение на Ханс Йонас *Принципът на отговорността* (*Das Prinzip der Verantwortung*). Тази реинтерпретация се налага

---

[35] Пак там, 312.
[36] Jean Greisch, *Paul Ricœur, l'itinéraire du sens*, Paris : Jérôme Million, 2001, 372.
[37] Виж: Gabriel Marcel, *Etre et avoir*, Paris : Aubier, 1935, 55-80; idem, *Du refus à l'invocation*, Paris: Gallimard, 1940, 137.
[38] Paul Ricœur, *Soi-même comme un autre,* Paris: Seuil, 1990, 312.

всъщност от въпроса: "*Кой* е всъщност този Друг, на когото давам своето обещание?" *Пред кого* и *за кого* сме в нравствен смисъл отговорни? За Левинас и Марсел става въпрос за Другия или ближния, с когото се срещам лице в лице, както и "абсолютното Ти" (*le Toi absolu*) в образа на Божията Трансценденция[39]. Но Рикьор артикулира заедно с Йонас една съвсем определена форма на другост, респективно фигура на Другия – ранимият, крехкият, слабият. С други думи, ако има нужда от отговорност, то това е защото светът и хората са раними. Рикьор подчертава в този смисъл, че съществува истинска отговорност там където едно крехко същество ни е било поверено:

> Отговорен съм например за едно дете. Думата "отговорен" означава тук нещо съвсем специфично: за да бъда отговорен е необходимо нещо или някой да ми е бил поверен, нещо или някой да бъде под мой надзор или под моя закрила. Моделът на родителската отговорност е очевидно емблематичен. Детето, което трябва да закрилям, за което трябва да се грижа да порасне, е едно слабо същество и моята отговорност се състои в това да се грижа за него до пълнолетието му, за да може то по-късно да стане отговорно и да поеме на свой ред отговорност за другиго.[40]

Според Рикьор ние не сме отговорни само за ближните и околните, с които се срещаме "лице в лице" (Левинас), но също така и за онези, с които никога няма да се срещнем. Рикьоровата концепция за онзи "всеки" ("*chacun*"), с когото се сблъсквам единствено чрез институциите[41], е в случая от особено значение. Благодарение на нея казусът със заразената кръв придобива по-ясни очертания: така например бившата социална министърка и

---

[39] Виж: Gabriel Marcel, *Journal métaphysique 1913-1923*, Paris: Gallimard, 1927, 137, 155, 255-258; Emmanuel Lévinas, *Totalité et infini. Essai sur l'extériorité*, La Haye: Nijhoff, 1961, 37 ff.
[40] Paul Ricœur, "Entretien. "Entretien. Propos recueillis par Jean-Christophe Aeschlimann". In: Jean-Christophe Aeschlimann (ed.), *Ethique et responsabilité. Paul Ricœur*, Neuchâtel: À la Baconnière, 1994, 25.
[41] Виж: Yvanka B. Raynova. *Between the Said and the Unsaid. In Conversation with Paul Ricoeur*, vol. 1. Frankfurt am Main u.a.: Peter Lang, 2009, 29-30.

нейните подчинени не са познавали лично жертвите, заразени със СПИН, но поради изпълняваната от тях функция, те са отговорни за тези пострадали лица. Следвайки Йонас Рикьор показва също така доколко сме отговорни и пред тези, които *още не съществуват*:

> Според този автор [Ханс Йонас] ние сме отговорни за далечното бъдеще на човечеството, тоест далеч извън ограничения хоризонт на предсказуемите следствия от дадена постъпка; залогът на това далечно бъдеще е по-нататъшното развитие на човешката история. Йонас открива в случая един нов императив, формулиран от него по следния начин: 'Действай така, че и след теб човечеството да може да съществува и то колкото се може по-дълго'. Този императив е нов от гледище на схващането за респекта на личността, в смисъл, че той отива отвъд една етика на близостта, основана на реципрочността. (...) Йонас препраща на второ място към факта, че бъдещото човечество, което ни е поверено, е крехко; то е самата крехкост. Срещу този възглед може да се отвърне, че човечеството е било винаги смъртно (...), но към това следва да се прибави един нов факт, а именно, че човекът е станал опасен за човека (...). Тази опасност причинява страх и Йонас превръща размисъла относно това в една 'евристика на страха', която се изразява преди всичко в пресмятането на щетите, на вредите, на възможните разрушения, дори и те да изглеждат малко вероятни.[42]

Макар и да възприема като цяло възгледите на Йонас и да подчертава, че трябва сериозно да се преценяват следствията от действията в епохата на новите технологии, Рикьор обръща внимание и на опасността, съдържаща се в Йонасовата концепция, а именно, че прекомерното разширяване на областта на отговорност може да доведе до безкрайното й разпростиране и оттук – до заличаване на конкретните отговорности или до невъзможност за изпълнение на поетите обещания.

---

[42] Paul Ricœur, *Lectures 1. Autour du politique*, Paris: Seuil, 1991, 282-283.

3.5 Инстанциите на отговорността

Какво заключение можем да направим от казаното дотук? Анализите на Рикьор ни показват, че отговорността следва да се мисли във времеви понятия. Ясно е, че отговорността, разбрана в смисъл на вменяемост, препраща към вид процедура, чрез която се установява, че даден субект е инициатор на някакви действия. Тази идентификация се ориентира към миналото, тоест към едно вече предприето действие, което бива установено от една правна, политическа или нравствена инстанция, пред която инициаторът на действието следва да отговаря. Но понятието за вменяемост бива разширено и пренасочено към бъдещето, доколкото отговорността бива тематизирана в контекста на опасностите в епохата на новите технологии, а оттук и на последиците за бъдещите поколения. Рикьор поставя обаче акцента на времевата екстаза на настоящето, тъй като отговорното действие се осъществява именно в нея. Следвайки тази Рикьорова концепция, отговорността може да се определи най-общо като воля на субекта да се ангажира нравствено, политически или/и правно с някаква изпълнима във времето задача като поема обещание пред едно познато или непознато ранимо същество, както и да отговаря за постъпките си пред компетентните за случая инстанции.

Рикьоровото разбиране за отговорността е несъмнено едно от най-комплексните не само във феноменологическата традиция, но и във философията на XX век като цяло. Въпреки всичко, ще си позволя да обърна внимание на някои дискусионни моменти.

Първо, следва ли административните нарушения и грешки в управлението да се подлагат на политическо, а не наказателно-процесуално разследване? Рикьор е несъмнено прав, когато в случая със заразената кръв артикулира липсата на политически дебат върху отговорността на управляващите и изисква конкретно определяне на техните отговорности, както и създаването на парламентарни и граждански инстанции за контрол. Но значи ли това, че правните санкции следва в подобен случай да бъдат заменени с чисто политически? Развоят на кръвната афера след 1991 г. показва, по мое мнение, че Рикьор е недооценил някои аспекти на въпроса за отговорността.

От една страна, макар и да получават материално обезщетение, жертвите остават крайно недоволни от това, че само двама лекари и един от тридесет министъра биват осъдени[43]. Затова случаят се възобновява на три пъти, докато накрая през 2002 г. се взема решение за окончателното му прекратяване, одобрено от касационния съд през 2003 г. От друга страна, изискването на Рикьор да се приключи съдебното дело и да се пренесе въпроса в областта на политическото[44] подценява необходимостта от реформи в правната и медицинската система. Всъщност тъкмо това съдебно дело довежда до по-точното определяне и уреждане във Франция със съответни закони и разпоредби както в юридически, така и в медицински план на проблема за отговорността[45]. Накрая, нека си спестим въпроса за това дали всички десет Божи заповеди визират някакви "големи престъпления", например дали непочитанието на родителите или прелюбодействието са случаи за съда и дали са толкова сериозни правонарушения като убийството. Но не може да не се запитаме откъде следва, че управленческите грешки трябва да се смятат *априори* за "малки", а не за "големи" съзнателни или несъзнателни престъпления? Ако е вярно, че д-р Мишел Гарета, бивш директор на Националния център за преливане на кръв, е извършил измама относно качеството на медицински продукт, а Едмон Ерве, бивш държавен секретар по здравните въпроси – неволно убийство, то

---

[43] Виж: Michel de Pracontal, "Sang contaminé: le crash judiciaire". *Le Nouvel Observateur*, 26 juin 2003.

[44] Впрочем Рикьор не е единственият, който заема тази гледна точка; в академичните среди тя се споделя и от професорката по политическа философия Бландин Кригел и професора по право Оливие Бо (виж: Blandine Kriegel, *Le sang, la justice, la politique*, Plon: Paris, 1999; Olivier Beaud, *Le sang contaminé*, Paris: PUF, 1999).

[45] Новият *Наказателен кодекс* на Франция, публикуван през 2000 г., включва редица членове, определящи юридическата отговорност в случаите на излагане на дадено лице на опасност (чл. 121-3 и 223-1), на отравяне (221-5), на неволно нараняване (чл. 222-19 и 222-20) и неволно убийство (чл. 221-6), което дава възможност на пострадалите да подадат жалба (виж по-подробно: http://www.jurisques.com/jfcsida.htm).

тогава защо следва да смятаме, че присъдите им са неоснователни[46].

Второ, до каква степен трябва да се обвързва отговорността с даването на обещание? Може ли да действаме отговорно, без да сме поели експлицитно някакъв ангажимент и без да сме обещали каквото и да било?

Рикьор е прав, че когато си дал едно обещание и не го изпълниш, постъпката ти може да бъде окачествена въз основа на установяването на вменяемост като безотговорна, откъдето пък следва, че отговорното поведение изисква да не даваме лекомислени или/и неизпълними обещания. Но с това въпросът не се изчерпва; той препраща също така към причините и мотивите на действащия, които могат да са били различни – непредвидима и непреодолима пречка, забравяне за обещанието, небрежност, съзнателна лъжа и измама и пр. В зависимост от причините, намеренията и мотивите за неизпълнението на обещанието се определя, както в нравствен план, така и в някои юридически случаи, степента на сериозност на простъпката и оттук – санкцията или пък липсата на санкция (оправданието). От друга страна, сблъсъкът ни с безотговорни обещания съвсем не означава, че е невъзможно да станем свидетели на обратния феномен – на отговорно поведение без обещания, каквото срещаме например в проявите на милосърдие към немощни хора, за които някой започва да се грижи, без да е бил молен за това[47]. За жалост в късното си творчество и в частност в *Самият като друг* Рикьор изоставя понятието за милосърдие (*charité*) като го замества с това за грижата (*sollicitude*), както видяхме това в предходната глава. Нека преди да заключа, да обърна внимание на няколко неща. Няма съмнение, че грижата е важна етическа категория, но тя съдържа една диалогична структура, определе-

---

[46] Виж по-подр.: Armelle Thorval, "Sang contaminé, crimes ou délits". In: *Le Parisien*, 15 novembre 2000.
[47] Виж: Mother Theresa of Calcutta, *My Life for the Poor*, ed. by J. L. Gonzales-Balado and J. N. Playfoot, New York: Ballantine Books, 1993; idem, *Heart of Joy. The Transforming Power of Self-Giving*, ed. by J. L. Gonzales-Balado, Ann Arbor, Michigan: Servant Books, 1987.

на от Рикьор като "взаимен обмен на самоуважение"[48]. Милосърдието, напротив, имплицира безвъзмездното даряване, без да изисква или предполага някаква "норма на реципрочност"[49]. Фактът, че грижата не е достатъчна за обосноваването на концепцията за отговорността, се вижда и от усилията на Рикьор да разшири значението на този термин чрез въвеждането на други понятия като респект, великодушие, приятелство и пр.[50] Разбира се, че може да се поеме отговорност за другия и без състрадание или някаква форма на солидарност като приятелството, просто от чувство за дълг, но това предполага и различна воля. Защото съществува разлика в това дали поемам (*se charger*) нещо, желаейки го от *все сърце* или подчинявам волята си на нещо, което изпитвам като *бреме* (*charge*). Младият Рикьор съзнава това много добре, когато привежда аргументи срещу Кантовия морал на дълга[51]. Но по-късно, когато изоставя понятията милосърдие и ближен, онагледени в ранното му творчество чрез фигурата на *самарянина*[52] – чужденецът в ролята на непознат добродетел – Рикьор пропуска нещо съществено. Той пренебрегва факта, че може да се действа отговорно и без да се дава обещание, съвсем спонтанно, безвъзмездно, без интерес, без реципрочност, независимо от това дали ще последва уважение или неуважение, благодарност или неблагодарност, похвала или порицание. При нужда ние можем, разбира се, да апелираме към чувството за отговорност на другите, да ги помолим да ни обещаят, че ще се грижат и ще ни помогнат, но когато се окажем в нужда, отговорът няма да дойде непременно от тези, които са ни обещали или от нашите приятели, а – стига да имаме късмет – от онзи "непознат", който е всъщност истинският ни ближен.

---

[48] Paul Ricœur, *Soi-même comme un autre,* Paris : Seuil, 1990, 258.
[49] Виж: пак там, 255.
[50] Пак там, 254-255, 313-318.
[51] Paul Ricœur, "Liberté: responsabilité et décision". In: Leo Gabriel (Hrsg.). *Akten des XIV Internationalen Kongresses für Philosophie, Wien: 2-9 September 1968*, Bd. I, Wien: Herder, 1968, 160.
[52] Виж: Paul Ricœur, *Histoire et vérité*, Paris: Seuil, 1955, 100-102.

4

ЦЕННОСТИ И ИКУЛТУРНИ РАЗЛИЧИЯ: ЗА ЧУЖДОТО И ЧУЖДЕНЦИТЕ В СЪВРЕМЕННА ЕВРОПА

Проблемът за Другия, който има дълга история и традиция в континенталната философия, бе артикулиран през последните години все повече в контекста на проблемите за признанието, а оттук и за правата на чужденците в съвременна Европа и проблемите, свързани с мултикултурализма и интеркултурния дискурс. Още преди голямата вълна на бежанци да залее Европа през 2015 г., по тези теми се разгърнаха многобройни *философски дискусии*. Тъй като те са твърде обширни, тук ще се опитам да представя, от една страна, само някои най-важни аспекти от дебатите, протекли между някои от най-видните представители на съвременната философка мисъл, а именно – дебатите между Юрген Хабермас и Чарлс Тейлър, Аксел Хонет и Нанси Фрейзър, Пол Рикьор и Аксел Хонет, дискусията между Кристоф Менке, Георг Ломан и Дитер Томе в *Deutsche Zeitschrift für Philosophie*. От друга страна ще се спра и на някои съществени опити за концептуализация по тези проблеми каквито са противоположните позиции на Жан Бодрийар, Бернард Валдефелс и Раул Форнет-Бетанкур. Целта ми е, представяйки аргументите на тези различни автори, да направя въз основа на феномнологико-херменевтичен анализ определени изводи и да предложа, в следващата глава, възможни насоки за бъдещи решения по тези въпроси. Основната теза, която ще се опитам да докажа е, че проблемът за чуждото и чужденците не само не може да бъде разбран, но и не може да бъде решен, ако се откъсне от контекста на проблемите за признанието, превода и интеркултурния или мултикултурния диалог.

4.1 От борбата за признание към правата на чуждото и различното

Преди да премина към философските дебати около чуждостта и враждебността към чужденците, трябва да подчертая, че те бяха предшествани и до голяма степен подготвени от дискусиите около признанието и интеграцията на другостта и на чуждото, тест на "другите" като малцинства, към които спадат и "чужденците", в частност имигрантите. И това,както ще видим, не е случайно. В това отношение няма съмнение, че с книгата си *Die Einbeziehung des Anderen* (*Интегрирането на другия*, 1996)[1], в която се постави и въпросът за борбата за признание в демократичната правова държава, Хабермас анонсира онзи кръг от въпроси, които се намират в центъра и на съвременните дискусии около човешкото достойнство, справедливостта и нормативното регулиране на обществото. Хабермасовата основна теза е насочена към твърдението на Чарлс Тейлър в прочутата му книга *Мултикултурализмът и политиката на признанието*, че сигурността на колективните идентичности се намира в конкуренция с правото на равни субективни свободи и затова в случай на колизия следва да се избира между едното или другото. Например в даден момент вземането пред вид на особеностите на дадени групи, борещи се за признание на техните частни права, означава да се провежда една политика на културните различия, която влиза в противоречие с една политика на обобщаване и универсализиране на субективните права. На тази почва се разгръща и битката между либерални мислители като Роулс и Дворкин, от една страна, които изискват един етически неутрален правов ред, който да даде на всички равни шансове, и комунитаристи като

---

[1] Jürgen Habermas. *Die Einbeziehung des Anderen. Studien zur politischen Theorie.* Frankfurt am Main: Suhrkamp, 1996.

Тейлър и Уолзер, от друга, които считат, че правото не притежава етически неутралитет и затова изискват от правовата държава да осигури правото на добър живот. Хабермас се изправя срещу тази противопоставка като издига тезата, че "еднакви правови компетенции доставят свободи на действие, които могат да бъдат използвани диференцирано и затова не водят до фактически равни (еднакви) жизнени ситуации или властови позиции"[2]. Хабермас демонстрира това въз основа на примера на историята на феминизма:

> На мястото на спора, дали автономията на правните субекти е по-добре осигурена чрез субективни свободи за съревнование между частни лица или чрез обективно удовлетворени права за услуги на клиенти в бюрократичните държави на благоденствието, се издига едно *процедурално разбиране за правото*, според което демократическият процес трябва да осигури едновременно частната и обществената автономия: субективните права, които трябва да доставят на жените автономно уреждане на частния им живот, не могат да бъдат формулирани както трябва, ако преди това засегнатите сами не артикулират и не обосноват в публични дискусии релевантни виждания относно равното и неравното третиране в дадени типични случаи. Частната автономия на равнопоставени граждани може да бъде осигурена само едновременно с активизирането на тяхната гражданска автономия.[3]

Следователно, ако правната система иска да бъде осъществена по демократичен път, то културните и социалните различия трябва да бъдат възприети с една повишена контекстуална чувствителност. Затова Хабермас е на мнение, че

> универсализирането на гражданските права продължава да бъде моторът за едно постъпателно диференциране на правовата система, че целостта на правните су-

---

[2] Пак там, 243.
[3] Пак там, 245.

бекти не може да бъде гарантирана без едно строго, ръководено от самите граждани, равностойно третиране на техните поддържащи идентичността им житейски контекстове.[4]

Тази теза е разгърната и в една по-късна студия, където той поставя част от тези въпроси във връзка с правата на човека и залегналия в немската конституция член за ненъкарняемостта на човешкото достойнство. Според него накърняването на човешкото достойнство води до преосмисляне на проблеми като непоносими социални условия на живот и маргинализация на обеднели социални класи, неравно третиране на мъже и жени на работното място, дискриминация на чужденци както и на културни, езикови, религиозни и расови малцинства, а също и мъчение на млади жени от имигрантски семейства, които трябва да се освободят от насилието на кодекса на честта или пък проблеми като бруталното изселване на нелегални мигранти и бежанци търсещи убежище.[5] Това преосмисляне се осъществява според Хабермас първо чрез осъзнаване на проблематичните, болни моменти от страна на засегнатите и после, след съответно артикулиране и публични дискусии, намира място в правните разпоредби.

Тази проблематика намира по-нататъшно развитие в трудовете на Аксел Хонет, който приема критично някои от възгледите на Хабермас и влиза също така в дискусия с американската феминистка Нанси Фрейзър. В нашумялата му книга *Борбата за признание. Към моралната граматика на социалните конфликти* (1992 г., която е монографичен вариант на неговия хабилитационен труд от 1990 г.)[6] Хонет критикува ранните схващания на Хабермас, според когото може да се говори за капитализма като за икономическа система

---

[4] Пак там, 245-246.
[5] Jürgen Habermas. "Ist die Menschenwürde die Quelle der Menschenrechte?" *Deutsche Zeitschrift für Philosophie*, Heft 3, 2010, 346.
[6] Axel Honneth. *Kampf um Anerkennung. Zur moralischen Grammatik sozialer Konflikte*. Frankfurt am Main: Suhrkamp, 1992.

без вътрешноприсъщи ценности и норми. Не само капитализмът, но и модерната демократична система се основава, според Хонет, върху фундаментални ценности, които са довели в хода на историята до дълбоки социални промени. Една дълга борба за признание е била необходима за да се стигне до промяна на ценностите и конкретно реализиране в някаква степен на основните ценности на модерните демокрации. Тази аксиологическа промяна води до видоизменения и преход от традиционната система на правата по посока на едно пост-традиционно правово устройство. Така докато в традиционното общество човешкото достойнство бива изведено от общественото положение на личността, което й осигурява определени права и задължения, то в посттрадиционните общества достойнството на човека се извежда от неговата автономност. Автономността означава в случая да се следват само онези норми, ценности и права, по които се е постигнало общо съгласие. Правната система става оттук израз на всеобщи интереси, в които не биват повече толерирани никакви изключения и привилегии. Изключените обаче от известни права малцинства, които страдат от непризнание на индивидуалните им потребности, интереси и ценности, са принудени, според Хонет, да водят борба за признание, тъй като само по този начин могат да се надяват да постигнат реализацията им. Опирайки се на концепциите на Хегел и Мийд, Хонет посочва три образеца или стъпала на признанието – любовта, правото и социалното уважение (*soziale Wertschätzung*) – които са противопоставка на три вида непризнание. Интегритетът на личността, както и нейното самоосъществяване могат да бъдат гарантирани само ако се постигне признание в тези три области.

Срещу подобно схващане, което смята признанието за основа на решаване на проблема за социалната справедливост, реагира Нанси Фрейзър, в частност в съвместната си книга с Хонет *Преразпределение или признание?* (2003)[7].

---

[7] Axel Honneth, Nancy Fraser. *Umverteilung oder Anerkennung? - Eine politisch-philosophische Kontroverse.* Frankfurt am Main: Suhrkamp, 2003.

Фрейзър е на мнение, че парадигмата на признанието води до изоставяне на заден план на проблемите за преразпределението на благата. Според нея, преразпределението не може да се субсумира под концепта за признанието и затова тя настоява то да се разглежда самостоятелно като също толкова важна парадигма. Това е условието, за да се постигне справедливост в обществото и затова тя се стреми да развие една двумерна теория за справедливостта, която да съчетае изискването за равни права в областта на разпределението с изискването за признание на различията в частната сфера (различни културни, религиозни и полови идентичности, жизнени стилове и пр.)

Аксел Хонет възразява срещу Нанси Фрейзър, че в основата на проблема за разпределението се намира този за признанието, без решаването на който не може да се постигне справедливо разпределение. По-ниското заплащане на женския труд например се дължи според него на непризнаване на равностойността на жените. Хонет е убеден следователно, че проблемите за справедливото разпределение могат да намерят задоволително нормативно решение само ако се преформулират в едно достатъчно ясно диференцирано понятие за признание.

В едно от последните си произведения, *Обхождане на признанието* (2004)[8], Пол Рикьор пък отправя към Хонет друг вид критика. Рикьор подчертава, че заслугата на Хонет е в това, че е актуализирал и разширил Хегеловата концепция за "борбата за признание" като я е вплел в нашите афективни, правови и социални отношения с другия. Но Рикьор вижда в това същевременно и опасността от едно потъване в безкрайни изисквания за признание, стигащо до задънена улица:

> Съмнението ни не се отнася (...) до моделите на признанието (...), съмнението ни приема формата на един въпрос: не стига ли изискването за афективно, юриди-

---

[8] Paul Ricœur. *Parcours de la reconnaissance*. Paris : Editions Stock, 2004.

ческо и социално признание чрез своя войнстващ и конфликтуален стил до едно неопределено изискване, фигура на 'порочната безкрайност'? Въпросът не засяга само негативните чувства на липса на признание, но също така и постигнатите възможности, изложени по този начин на едно незадоволимо желание. Изкушението се състои тук в едно ново 'нещастно съзнание', било под формата на едно неизлечимо чувство за виктимизация, било на едно неуморно постулиране на недостижими идеали.[9]

На това ново "нещастно съзнание" Рикьор противопоставя реалния опит на "състоянието на мир", опитите на взаимно признание в приятелството, обмена на дарове, на доброжелателство и пр., които се срещат и в правната и социално-икономическата сфера. Това състояние не може да разреши сложните проблеми на борбата, но то показва, че моралните усилия за постигане на признание не са илюзорни и като миг на просветление осветлява пътя на необходимите действия (*l'action qui convient*).

4.2 Чуждото и чужденците: между (насилствено) асимилиране и интеграция

Във връзка с дебатите за признанието на другия и другите социални групи се поставят и проблемите за другия като чужд. Проблемите за чуждостта и чужденеца имат, както е известно, твърде дълга традиция в континенталната философия. Новите акценти, които се поставят касаят т.нар. *Fremdenfeindlichkeit*, враждебността към чужденците, и проблемите на мултикултурализма в новите Европейски условия. Тези проблеми биват дебатирани отдавна в политически и правен план като присъстват постоянно в средствата за масова информация, но тук ще се спра само на философското им преосмисляне, което е с по-скорошна дата.

---

[9] Пак там, 317-318.

Философското поставяне на въпроса за враждебността към чужденците намери особен резонанс в Германия най-вече чрез дискусията между Кристоф Менке, Георг Ломан и Дитер Томе, публикувана в *Deutsche Zeitschrift für Philosophie* 2001 г. Основната теза на Менке е, че враждебността към чужденците е свързана с либералнодемократичния ред, че тя е вътрешно обвързана с производството на едно изключващо разграничение между свое и чуждо. Това е така, защото политическите принципи на равенството, които са нормативно залегнали в основата на либералнодемократичната правова държава, съществуват само дотолкова, доколкото биват приложени и интерпретирани в контекста на особени културни преценки. Либералната демократична държава се представя за неутрална по отношение на културните различия, но всъщност създава културна хомогенност чрез налагане на своята култура по хегемонен начин:

> В действителното си функциониране либералните демокрации се основават върху културни разграничения между свое и чуждо, нормално и абнормено и те придават на тези културни разграничения с политическо значение, с политическа власт: те задават валидността на едно тълкуване на своите принципи и отхвърлят оттук други; те определят нормалността на стандартите за действие и произвеждат в себе си и на ръба си зони и форми на абнормeност.[10]

Като пример той дава обединението на Източна и Западна Германия. Според Менке то свидетелства за това, че валидността на либералното демократично равенство води до налагане на господството на определено културно и ценностно гледище (Западната култура) и подчинението или маргинализирането на други виждания (Източна култура). Затова осъществяването на либералнодемократичното политическо равенство в Източна Германия е могло да бъде осъ-

---

[10] Christoph Menke. "Fremdenfeindlichkeit in der liberalen Demokratie", *Deutsche Zeitschrift für Philosophie* Heft 5, 2001, 766.

ществено и се възприема само като разрушителна културна намеса в начините на мислене, оценяване и на живот.

Георг Ломан възразява срещу Менке, че примерът с Източна и Западна Германия е погрешен, тъй като асимилирането на Източната култура от Западната не е било акт на враждебност към чужденци и че правното устройство на либералната демокрация, почиващо на принципа на равенството, предотвратява това, единствено културни различия в начините на живот да служат за легитимно налагане на претенции. Дитер Томе, от своя страна, се съгласява с Менке, че либералната демокрация притежава културни импрегнации и че оттук тя осъществява културна изолация на дадени групи. Затова той отхвърля твърдението на Ломан, че поради принципа на равенството либералната демокрация осигурява и принципно "признанието на другия". Но Томе не е съгласен с Менке, че културната изолация на либералната демокрация се осъществява под формата на враждебност към чужденците, че трябва да се говори по-скоро за *забрава* и *пренебрегване* на чужденеца, тъй като изобщо не взема предвид политическото измерение на чуждостта и изобщо идеята за чуждостта като такава[11].

Пита се обаче, какво се разбира в случая под чужденец и чуждост? Георг Ломан не дава определение и в този смисъл неговата критика остава висяща[12]. Дитер Томе отбелязва, че чуждото може да се разбира било като нещо непознато, било като нещо друго, различно. "В забравата-за-чужденците в демокрацията, от която изхождам, става по необходимост въпрос за чуждото в смисъл на непознато" – подчертава той[13]. Това тълкуване е обаче едностранно и до голяма степен пригодено към тезата на Томе, игнорирайки значението на чуждостта, за което говори всъщност Менке. Менке определя

---

[11] Dieter Thomä. "Was ist der Demokratie fremd?", *Deutsche Zeitschrift für Philosophie*, Heft 5, 2001, 777.
[12] Georg Lohmann. "Ist Fremdenfeindlichkeit demokratienotwendig?" *Deutsche Zeitschrift für Philosophie* Heft 5, 2001, 769ff.
[13] Dieter Thomä. "Was ist der Demokratie fremd?" *Deutsche Zeitschrift für Philosophie*, Heft 5, 2001, 780.

чуждото като *културна категория*, за разлика от враждебността, която според него е *политическа категория*.

> Чуждостта е едно определение на начина на виждане и оценка. Чужденецът е човек, който мисли, чувства и живее по един неадаптируем за нас начин; може би сме в състояние да разберем чуждото, но не сме в състояние да го приемем, защото не можем да мислим, чувстваме и живеем *по този начин*.[14]

Следователно, Менке обръща с основание внимание на това как една привидно чисто културна категория придобива политически измерения.

В своята статия "Тъмните зони на демокрацията"[15], публикувана в престижния седмичник *Die Zeit*, Менке подема този дебат отново по повод речта на президента на Бундестага Волганг Тирзе "За толерантност и човечност – против враждебността към чужденците, антисемитизма и насилието в Германия", като преповтаря до голяма степен своите тези. Затова тук ще посоча само новите моменти.

Той отбелязва, че за разлика от Франция и Германия, където враждебността към чужденците се разглежда като структурен проблем на държавния ред и на държавните органи, в Германия борбата против враждебността се смята за необходима държавна мярка, тоест държавата се превръща в субект, който трябва да води тази борба. Една от тезите му гласи в този смисъл, че немският дискурс относно враждебността към чужденците е дотолкова немски, доколкото е дискурс "от името на държавата". Това говори, според него от една страна, за нещо като нечиста съвест, но от друга, за неразбиране и недоразумения относно структурата на либералнодемократичната държава. Управляващите, начело с Тирзе, определят враждебността към чужденците като *насилие* вследствие на морално подивяване, стигащо до вандали-

---

[14] Christoph Menke. "Fremdenfeindlichkeit in der liberalen Demokratie", 764.
[15] Christoph Menke. "Die Dunkelzonen der Demokratie", *Die Zeit*, 5. April 2001.

зъм и побой, като обществена дезинтеграция вследствие загуба на определени ценности. Затова борбата срещу враждебността към чужденците трябва да се води в две посоки – засилена полицейска репресия и засилена педагогическа превантивност чрез трансфер на нравствено-политически принципи и ценности, които трябва да доведат до промяна на манталитета на гражданите. Но именно тук се стига според него до парадокса на неразбирането и прикриването на факта, че либералнодемократичната държава съдържа в себе си механизми, които водят до изключване на чуждото и окуражават враждебността към чужденците. За да онагледи това, Менке привежда различни аргументи, като дава вече едно по-точно и разширено определение на това що е враждебност към чужденците, от една страна, и на това с какво се отличава либералнодемократичната държава, от друга. На въпроса в какво се състои враждебността към чужденците, той отговаря, че "чужденецът" е една културна категория: чуждостта е едно определение на начините на виждане и оценяване, на тълкуванията и преценките, които съставляват заедно дадена "култура". Чужденецът това е някой, който чувства, мисли и живее по един неадаптивен според нас начин. Ние може би сме в състояние да разберем чуждостта, но ние не можем да я приемем, тъй като не можем да чувстваме, мислим и живеем по този начин. "Враждебността", от своя страна, е една политическа категория. Враждебността не се намира на нивото, на което ние нещо не обичаме, а на нивото, на което ние нещо съществено отхвърляме, срещу което се борим и чиито равноправност и права отричаме. Налице са и културна чуждост, и политическа враждебност. Но нито една от тях не представлява сама по себе си враждебността към чужденците. Враждебността към чужденците е съединение между културна чуждост и политическа враждебност. Във феномена на враждебността към чужденците културният опит на невъзможността-за-приемане на възгледите и начините на оценка се превръща в основа, в идеологическа легитимация за политическото оспорване на равен статус на другия. Накратко – враждебността към чужденците е културно мотивирано политическо лишаване от права. Разбирането за либералнодемократичната държава, което използват немските политици, а и редица теоретици, се опира на принципа за културния неутралитет:

> Либералните демокрации – подчертава Менке – се отличават в своето саморазбиране с това, че признават на всекиго равен политически статус, независимо от културните различия (...) Това обаче означава, на свой ред, че всички политически права, които притежаваме, не са свързани с никакви културни възгледи и начини на оценка, които определят в частната сфера отношенията ни на близост и чуждост. Политическите права трябва да бъдат стриктно неутрални.[16]

Според него грешката, която в случая се допуска, е пренебрегването на факта, че принципите на либералното равенство могат да бъдат приложени само в светлината на определени виждания и начини на оценка, защото тези принципи изискват определено тълкуване, а то е винаги културно обусловено въз основа на определени културни ценности. На това място Менке отново дава примера с обединението на Западна и Източна Германия, като подчертава, че хомогенизирането на немското общество чрез либералнодемократичната революция е било постигнато чрез културната хегемония на либералнодемократичното разбиране за равенство, разрушаващо разбирането за равенство на Източна Германия, и налагащо определени начини на мислене, оценка и начин на живот чрез това, което Фуко нарича дисциплиниране. Проблемът с враждебността към чуждото и чужденците е аналогичен и показва, че либералнодемократичният ред произвежда изключване на индивиди и социални групи въз основа на определени културни и ценностни различия. Нещо повече, самите либерални демокрации произвеждат в начина си на функциониране културни разграничения между "свое"

---

[16] Пак там.

и "чуждо", "нормално" и "абнормено", като придават на тези културни разграничения политическо значение. Те полагат валидността на определено културно тълкуване на техните принципи и отхвърлят други, те определят стандартите за нормалност относно начините на действие и произвеждат по този начин в себе си под формата на граница зони и форми на абнорменото, на чуждото, което те отхвърлят или се опитват да дисциплинират. Затова основното заключение на Менке гласи, че либералнодемократичната държава не трябва да разглежда враждебността към чужденците като проблем на насилниците или на гражданите, а като нещо, което тя самата носи в себе си: "Либералнодемократичната държава" – подчертава той – "трябва да спре да разсъждава относно враждебния манталитет към чужденците на гражданите и да се заеме със собствения си дял на враждебност към чужденците"[17].

Въпросът, дали либералните демокрации са довели до хегемонията на определен културен модел и на определени ценности, които те считат за универсални и върху които са основани човешките права, се поставя по особено остър начин от Жан Бодрийар. Неговата позиция е не само порадикална от тази на Кристоф Менке, но и може би една от най-крайните въобще, поради което заслужава особено внимание.

Схемата, по която Бодрийар обяснява феноменът на чуждото и чуждостта е доста сходна с тази на Менке, но вместо термините "либералнодемократична държава" и "враждебност към чуждото и чужденците", той използва понятията "универсално" и "глобално", респективно "глобализация", "сингуларно" и "тероризъм", като показва индиректно как чуждият като сингуларност се превръща във враг на универсалното, което пък от своя страна бива погълнато от глобалната система. Накратко тезата на Бодрийар е, че Западът, тоест западните либерални демокрации, и най-вече САЩ като супер-сила определяща световния ред, чрез глобализацията е довел до създа-

---

[17] Пак там.

ването на една всевластна система, която иска да бъде глобална и универсална, която не търпи нищо чуждо, нищо сингуларно, но която именно чрез своето насилие произвежда една особена сингуларност, намираща своя краен израз в тероризма. Особеното в случая е, че докато Менке вижда в господството на либералните демокрации, чрез което те произвеждат чуждото като изключена другост, едно преплитане на политически и културни компоненти, Бодрийар се опитва да покаже, че абсолютното господство, което действа чрез насилието на глобалното, довежда до поглъщане на универсалното, тоест че икономическото и техническото нивелира и унищожава културата, ценностите и нормите. За да докаже това, той изхожда от разграничението между глбално и универсално, които изглеждат на пръв поглед аналогични:

> Универсалността се отнася до правата на човека, до свободите, до културата, до демокрацията. Глобализацията засяга техниката, пазара, туризма, информацията. Глобализацията изглежда необратима, докато универсалното е на път да изчезне, поне във формата под която е изкристализирало в Западната модерност като ценностна система без аналог в никоя друга култура. Всяка култура, която става универсална изгубва своята сигуларност и умира.[18]

За разлика от онези култури, които Западът е асимилирал и разрушил, унищожавайки тяхната сингуларност, западната култура и нейните ценности са на път да изчезнат поради стремежа към универсалност и загубата на всякаква сингуларност. Затова според него ако първите са умрели "красиво", това което очаква нашата култура е една съвсем не красива смърт. Тази смърт е свързана с определено убийство, което води в крайна сметка до самоубийство, макар и Бодрийар да не използва точно тези термини. Глобализацията,

---

[18] Jean Baudrillard. "Die Gewalt des Globalen". In: idem. *Der Geist des Terrorismus*. Wien: Passagen Verlag, 2002, 36.

която обхваща универсалното довежда до неговата деградация и накрая изгубване в нивелирането му:

> Глобализацията на обмена слага край на универсалността на ценностите. Това е триумфът на единното мислене по отношение на универсалното мислене. Това което отначало се глобализира е пазарът, промискуитетът на всички отношения на обмен и на всички продукти, постоянният поток на пари. В културно отношение това е проимскуитетът на всички знаци, ценности (...) В края на този процес изчезва всякаква разлика между глобалното и универсалното, самото универсално е глобализирано, демокрацията и правата на човека циркулират точно така, както всеки останал продукт, като газта или капитала.[19]

Това, което Бодрийар критикува е не толкова загубата на култура и реални ценности, колкото нарастващата дискриминация срещу локалното и сингуларното:

> Глобализацията означава хомогенизация и нарастваща дискриминация. Заточението и изключването не са случайно следствие, а са част от логиката на глобализацията, която за разлика от универсалното дестабилизира съществуващите структури, за да може по-добре да ги интегрира. Така навсякъде се появяват дистанции, които често са непоправими.[20]

За разлика от Менке, който вижда причините за изключването на чуждото и чужденците в либералнодемократичната идеология, Бодрийар предлага една коренно нова, "некласическа" интерпретация, обясняваща властта и насилието на Запада и САЩ като супер-сила чрез вирусното виртуално разпространение на глобализацията:

---

[19] Пак там, 37.
[20] Пак там, 38.

> Става въпрос за едно вирусно насилие, за едно насилие на мрежите и на виртуалното, за едно насилие на нежното заличаване, за насилието на консенсуса и на наложеното гостоприемство, които действат като козметична хирургия на социалното (...), за насилието на една система, която преследва всяка форма на негативност, на сингуларност (...). Това насилие е вирусно в смисъл, че то не действа фронтално, а чрез зараза и верижна реакция, като цели загубата на целия ни имунитет.[21]

Единственият начин да се противостои на тази зараза, при която сингуларното е погълнато от универсалното, а универсалното – от глобалното, е да се заложи не на ценностите, които биват пропагирани, а на бунта на сингуларностите срещу цялата тази порочна система. Бодрийар подчертава, че само по себе си сингуларното не е нито позитивно, нито негативно и че сингуларностите не са някаква алтернатива на съществуващия световен ред. Но тяхната неоспорима полза се състои в това, че те задушават тоталността и водят до разцепване и раздробяване на системата, като това може да стане по мирен начин, напр. чрез езика, изкуството и културата, но и чрез насилствен начин, какъвто е напр. тероризмът. Според Бодрийар събитията след 11 септември 2001 г. показват ясно, че тероризмът е една брутална реакция на сингуларното срещу системата, реакция, която е предизвикана от самата система:

> Срещу една система, чиято прекомерна власт съставлява едно непреодолимо предизвикателство, терористите се опълчват като отговарят с едно действие, което не може да бъде отменено. Терор срещу терор – тероризмът срещу терора на системата.[22]

---

[21] Пак там, 40.
[22] Пак там, 42.

Според Бодрийар тероризмът не съдържа някаква политическа или идеологическа алтернатива, а едно събитие, което е вид фрактура притежаваща трансполитическо действие на дестабилизация, на емболия, на верижна реакция на саморазрушение на системата. В този смисъл той е като един вид вирус в последния стадий на системата, като една реакция срещу непоносимостта на властта и арогантността на новия световен ред.

За Бодрийар очевидно въпросът за чуждостта се поставя в безалтернативната жестока борба между двама врагове – между терора на световния ред и тероризма на сингуларното, без оглед за преговори или някакъв вид опосредстване. Пита се обаче дали нещата стоят точно така и дали няма други пътища за решаване на тези въпроси. Позитивен отговор на това дават според мен онези философи, които залагат на интеркултурната комуникация и политиката на чуждостта. Един от тях е Бернард Валденфелс, който несъмнено най-дълго се занимава с тази проблематика, като я разглежда в различни контекстуални полета. Тук ще се спра съвсем накратко само на схващането му за чуждостта в контекста на интеркултуралността, тъй като това е въпросът, който ни интересува. В *Топография на чуждото* (1997 г.)[23] и последната си книга *Основни мотиви на една феноменология на чуждото* (2006)[24]

Валденфелс подчертава, от една страна, че интеркултурната комуникация е немислима без чуждото, а от друга, че интеркултурността крие винаги опасността от едно ограбване на чуждостта на чуждия и асимилирането му в собствената ни култура. Чуждостта съдържа винаги един момент на непроницаемост, несравнимост и несъизмеримост, който убягва на всякаква интеркултурна комуникация. Опитът на Валденфелс за възвръщане на чуждостта на чуждия в рамки-

---

[23] Bernhard Waldenfels. *Topographie des Fremden: Studien zur Phänomenologie des Fremden.* Frankfurt am Main: Suhrkamp, 1997.
[24] Bernhard Waldenfels. *Grundmotive einer Phänomenologie des Fremden.* Frankfurt am Main: Suhrkamp, 2006.

те на взаимоотношенията ни с него минава през фигурата на третото – една неутрална, неперсонална, анонимна инстанция, която следва да създаде рамки за отношенията ни с него. Но другият (абнорменото) не може да се субсумира под фигурата на третия (нормативния ред), те само се пресичат или преплитат. Комуникацията с чужденеца може да се осъществи, според Валденфелс, само в една респонсивна етика, тоест в отговора на искането на чужденеца, което той отправя към нас. Интеркултуралността възниква именно като пресечна точка на претенцията на чуждия и отговора на самия, респективно на преплитане между чуждата и собствената ни култура, без снемане на различията. В този контекст чуждото е онова, което поставя нас и нашата култура под въпрос и указва границите на нашия свят и на нашето разбиране. Проблемът, който възниква пред респонсивната етика се състои между другото в това, че радикализирането на чуждостта прави не само разбирането на чуждото проблематично, но и невъзможна каквато и да е било справедлива политика на чуждото, тъй като

> всяка форма на справедливост, която установява валидността на трети, съдържа момент на несправедливост – чуждото не допуска да бъде включено в никакъв ред, независимо от степента на отвореност и флексибилност с която той ни се представя.[25]

Много по-позитивна е позицията на Раул Форнет-Бетанкур, който развива перспективите на една политика на чуждото, ръководеща се от взаимните усилия за постигане на разбиране между чужди една на друга култури и изграждане на един съвместен свят[26]. Бетанкур подчертава, че чуж-

---

[25] Пак там, 126.
[26] Raúl Fornet-Betancourt. "Hermeneutik und Politik des Fremden. Ein philosophischer Beitrag zur Herausforderung des Zusammenlebens in multikulturellen Gesellschaften". In: Wolfdietrich Schmied-Kowarzik(Hrsg.). *Verstehen und Verständigung: Ethnologie, Xenologie, interkulturelle Philosophie: Justin Stagl zum 60. Geburtstag*. Würzburg: Königshausen & Neumann, 2002, 49-59.

дото съществува, защото съществува плурализъм, чиито форми на проява не могат да бъдат редуцирани до вариациите на някаква самост (*Selbst*). Затова чуждото съществува винаги в множествено число. С други думи, самостта ни е самата тя нещо чуждо, погледната от перспективата на чуждия за нас. Чуждото се различава от другото, което може да бъде възприето като друго равно на нас, или друга самост.

> Чуждите хора (чужденците) са напротив онези, на които, когато ги срещаме, им липсва може би причастието към една традиция, постулирана като наша собствена и свързана с опита на принадлежността към 'нашата' група. Макар и те да се срещат в 'нашия' роден свят, те не са родствени на него, така че ние не можем да ги разберем, ако изхождаме от този роден свят.[27]

Затова нашето отношение към тях се развива често пъти от дистанция (напр. отношението към гастарбайтерите) и оттук именно те се чувстват като чужди, респективно отчуждени. Това са чужденците, които (независимо по какви причини) живеят в чужбина, тоест в нашия роден свят и от които се очаква, тъкмо защото не са при нас у дома си, да се пригодят към реда на социалния и културния свят, който ги приема. Оттук основната теза на Бетанкур е, че съществува една дълбока връзка между херменевтиката и политиката на чуждото. Той определя херменевтиката в най-широк слисъл като "превод" и дава примерът с Хермес като преводач на посланията на боговете. Това, което следва в случая да се преведе е именно чуждостта на чуждия, без обаче той да бъде деградиран в обект на интерпретация, а взет като субект, който възприема чуждите като субектите, които го заговарят като интерпретатори на своя свят и самоинтерпретатори на своята чуждост и които са на негово разположение като равностойни партньори за разговор.

---

[27] Пак там, 51.

> Преводът на чуждостта на чуждия – подчертава Бетанкур – следва следователно да се разбира като колективна задача, под което аз разбирам търпеливият труд на една преводаческа общност (...), която е израз на житейската общност с чуждия и затова го оставя да бъде съпричастен като съ-преводач. Преводът на чуждостта на чуждия представлява следователно едно усилие, на което е способна само една интеркултурно квалифицирана интерсубективност. По-просто казано, чуждостта на чуждото може да бъде преведена само от хора, които съзнават, че чуждите могат само с тяхна помощ да бъдат разбрани като субекти, че чуждият не може да бъде разбран, ако не се научим да разбираме заедно със него и че участието в колективната задача на превода на чуждостта на чуждия, именно защото е упражнение в едно разбиране, съпроводено от чуждия, е също така и един учебен процес по отношение на своето...[28]

Това схващане има определени политически измерения и следствия. Бетанкур се противопоставя на десницата, която отрича мултикултурното общество в името на една чиста култура (в случая немската), както и на някои леви (политици от зелената партия), които считат мултикултурното общество за единствена алтернатива и единствен модел на организация на съжителството на различни култури в едно общество. Той пледира за една интеркултурна общност на солидарни един спрямо друг чужди светове, където чрез интеракцията хората се самосъздават наново в ежедневието, като се саморазбират в процеса на постоянно преговаряне за границите между свое и чуждо. Основният принцип тук не е нито самозапазването на отделното, нито едно многообразие, където чуждите трябва да се нагодят към някаква центрираща "водеща култура" (*Leitkultur*), а казано на френски, т.нар. *mutualité* (взаимност)[29]

---

[28] Пак там, 53-54.
[29] Пак там, 58-59.

Политиката на чуждото, скицирана от Бетанкур, се ръководи от убеждението на Хана Арент, че историческият свят, в който живеем, е променим, че ние носим отговорност за него и затова трябва да се стремим към една политика на подобряване на качеството на отношенията ни с чуждия. Това изисква, първо, критика на асиметричните отношения, напр. на ограничените възможности за партиципация на чужденците в политическото устройване на обществото; второ, даване на права на чужденците, които да гарантират неговия интегритет, без да бъдат зависими от неговата интеграция; трето, политика на публично признание на чужденците, на тяхното човешко достойнство чрез признанието на техните различия. Но това не значи да се провежда една либерална мултикултурна политика, затваряща културните различия в някакво гето, а признаване с оглед на една съвместна работа за преодоляване на културните граници по посока на едно интеркултурно съжителство. Бетанкур подчертава в заключение, че това е само най-обща скица на един политически проект, който е далеч от актуалното състояние на нещата и затова като начало се изисква повече цивилен кураж за защита на чужденците.

4.3 Интеркултурният диалог като транслативна херменевтика на чуждото и основа на интеграцията

Какви основни изводи могат да се направят от така очертаните по-горе дискусии и опити за концептуализация на проблемите за чуждото и чужденците?

Аксел Хонет и Кристоф Менке са прави, когато подчертават, че капиталистическата, респективно либералнодемократичната, а аз бих казала и всяка друга политико-икономическа или държавна система (общност), се базира на определени ценности. Това се вижда от члена за ненакърняемостта на човешкото достойнство, залегнал в германската конституция, а също и от хартата на Европейските основни права и ценности, влязла в сила с Лисабонския договор. Нещо повече, системата се нуждае от ценности, за да легитимира своите права и да ги облече в правна и политическа власт. Оттук именно се получава онова, което всички автори тематизират под формата на изключеност – ценностите или аршините за справедливо и несправедливо, за добро и зло и пр., особено когато са превърнати в идеологеми, полагат имплицитно или експлицитно определени граници, където най-общо казано чуждостта лесно се превръща във враг. Това е което Менке нарича структурен проблем на либерално-демократичната държава, а Бодрийар – насилие на универсалното и на глобалното срещу сингуларното, стигащо до терор, който предизвиква на свой ред реакциите на тероризма. На това място следва да се отбележи, че схемата на обяснение, с която си служи Бодрийар, е твърде обща, водеща на места до едропанелни тези като напр., че либерално-демократичната система преследва всяка форма на сингуларност, че глобализацията е само и единствено терор водещ до тероризъм и пр. Особено невярна е тезата му, че тероризмът е транспополитически, тоест без определена цел и ценности, без идеология и затова не може да бъде алтернатива на либералната демокрация. Тероризмът от страна на алкайда, който Бодрийар визира, се базира например на идеологиите на салафизма и кутбизма. Дали те могат или не могат да бъдат алтернатива на определена държавна и политическа система е друг въпрос. В случая това, което ни интересува е, че неговата схема на обяснение, представяща западните либерални демокрации като доминираща сила, насочена срещу всичко чуждо и функционираща в схемата "враг срещу враг", е една крайна интерпретация. Тя не само не предлага никаква алтернатива, но тя игнорира и опитите за преговори, за търсене на реален, а не насилствен консенсус, за интеркултурен диалог, както и различните форми на борба за признание на сигуларностите вътре в самите либерално-демократични държави и извън, тоест на международно ниво, какъвто е напр. случаят със страните кандидат-членки за влизане в Европейската общност. Това че, както отбелязва

Менке, съществуват и различни форми на дискриминация, това че на различни места и на различни нива се забелязва определена културна хегемония на либералнодемократичните ценности, особено там където десницата завзема и осъществява властта, е също вярно. Но европейските общества, а и американското, не са хомогенни. В тях съществуват и се борят различни сили, различни културни и социални общности с различни ценности и нагласи. Ето защо проблемът за чуждото и чужденците не може бъде нито правилно разбран, нито решен, ако се откъсне от контекста на проблемите за признанието, за мултикултурализма и интеркултурния диалог, нещо, на което с основание наблягат Юрген Хабермас, Аксел Хонет, Пол Рикьор, Бернард Валдефелс и Раул Форнет-Бетанкур.

Валденфелс и Хабермас са прави, когато отбелязват, че именно потърпевшите, чужденците са тези, които следва да артикулират исканията си под формата на права, което е, според мен, първата крачка от борбата за признание преди тези искания да се превърнат в база за преговори или за една "респонсивна етика" (Валденфелс) или за едно "процедурално разбиране за правото" (Хабермас). Но, от друга страна, обществото трябва да е самото то готово да прояви разбиране по отношение на чужденците. Затова призивът на Тирзе за една възпитателна и образователна дейност и политика по тези въпроси, не е толкова излишен както смята Менке. Тази дейност би следвало да протича в посоката, указана от Раул Форнет-Бетанкур, а именно чрез превода на чуждостта на чуждия, или чрез това, което аз бих нарекла *транслативна херменевтика на чуждостта*, чийто модел и начин на функциониране ще очертая по-обстойно в следващата глава. Тук ще отбележа само, че аз застъпвам и развивам тази транслативна херменевтика като вид опосредстващо допълнение между възгледите на Лео Габриел за отворената система, основаващи се върху принципа на *диалога*, и разбирането на Пол Рикьор за общността и цивилизацията, което се базира на принципа на *конфликтуалния консенсус*. Именно защото действителността, историята и опитът на мисленето са многообразни, съществува едно многообразие от светогледи, културни и ценностни представи, разнородни политически системи. Един от основните въпроси в контекста на чуждостта, който възниква тук е: може ли при коренно противоположни позиции, каквито са позициите между самия и чуждия или "враг срещу враг", както е в схемата на Бодрийар, да се преодолее борбата и да стигне до диалог? Предварително ще кажа, че ако се възприеме концепцията за непроницаемостта на чуждото, издигната от Валденфелс, този въпрос става до голяма степен излишен. Но схващането на Валденфелс е според мен твърде крайно, тъй като макар и да има неразбираеми и може би дори "непреводими" моменти у чуждото и чуждостта, това не значи, че не може да съществува взаимно опознаване и разбиране, ако не пълно, то поне частично.

В заключение това, на което искам да обърна внимание е фактът, който като че ли повечето автори пренебрегват, а именно, че интеграцията е двустранен процес – чуждото и чужденецът не са *per se* нито негативна, нито позитивна категория, въпреки че в различните дискурси те биват негативно или позитивно конотирани. Въз основа на несправедливости и различни форми на дискриминация, а в някои крайни случаи и на насилие, чужденците са в правото си на протест и искания за репарация и повече права. Същевременно, те са длъжни на свой ред, както и всички останали граждани, да спазват реда и законите в държавата, в която се намират. Или, казано с други думи, признанието и респектът на другостта/чуждостта трябва да бъдат винаги реципрочни.

5

ИНТЕГРАЛНОТО МИСЛЕНЕ И ИНТЕГРАЦИЯТА В ЕВРОПЕЙСКИ КОНТЕКСТ

В книгата си *Existenzphilosophie: Kierkegaard, Heidegger, Jaspers, Sartre. Dialog der Positionen* (*Екзистенциална философия: Киркегор, Хайдегер, Ясперс, Сартр. Диалог на позициите*) Лео Габриел констатира, че "една философия започва да (въз)действа тогава, когато излезе от мода, когато преодолее предизвиканата от нея сензация"[1]. Това се вижда може би най-добре във връзка със собствената му философия, станала известна под названието "интегрална логика" или "интегрално мислене". В настоящата глава ще се опитам да покажа доколко интегралното мислене е издържало т.нар. "проверка на времето", тоест какви валидни решения на актуални проблеми и въпроси е в състояние да ни предложи то, включително и по отношение на поставените в предишната глава въпроси. Аугустинус Вухерер-Хулденфелд[2] и Гюнтер Пьолтнер[3] – сътрудници и ученици на Лео Габриел – посочват алтернативите, които интегралната логика открива в контекста на постмодерните дебати относно част и цяло, единично (партикуларно) и всеобщо (универсално), идентичност и различие, монолитност и плурализъм. Моят прочит е насочен, от една страна, към артикулиране на значението на интегралното мислене за една алтернативна феноменологична транслативна херменевтика, а от друга, за открояване на неговата актуалност в контекста съвременните процеси на разши-

---

[1] Leo Gabriel, *Existenzphilosophie: Kierkegaard, Heidegger, Jaspers, Sartre. Dialog der Positionen*, 2. Auflage, vollständig überarbeitet und ergänzt, Wien – München: Herold, 1968, 7 u. 291.
[2] Augustinus Wucherer-Huldenfeld, "Zur Aktualität des integralen Denkens Leo Gabriels", in: Raynova, Yvanka und S. Moser (Hg). *Das integrale und das gebrochene Ganze*. Frankfurt a. M.: Peter Lang, 2005, 53-54.
[3] Günther Pöltner, "Radikale Pluralität", ebd., 78-81.

ряване на европейската общност и свързаните с това проблеми на европейското единство.

Главата е разделена на три части. В първата се изследва възгледа на Лео Габриел за развитието и основните черти на европейската духовна история, който е от основоположно значение за неговата визия за Европа. Във втората част се анализира по-конкретно "тенденцията към конкретното", която намира израз според Габриел преди всичко в екзистенциалната философия като доставя оттук същностни импулси за развитието на интегралното мислене. Тук се аргументира в частност тезата, че "истината на цялото" на *Интегралната логика* на Габриел може да се разглежда не само и не толкова като ревизия на Хегеловата логика, а преди всичко като отговор на "истината на битието" на Хайдегеровото *Битие и време*. В последната част се разглеждат социалните и политическите консеквенции на интегралната логика в контекста на съвременното разширяване на европейската общност. В тази връзка се предприема и един сравнителен анализ между Габриеловата визия за Европа, базираща се върху принципа на интеграцията, и тази на Пол Рикьор, основана върху принципа на конфликтностния консенсус.

5.1 Ставането на европейския дух

В противоположност на Хегел, Маркс, Хусерл или Рикьор – поне що се отнася до ранното му творчество – социалната философия на Лео Габриел не предполага някаква телеология, присъща на историята. Неговото схващане, че историческото съзнание е решаващо за саморазбирането на Европа[4], го отвежда до един методологически подход, който може да бъде наречен "херменевтика на европейската духовна история". Целта на последната се състои в установяване и интерпретация на основните черти на европейския дух, интерпретация, която Габриел дава в сбита форма в един непубликуван манускрипт,

---

[4] Leo Gabriel, "Der Wandel des Welt- und Menschenbildes in der Europäischen Geistesgeschichte und die Bedeutung für die Zukunft Europas", in: Nachlass: Manuskript A/III 26, o. J., 1

наречен "Промяната на картината за света и за човека в европейската духовна история и значението й за бъдещето на Европа". "Да се разбере Европа" означава да се вникне в значението историята на ставането и развитието на философските религиозните и естественонаучните възгледи от античността до наши дни, за да се откроят основните, пътеводни тенденции на европейската традиция. Габриел тръгва, подобно на Хусерл в *Кризата*, от идеята за различието: "Както знаем" – подчертава той, – "в своята самостойност Европа се е образувала от срещата с Азия, от диалектическия диалог с между ориента и окцидента"[5]. Гърците са били тези, които са успели да дадат отпор на нарастващата мощ на имперския деспотизъм на персийците, заплашваща Европа. Това става чрез противопоставянето на опредено качество, това на индивидуалността, срещу масивното количество на азиатците:

> Това е оставеният на самия себе си в обществото индивид, който доказа на масовия човек на Изтока своето очевидно преимущество. (...) Разпадът на обществото на по-дребни общини направи възможно единичният индивид да придобие значение. Оттук се стигна (...) до намаляване на силата на колектива чрез разгръщането на единичната личност, на индивидуалността (...) Докато в колектива силите на индивида биват само сумирани, то в общинния ред, въведен от индивидуалности, те биват както в полиса мултиплицирани и оттук се създава едно по висше отношение на възможности, тоест победата на качеството над количеството.[6]

Според Габриел едва с появата на индивида картината на човека започва да застава в центъра на културата. Съществуването на феномени като робството, потисничеството на определени обществени прослойки и индивиди макар и да препращат към примата на общия ред на полиса дават все пак така възможност и на индивида за разгръщане на неговите способности.

---

[5] Пак там.
[6] Пак там.

В "непосредственото отношение към природата" Габриел вижда една друга основна черта на античния човек. В космоса този човек се е чувствал "у дома си", схващайки го като разумен ред, като обективен разум (логос). Познанието, което се създава по този начин, е философията, в която разумът се разгръща в космос от идеи и понятия, стигайки до абстракцията и по-късно до естественонаучното познание[7]. Философското познание отвежда според Габриел също и до създаването на общи етически норми и правни закони, на които индивидът е трябвало да се подчини. Това съща е било една съществена черта на европейския дух, а именно фактът, че у него отношението на единичния индивид към всеобщото е било винаги поставяно на дебат[8]. Но към края на античността и със залеза на римската империя християнството донася един нов принцип в обществения ред, при който свободата и личността на индивида в обществото се извеждат от една трансцендентна основа:

> Така личностната свобода на отделния човек бива гарантирана вече не от осветления чрез разума и философията космически ред, не от обективната институция на правовата държава (...) Само от трансцендентния личностен Бог, от любовта и от почитанието човекът бива извисен и открива в това екстатично възсисяване на своя дух своята самост в абсолютната гаранция на своето свръхсветово битие като единичност и общност. Никога дотогава човешката екзистенция не е била до такава степен определена в нейното различие спрямо света.[9]

В ново време, в противоположност на космологичния хоризонт на античността и на теологическия хоризонт на средновековието, бива създаден антропологичния хоризонт на хуманизма. Осъществява се откъсване на човека като единичност и общност от трансценденцията и концентриране върху задължителността на неговото самостоятелно мислене и самостойно битие: "Мис-

---

[7] Пак там, 2.
[8] Пак там, 3.
[9] Пак там, 4.

ля, следователно съм" (Декарт). Откритото в Аза антропологическо съзнание създава непоклатимата основа на света. Субектът бива противопоставен на обекта и в тази субект-обектна диалектика, която поставя дълбок белег върху духа на новото време, човекът попада в мелачката на системите, където той бива, според Габриел, постепенно смлян. Следователно Ницше правилно констатира, че от това развитие хуманизмът по необходимост завършва с антихуманизма на "волята за власт"[10]. И въпреки това не може да се твърди, че със загубата на някои елементи от античността и средновековието новото време е довело до изтребване на човека, защото със засилващото се развитие на науките бива разширен и креативният потенциал на човека и неговата свобода.

> Едва сега човекът става господар на света, неговата власт стига до степен и интензивност, които той дотогава не е и подозирал. Върху това извисяване на човека не могат да бъдат поставени само негативни акценти. Това е едно прекрасно завоевание на духа и, както би трябвало да уточним, на европейския дух. Именно европейската наука и техническа цивилизация, е тази, която днес настъпва с победоносен ход по цял свят и със средствата на една силна комуникационна мрежа създава света все повече като едно стабилно единство. Това е ставането на един свят от духа на човека. И въпреки всичко ние се намираме заедно с това в ситуацията, в която човекът до такава степен се изгубва в света и опита за неговото овладяване, че той спира да бъде човек.[11]

В този текст, който е писан преди повече от четиридесет години, Габриеловото акцентуване върху "европейското", както и представянето на науката и техниката като изключително европейско достижение, може да се тълкува като преувеличение и дори известна тенденция към европоцентризъм. Защото днес е немислимо да се игнорират научно-техническите достижения на

---

[10] Пак там, 6.
[11] Пак там, 7.

неевропейците, който са водещи в редица области. Но макар и акцентуване на различието на "европейското", акцентуване, което е необходимо за да се схване европейското като такова, да не е било обмислено до последен детайл от Габриел, то не европоцентризмът, а цялото като "отворена система" съставлява фундамента на неговата концепция. Защото аргументацията на Габриел се ръководи от основното схващане, че за Европа принципът на интеграцията като принцип на едно "ново единство" е от същностно значение:

> Вече не става въпрос за създаване на едно единство, което като изхожда от някакво противоположно начало подчинява, потиска и отъждествява всичко останало и снема следователно неговото различие (...) Днес е в ход едно създаване на единство от съвсем друг вид. Различието на другото не бива отстранено чрез тоталитарна уравниловка (отъждествяване), а то бива непокътнато в своята другост, цялостно осъзнато като се осъществява синтез от типа на едно креативно допълване. Същността на интеграцията се състои в това, че в цялото, което се образува по този начин, единичното и естествено единичните индивиди в своята особеност не биват потиснати, а напротив, едва чрез тяхното реципрочно отношение стигат те стигат в лоното на цялото до пълно разгръщане. Това интегриращо или интегрално мислене би могло да бъде изследвано в рамките на философията и да бъде доведено до системата на една нова логика, а именно до логиката на отворената система.[12]

Заслугата на екзистенциализма се състои според Габриел в това, че подобно на естественонаучните теории на Айнщайн и Макс Планк, той се опитва да преодолее из основи абстрактно-рефлексивното субект-обектно деление на човека[13]. Също така и теориите на Хайзенберг и Тейяр дьо Шарден свидетелстват за цялостните структури на мисленето и на еволюцията. Именно в този образ на цялостното, на интегралното мислене, Габриел

---

[12] Пак там, 8.
[13] Пак там.

вижда и шансът на Европа към преоткриването на самата себе си:

> Оказва се, че с принципа на интеграцията, който излиза далеч извън областта на науката, с този структурен и стилов принцип на едно историческо създаване на света, Европа наистина е в състояние да се самооснове наново като запази с това не само основните черти на европейския дух и неговите достижения, но и ги доведе до последния им завършек (...) Така ние откриваме, че за конституирането на една нова Европа и основополагането на нейната реалност нищо не е така съществено и решаващо както приведеното в ход еднакво от науката и от живота мислене на истинското единство като интеграция на екзистенцията у човека и у човечеството.[14]

Философията на Лео Габриел се присъединява към тази линия на развитие, но не "сляпо", а критично и креативно с амбицията да създаде една нова *логична* и *диа*логична форма на конкретно и интегрално мислене.

Нека се опитаме да анализираме от близо неговия принос.

5.2 От "истината на битието" към "истината на цялото"

Както се вижда от цитирания от нас ръкопис, ключът към Габриеловото разбиране за Европа, както и към самото интегрално мислене, се състои в неговата концепция за развитието на европейската духовна история, която той представя най-общо като преход от абстрактното като логос към конкретното като "първична реалност", като битие[15]. Тази "тенденция към конкретното", която Габриел разглежда като един "знак за новата духовна ситуация"[16] и която той свързва в частност с екзистен-

---

[14] Пак там, 9.
[15] Пак там, 8.
[16] Пак там.

циализма, бива анализирана в книгата му *Екзистенциална философия: Киркегор, Хайдегер, Ясперс, Сартр. Диалог на позициите*; тя е представена като вид отговор на модерната философия, чието начало той свързва с картезианското когито.

> Архимедовата точка на Декарт се оказва една илюзия на точното геометрично мислене, което от точката, която в действителност е нищо, конституира света като система с претенцията, че тази система е *всичко* и цялата реалност. Нищото на екзистенциализма е в историческия план на мисленето разкриване на истината на 'архимедовата точка' (...)'Архимедовата точка' е нищото, защото мястото, което то описва в пространството на съществуващото не може да бъде изпълнено от някаква познавателна причина, тъй като всеки опит да бъде запълнена предметно се спъва в невъзможността това да е предметът. Фундаментът е подобен на последната основа, на праосновата, на причината, от която произтичат разклоненията на мисленето и на живота в историята, но не само на историята и на обществото, но и първоначално в сферата на единичното и извън това в логическосистематичните образувания на мисленето и на духовната реалност.[17]

Праосновата, която като въпрос относно ἀρχή-то се поставя още в античната философия, а в средновековното мислене се тематизира като основа (причина) на сътворението, съставлява в новото време фундамента на познанието и на реалността. Декарт, който открива това основоположно начало в мислещия субект, го издига, според Габриел, в аксиоматичен принцип. У Декарт става въпрос за дедуктивно логическото обосноваване на познанието и за довеждането на действителността до знаменателя на една непротиворечива система, чиято сигурност се състои в основаната върху почвата на яснотата и отчетливостта очевидност. В тази очевидност се сливат следователно мисленето в неговата понятийна форма и структура с

---

[17] Leo Gabriel, *Existenzphilosophie*, 10.

непосредственото съдържание на преживяването, в добитата сигурност на мислещия Аз чрез саморефлексията.[18] Чрез самото *ergo* (следователно) обаче не се създава някакво причинно-следствено отношение, а само едно отъждествяване на битие и мислене, което според Габриел не може да бъде фундиращо, да бъде основоположно:

> Като се почне с картезианското изначално когито и се премине през трансценденталната конституция на познанието (нали у Кант предметът бива конституиран чрез категорията като 'разсъдъчно понятие') и се стигне до Хегеловата логика и диалектика, то винаги става въпрос за формата на тъждеството, за формата на понятието, която бива изисквана по тотализиращ начин за фундирането на познанието (...) Развитието от Декарт до Хегел е белязано от това снемане на основата в абсолютния предмет (...) и неговото отъждествяване в това предметно полагане и абсолютизиране.[19]

Въпросът за произхода на основата, който се изгубва според Габриел още у Декарт, бива решен едва в екзистенциализма като мислене на екзистенцията. Защото чрез преобръщането на картезианското в "аз съществувам, следователно мисля" основата става очевидна в хода на едно непосредствено фундиране в съществуването, вместо да бъде възприета понятийно, тавтологично и абстрактно.

Габриеловото интегрално мислене приема в този смисъл екзистенциалисткия произход като начална точка, поне в Хайдегеровото тълкуване на екзистенцията и на битието. В противоположност на Марсел и на Ясперс, които отъждествяват битието с битието на самия, с конкретно съществуващия субект и неговото комуникативно взаимодействие с битието, то Габриел е склонен заедно с Хайдегер да тълкува битието по

---

[18] Пак там, 12; срв. Leo Gabriel, *Integrale Logik. Die Wahrheit des Ganzen*, Wien: Herder, 1965, 93.
[19] Leo Gabriel, *Existenzphilosophie*, 19.

посока на онтологическото самопреодоляване.[20] Габриеловата близост до философията на Хайдегер си проличава особено от критиката на Хусерловата феноменология, стремяща се към една изначална основа, в която Габриел вижда едно ново връщане към картезианското когито. Хусерловата програмна формулировка: "Назад към самите неща!" не означава нищо друго освен тълкуване на феномените, тяхното ейдетическо разбиране, при което се възприема същността, която е дадена на феномена като негова ноема чрез ноезата. В същностното съзерцание *Dasein* (екзистенцията) бива поставено в скоби, така че непосредствено първично даденото представлява само едно абстрактно-интенционално съдържание в едно абсолютно битие.[21]

Хайдегеровата фундаментална онтология, която Габриел означава като "трета или фундаментално-онтологическа редукция"[22], се опитва да преодолее Хусерловия есенциализъм, тоест трансцендентално-идеалистическата му крачка назад. Във фундаментално-онтологическата редукция ейдетическото съдържание на феномена като интенционална обвивка на същностното съзерцание, като абстрактно и вторично съдържание бива поставено в скоби и погледът се насочва към конкретния момент и конкретната същност на явлението. Явяването се оказва по този начин последното нередуцируемо на феномена, респективно първична даденост, която не може да бъде опосредена, без да се разтвори в някаква абстракция и да бъде разрушена по този начин. Самото явление в неговото непосредствено явяване като случване във времето.[23] По този начин феноменът бива схванат извън интенционалността в чистата непосредственост като времеви момент на "*Da*" (тук) на *Dasein*. Фундаментално-онтологическата редукция – както се вижда от анализа на Габриел – повлича със себе си важни следствия, които може да бъдат резюмирани по следния начин: Първо, с

---

[20] Пак там, 18-20.
[21] Пак там1 217.
[22] Пак там, 220.
[23] Пак там.

дистанцирането от интенционалността субект-обектното разделение бива преодоляно както и аналитичната рефлексивна структура на съзнанието. Второ, явяването бива редуцирано не само от същността по посока на Dasein, а и "радицирано", тоест съзнанието се самотрансцендира "към началото на всяко явяване, към корена на съзнанието"[24], а именно към времевостта като осъществяващото се настояще на Dasein. Трето, ключовата роля в разбирането на непосредственото отношение на битието и времето в Dasein съдържа цялото:

> Когато това настояще като цялостно време на Dasein се раздроби чрез особените съдържания на феномените, като всеки от тях се мисли самостоятелно (...), то тогава цялото се прикрива от битуващото, което е предметно. Самите феномени са онтологически неистината на битието, битие бива чрез (отделното) битуващо прикрито и деформирано чрез феномена – в неговата "представа", която застава пред битието. Когато интенционалният поглед се отдръпне от съдържанието на феномена – това става във фундаментално онтологическата редукция – Dasein се появява в цялото като общ времеви модус на битуващото, като стъпване на битието във времето в една истинска парузия.[25]

Тук не мога да се спра на въпроса, дали цялото заема наистина едно толкова централно място в Хайдегеровата мисъл както твърди Габриел. Акцентирането на Габриел върху този аспект позволява обаче да се допусне, че *Интегралната логика*, която носи показателното заглавие *Истината на цялото*, е не само ревизия на Хегеловата логика, но също така и вид отговор на Хайдегеровата "истина на битието"[26]. Ще се опитам да аргументирам и докажа тази теза тук чрез някои от основните положения на интегралното мислене.

---

[24] Пак там, 217-218.
[25] Пак там, 221; Срв. Leo Gabriel, *Integrale Logik. Die Wahrheit des Ganzen*, Wien u.a.: Herder, 1965, 251-252.
[26] Martin Heidegger, *Nietzsche Vorlesung* 1938; срв. *Existenzphilosophie*, 85 (Motto).

Това, което Габриел принципно отрича в Хайдегеровата онтология е схващането на истината като "истина на битието", тъй като последната води до отрицание на логиката.[27] Защото според Хайдегер не мисленето е това, което води истина или грешка чрез представи и понятия, а битието бива раз-скрито или скрито, като нещо бива истинно единствено когато "идва наяве". Определянето на истината като нескритост (ἀλήθεια) изисква нещата да бъдат така мислени, както ни се явяват, тоест като се оставя битуващото да бъде такова, каквото е, сиреч запазване на битието в истината (*Wahrnis*).[28] Макар и в това оставяне на битието Габриел да вижда една основателна реакция срещу разтварянето на битието в мисленето, той е все пак убеден в това, че Хайдегер неправомерно изпада в другата крайност – в поставянето в скоби, или премахването на логическото мислене чрез а-логиката на битуващото. Защото този, който елиминира логиката, той полага формата на едно антилогическо съществуване в пълна диалектическа противоположност на рационализма, който конструира действителността рационално като понятиен ред. Затова *Интегралната логика* на Габриел се опитва да преодолее тези две крайности:

> Трябва да открием разума в неговата цялост. Тогава ще стане ясно, че противоречието между рационално и ирационално се снема в интеграцията на интегралния разум, в онзи разум, който е открит за действителността, защото не пристъпва към нея нито логицистично, нито диалектически.[29]

Другояче казано, ако у Хайдегер мисленето представлява едно непосредствено откриване на битието у Dasein, респективно в езика, то у Габриел мисленето е смислово разгръщане на конкретното, при което мисленето разгръща своята форма

---

[27] Martin Heidegger, "Was ist Metaphysik?" (*Gesamtausgabe*, Bd. 9), Frankfurt am Main: Vittorio Klostermann, 1996.
[28] Leo Gabriel, *Existenzphilosophie*, 299-300.
[29] Пак там, 302.

из самото себе си и го предава (опосредява) диа-логично.[30] Мисленето не е следователно непосредствено мислене на битието, а е транслативно, тоест в сетивни представи, понятия и изречения превеждащо, креативно *образуване* (*Gestaltung*) на възприетото. В своята саморефлексия отношение то приема един *логически образ* (*Gestalt*).[31] Вместо феномена, както това е у Хусерл и Хайдегер или категорията, както това е , Хегел и Маркс, образът е този, който заема у Габриел централно място в тълкуването на познанието. Причината за избора на Габриел на понятието образ се състои в това, че той най-добре предава съчетанието между виждане и възприятие: "Ние наричаме това, което виждаме образ, тъй като то бива възприето първоначално като конкретно цяло, което е затворено и ограничено в себе си. С това понятието образ си определя отначало, като се тръгва от значенията на конкретното, на затвореното и цялото".[32] Образът е една конкретизация, в която нещо се представя и разкрива в настоящето, той е едно демонстриращо се битие. В този смисъл Габриел посочва:

> Като представяне образът е картина, защото в него нещо бива представено, но не като самото него в неговата идентичност (тъждество), а като нещо друго в неговото различие. Образната картина се превръща в мисленето в образувания смисъл като сетивен образ и символ.[33]

Познанието не търпи никакво произволно съкращаване на пътя. Редуцирането върху понятието или пък, обратното, върху съдържанието на преживяването или възприятието води до рационализъм или емпиризъм; и двата разрушават обаче целостта на познавателния акт и по този начин се стига до едно раздробено, скършено цяло, тоест до един скършен образ на истината. Целта, която си поставя оттук интегралното мислене е да се доведе "истината на цялото" като образно логически

---

[30] Leo Gabriel, *Integrale Logik*, IX, XII u. 384.
[31] Leo Gabriel, *Integrale Logik*, IX.
[32] Пак там, 3.
[33] Пак там, XII.

завършек до едно всеобхватно световно разбиране на битието. То следва да се постигне чрез идеологически, сиреч идейнологически, синтез като образ на света или светоглед, тоест като теория на цялото.

> Висшето постижение на познанието – подчертава Габриел –, сумата и максимума на постижимата истина (...) е разбирането за света с включване на разбирането за съществуването на намиращия се и действащ световно човек, като се изведе то в последна сметка от интегралното разбиране на действителността, на битието".[34]

Габриел показва, че знанието е винаги фрагментарно и че познанието на световното цяло е безкраен процес, който изисква известно релативизиране на гледните точки и оттук една *отворена* система:

> Системата показва в логическа форма ограниченото пространство на възприемаемостта (...). Когато при по-точно понятийно-системно разгръщане "тоталният аспект" се разкрие само като един аспект, като един светоглед, който запазва формата на тоталността като поглед от определена "гледна точка", се очертава парадокса, че чрез формата на логическото представяне безкрайността или неизчерпаемостта, която се съдържа в идеята, именно поради детерминиращата форма на едно ограничение, довежда до ограничаване върху знаменателя на дадена система. Така нашето познание е във висша форма само една работа на парче. 'Възгледите за света' и 'светогледите' са винаги само фрагменти и са фрагментарно измерение на реалността, която никога не може да бъде обхваната цялостно в образността на мисленето (...) Това ограничение, което характеризира мисленето и неговите образи, не означава обезценяване, а

---
[34] Пак там, 383.

по-скоро разкриване на една необходима относителност.³⁵

Това, което ни предлага следователно логиката на цялото е не някакъв нов светоглед, а изясняване на интегралните структури на мисленето, които са необходими за постигането на истината. Истината се постига оттук само чрез една мисловна синтеза, която не е полагане на самото битие, образуване на онази структура, в която битието бива представено в неразчленена цялост, в смисъл и сетивен наглед.

Интегралната логика преодолява и свързва едновременно по нов начин някои основни положения на феноменологията, на екзистенциалната философия и на херменевтиката. Това става според мен чрез едно ново тълкуване от страна на Габриел на централните понятия за феномена и логоса, които са насочени срещу Хайдегеровите интерпретации в *Битие и време*. Феноменът не е, според Габриел, нито "същност" (Хусерл), тоест представа, която деформира битието, нито "самопо-себе-си показващото се битие на съществуващото"³⁶, а един образ, който се разкрива чрез превод и тълкуване на битието. Това разкриване се осъществява в *логическа* форма, тоест не *онтологически*:

> Това, което изглежда дадено на съзнанието, се разкрива такова каквото е, защото неговото битие е тъждествено със съзнанието. Остава обаче въпросът за възможността на обективна очевидност в отношението към едно състояние на нещата, което не бива дадено във феномена на съзнанието и затова не трябва да изисква някаква феноменална обективност. Както е известно, съществува опитът на т.нар. φαίνεσθαι на феномена, тоест появата, превръщането в настояще, която следва да се мисли като парузия, присъща на битието; тъй като φαίνεσθαι е само по себе си нескрито в своето наличие, то е истинно (Хайдегер). Това фундаментално онтологизиране е на-

---

³⁵ Пак там.
³⁶ Martin Heidegger, *Sein und Zeit*, 35.

истина най-радикалното премахване на "субекта", но също така и на възможността за сетивно представяне, а с това и на логическата структура.[37]

Габриел не интерпретира повече логоса на феноменологията като "*lesende Lege*" (интерпретативно единство, достигнато чрез прочит), като тълкуване на смисъла на битието, а като събиране, като синтез и интеграция, като образуване на едно цяло в сетивния и смислов наглед.

> Логосът означава едновременно слово и смисъл. Хераклит откри, че словото притежава смисъл, че битието е така свързано със словото, че се разкрива в него, но че не при всички обстоятелства се образува някакъв смисъл от словото или думите, а че това зависи от начина на съставянето. Общото условие при което думи или словесни съчетания придобиват смисъл е условието на логоса, който основава логиката.[38]

На Габриел разбира се е ясно, че езикът не е само логичен израз, че той притежава не само смисъл, но изразява и чувства, желания и заповеди. Но той подчертава, че думите придобиват значение и смисъл чрез логичното. Също и херменевтичният момент на тълкуването е свързан с логичното, защото "тълкуването черпи своето смислово съдържание от идеята, която основава имплицитно някакво цяло от отношения, чрез което предметът бива определен в областта на една разгърната структура на порядък".[39] Тъй като логичната мисъл в езика съставлява същностното условие за вазиморазбирането, то логосът на интегралната логика е същевременно откриване на диалогичната структура, преди всичко в предикативността, в която херменевтичният принцип на опосредстване на смисъла се основава в интерсубективното разбиране.[40]

---

[37] Leo Gabriel, *Integrale Logik*, 101.
[38] Пак там, 166.
[39] Пак там, 178.
[40] Пак там, 385.

Дебатът между Габриел и Хайдегер може следователно да бъде резюмиран по следния начин – Хайдегеровата фундаментално онтологическа редукция е необходима, за да бъде освободена феноменологията от нейния трансцендентално-идеалистичен подход, но е необходим още и интегрално-логическия синтез, за да се стигне до един непречупен, запазващ целостта образ на истината.

5.3 Конфликтуален дискурс, диалог и интеграция

Какви са следствията на интегрално-логическата концепция на истината за разбирането на социалната и политическата реалност и в какво се състоят задачите на философията в тази област?

Показателно е, че още по време на разгара на студената война, когато изходът от борбата между капиталистическата и комунистическата система съвсем не бе ясен, Габриел стигна до една визия за бъдещето на Европа като огнище на диалога между различни светогледи и ценностни системи. "Хармонизиране на съществуването"[41] и по-конкретно преодоляване на разединеността на Европа – така може, по мое мнение, да се нарече социалнофилософската платформа на интегралното мислене. Че Лео Габриел не е първият мислител, който се наема опита за преосмисляне на т.нар. "европейска криза" като задача на философската мисъл, е факт; преди него такива опити правят, както е известно, редица мислители като Хусерл, Шелер, Ясперс, Сартр или Паточка. Но перспективите, които очертава Габриел, хвърлят една нова светлина върху тази проблематика, доколкото той като че ли разбира кризата в смисъла на едно "пречупено цяло".

Оттук следва въпросът: Как се стига изобщо до подобни фрактури и как могат те да бъдат преодолени?

Габриел съзнава, че щом става въпрос за социалнополитически въпроси, ние се намираме *volens nolens* върху почвата на идеологията и че социалните фрактури (към които спада и

---

[41] Leo Gabriel, *Existenzphilosophie*, 8.

разединението на Европа на източна и западна) са обусловени от идеологически деформации. В тази връзка той разграничава три вида деформации: отъждествяване, сингуларизация и тотализация.[42]

Отъждествяването е едно неправомерно обобщаване при което установените фактически дадености биват формално, тоест без да се взема пред вид конкретното им съдържание, възкачени но нивото на всеобщи значения. Напротив, сингуларизацията е преобразуване на едно общо понятие във фактическа даденост, при което понятието се свежда до единичен факт или сума от единични факти. Обаче това, което е действителен факт не следва непременно да бъде от всеобщо значение и обратното. Но най-важната деформация от социалнополитическа гледна точка се състои според Габриел в тотализацията. Тя се образува чрез извеждането на някаква система от дадено понятие при която идентичността се преобразува в тоталност:

> Системата се добива от определено понятие чрез идентично извеждане, а цялото, тоталността бива конструирано от идентичността, така че всички феномени и светови факти биват сведени до един общ знаменател на това всеобхватно понятие и отъждествени с неговия смисъл.[43]

Тази тоталитарна систематика може да бъде открита, според Габриел, и в социалните и политическите теории. Така например в романтическия универсализъм, където държавата се разглежда като абсолютна тоталност, без да се взема пред вид самостоятелността на индивида или пък в либералния индивидуализъм, който постулира абстрактната идентичност и равенство на индивидите или пък в абсолютната система на

---

[42] Leo Gabriel, *Integrale Logik*, 285. Vgl. ders., *Logik der Weltanschauung*, Graz-Salzburg-Wien: Pustet, 1949, 179-180.
[43] Пак там, 291.

Хегеловата теория за историята и за държавата, както и в колективистичната обществена теория на марксизма.[44]

Въпросът който възниква оттук е, как може дадена идеология, която води до подобни деформации и до тоталитарни похвати, да бъде преодоляна?

Габриел посочва два изхода. Първият, негативният, изхожда от иманентната критика на системата, която показва проблематичните моменти в основната позиция като по този начин довежда до срутване на постройката на системата от вътре. Вторият, позитивният изход се състои в създаването на една нова система с по-голяма възможност за постигане на резултати и разгръщане способността за познание и обяснение на реалността.[45] Габриел е убеден в това, че философията може да изпълни своята обществена и светогледна задача само тогава, когато поеме определена отговорност: "отговорността за бъдещето, за изпълнението на една задача, която се състои в преодоляване на тоталитарната систематика в нейния корен, в нейното логическо ядро на деформация и да доведе до "пълна употреба на разума" и опознаване на цялото. Тъй като нашето познание фрагментарно и целостта на битието не може никога да бъде схваната от една единствена система, е необходима една "отворена" система на мислене, която признава плурализма на светогледите и социалнополитическите нагласи и способства за техния диалог.

На това място искам да направя едно сравнение между възгледа на Лео Габриел за отворената система, основаващ се върху принципа на диалога, и разбирането на Пол Рикьор за общността и цивилизацията, което се основава на принципа на конфликтностния консенсус. Това сравнение не е произволно. То е от съществено значение и за интересуващия ни европейски контекст, и за разбиране на развитието на феноменологическите и херменевтическите теории. Независимо различните подходи на двамата мислители, съществуват множество допирни точки между интегралното мислене и феноменологич-

---

[44] Пак там, 292-293.
[45] Leo Gabriel, *Integrale Logik*, 275.

ната херменевтика, като например завръщането към конкретното, децентрирането на субекта и изхождането от екзистенцията, отричането на някаква универсална концепция за историята, обществото и ценностните системи, критиката на идеологическите деформации и лъжата и не на последно място – препращането към диалога и дискурса като път за решаване на конфликтите. Именно защото действителността, историята и опита на мисленето са многообразни, съществува едно многообразие от светогледи, ценностни представи и политически системи. Един от основните въпроси в този контекст, който двамата мислители си задават е: може ли при (коренно) противоположни позиции да се стигне до диалог и до какви промени води това?

Тук искам да приведа един емблематичен пример – дебатите в рамките на XV-ия Световен конгрес по философия, проведен във Варна през 1973 г., в които участваха както Лео Габриел, така и Пол Рикьор. Габриел ги обобщава по следния начин:

> Ние се опитахме да осъществим един конструктивен диалог между привържениците на марксистката философия и западните философски течения (...) От работата на колоквиумите и извънредните заседания най-голям интерес предизвика колоквиумът "Личност и свобода", на който бяха изнесени най-много доклади. Проправи си път мнението, че свободата може да бъде правилно разбрана само чрез двупосочното взаимодействие между личност и общество. Един западен философ отбеляза, че философията има задачата да критикува държавата, както това прави напр. античният философ Сократ, а не обратното. На това един представител на съветската философия отвърна, че присъщата на социалистическата обществена система критика може да доведе до нейното развитие и затова е желана при всички обстоятелства във всички социалистически страни.
>
> От пленарните заседания стана ясно, че на този конгрес се разви един истински диалог. Всеки заяви открито

своята позиция. Стана ясно, че партньорите в диалога показват взаимно разбиране и полагат усилия да учат един от друг, без това да променя техните позиции. Диалогът съществува именно защото различни мнения влизат във взаимен контакт. Ако всички мислеха по един и същ начин, не би имало диалог.[46]

Но в какво се е състоял в крайна сметка този "истински диалог"? Колко разбиране за позициите на другия показват всъщност опонентите? Официалните марксистки идеолози имаха както винаги задачата да покажат превъзходството на марксистката философия по отношение на буржоазната. Всеки аргумент на опонентите бе тълкуван като нападка и отхвърлен. Напротив, западните философи имаха проблем с основните марксистко-ленински тези за диктатурата на пролетариата и зависимостта на истината, както на личностното и общественото развитие от развитието на пролетарската революция. Дали вярваха наистина на твърдението на съветския философ, че критиката на социалистическата система е винаги желателна? Нима Жданов не бе твърдял същото[47], след като се бе постарал да премахне критично мислещите интелектуалци? Ясно е, че всеки на този конгрес не помръдна от своята позиция. "Диалогът" се състоеше в крайна сметка в това, което самият Габриел бе критикувал като заблуда на "диалектическия подход" – в размяната на аргументи и антиаргументи с цел да се омаломощи концепцията на другия. Така че резултатът бе далеч от идеала му за диалог, тъй като в най-добрия случай се бе стигнало до едно мирно *съвместно съществуване*[48], тоест до едно паралелно присъствие на противоположни възгледи или до взаимно опознаване, но без реципрочен обмен на вза-

---

[46] Leo Gabriel, "Schlusswort", in: *Proceedings of the XVth World Congress of Philosophy*, vol. 6, Sofia: Sofia-Press, 1975, 853-854.
[47] "В нашето социалистическо общество, в което са премахнати антагонистичните класи (...), развитието се осъществява от по-низше към по-висше (...) под формата на критика и самокритика, която е истинската движеща силиа на нашето развитие и един могъщ инструмент в ръцете на партията" (виж: *Вопросы философии*, 1947/1, 270).
[48] Виж: Leo Gabriel, *Mensch und Welt in der Entscheidung*, 102-103.

имно допълване. Въпреки всичко конгресът бе възприет като огромен напредък именно защото бе направена крачка напред по пътя от войната към мира, или – бе показано дръзновение за провеждане на дискусии, за изслушване на аргументите на другия и за размисъл върху слабостите и възможностите за усъвършенстване на собствената си теория.[49] Оттук може да се изведе заключението, че усилията за диалог са необходими, дори когато "истинският диалог" не бива непременно осъществен и всеки остава на позициите си, тъй като в противен случай ще има само една "истина" и едно право – това на по-силния.

Тази стъпка, която предшества истинския диалог, е едно предварително условие, което с речника на Рикьор може да се нарече вид конфликтностен дискурс. Последният се състои между другото в това да се пренесат конфликтите от почвата на силата и/или на насилието върху почвата на дискурса, което изисква, според мен, известно признание на равностойността на противника и необходимостта да се водят преговори с него. Самият Рикьор разбира дискурса като водене на преговори и като усилие за постигане на консенсус. Затова той говори за "конфликтностен дискурс" като форма на решение на спорни въпроси чрез публични дебати и приписва този дискурс на демократичните общества. Той характеризира конфликтностния консенсус като поредица от политически дискусии и преговори според прозрачни и свободно избрани правила, които могат самите те да бъдат поставени под въпрос.[50] Това как се стига до подобен консенсус очевидно е свързано с проблема за осъществяването на демокрацията, особено с възможностите за партиципация. На въпроса ми как може да се стигне от авторитарното ниво на силата върху демократичната почва на дискурса Рикьор ми отвърна следното:

---

[49] Така напр. вследствие от дебатите със западните философи, марксистите установиха, че трябва да (до)развият някои области като аксиологията, философската антропология и теорията за мира.
[50] Paul Ricœur, *Das Selbst als ein Anderer*, Wilhelm Fink Verlag, München, 1996, 312-313 u. ff.

Това не може да бъде импровизирано, то изисква голяма подготовка. Аз бих препратил към един опит, който наблюдавах с особено внимание, а именно върху южноафриканската комисия "Истина и помирение". Бе необходима изключително голяма подготовка от страна на архиепископ Туту и Нелсон Мандела, за да се изнесе конфликта не пред съда, а пред една публична инстанция на конфронтация; всичко това изискваше физическа сигурност и увереност в това, че даването на показания няма да доведе до набеждаване и подвеждане под съд.[51]

Към това искам да добавя, че една предварителна сериозна подготовка е несъмнено необходима, но че за започването и създаването на сигурна база за провеждане преговори не е достатъчно. Необходима е и известна готовност или изразено в етически термини "добра воля", която е условието за една отвореност или, както казва Габриел, за едно "вземане на позиция, готово на интеграция".[52]

Габриел и Рикьор стигат следователно до твърде сходно заключение – едно общество, което иска да се основе върху принципите на демокрацията, може да бъде създадено само като отворена (социална) система, тоест като запазване на различията чрез известно релативизиране на позициите. "Диалогът на позициите" – подчертава Габриел – "е възможен само в трансцендиращото отваряне на системната форма, в относителността и релационността".[53] Различието между двамата мислители си състои в това, че докато Габриел поставя акцента върху диалога на позициите, Рикьор акцентира върху конфликта на гледните точки и необходимостта за постигане на консенсус. Тези различни подходи не са взаимоизключващи се, а могат да служат за взаимно допълване, ако бъдат разгледани като различни стадии или етапи в процеса на демократизация. Тези етапи са:

---

[51] Yvanka B. Raynova, *Between the Said and the Unsaid. Conversations with Paul Ricoeur*, Frankfurt u. a.: Peter Lang (в подготовка).
[52] Leo Gabriel, *Integrale Logik*, 385.
[53] Пак там, 384.

- *Конфликтуалният дискурс* – етап на изясняване на позициите чрез тяхното противопоставяне, на който се напуска нивото на силата. Този стадии е началото на воденето на преговори (или пък тяхно продължение), едно усилие за намиране на общо решение от конфликта, за помиряване. На този етап може да има все още недоверие, манипулация, но той дава възможност и за създаване на една база на доверие. Ако съществуващите конфликти не бъдат решени на този етап, тогава се рискува да се изпадне от нивото на диалога на това на насилието.

- *Диалог* – етап на открития, доверителен разговор и на реципрочният обмен, при който позициите биват релативизирани, развити и оттук обогатени.

- *Интеграция* – етап на активното, креативно действие на едно по-висше ниво, където различията не биват снети, а биват запазени във цялото и чрез него.

Тази схема показва между другото, че моментите на транслацията и на херменевтичното опосредстване, върху което Габриел и Рикьор многократно се спират, не се срещат едва на етапите на диалога и на интеграцията, а още на стадия на конфликтностния дискурс. При това е важно, според мен, да се свърже "интерсубективното разбиране" с интеркултурния обмен. Другояче казано, транслативният подход като създаване на възможност за интеркултурен диалог започва на първия стадии, но придобива сила на втория и се разгръща цялостно едва на третия.

Нека се върнем към първоначалния въпрос за интеграцията и, по-точно, към въпроса за възможността за осъществяване на една интегрална европейска общност. Какво значи това в съвременния контекст на разширяването на Европа, или как следва да се разбират тук идеите за единство и многообразие, за идентичност и различие?

Габриел разбира под интеграция една цялостна синтеза. За някои понятието синтеза изглежда проблематично, доколкото бива свързано с Хегеловото и Марксовото снемане, тоест с подчиняването на единичното (партикуларното) на цялото. Габриел използва затова термина "свръхдиалектична синтеза", тоест един мисловен процес, при който единичното стига до най-пълноценно осъществяване, "до висше възприятие на истината, която е запазване в цялото" и която единствено прави възможно неговото откровение.[54] Той уточнява това схващане по отношение на Европа по следния начин:

> Ние знаем, че хуманизирането на нашия свят и неотложното хармонизиране на съществуването не може да бъде осъществено в класическата Платонова хармония, а в една форма на синтез, която е преминала през модерната диалектика и я е преодоляла. Става въпрос за една свръхдиалектична интеграция, която не премахва разнородността чрез равенство, различието чрез идентичност (тъждество), а се опитва творчески да формира една цялост, в която различията биват непокътнато запазени и все пак доведени до взаимно допълнение. По друг път няма да се стигне до мирното съществуване в Европа нито пък където и да е другаде на света.[55]

Учудващо е, че Габриел дава тази формулировка десетки години преди падането на Берлинската стена и че тя може да служи и днес за модел на европейската общност с нейното многообразие. Въпросът, който остава обаче открит, и върху който накрая искам накратко да се спра, е по какъв начин може да се стигне конкретно до подобно интегрално единство?

Въпросът за единството и многообразието на Европа често пъти е бил поставян във връзка с множеството националности и проблема за малцинствата. Затова не е случайно, че Рикьор обявява зачитането на достойнството на малцинствата за критерий на демокрацията и поставя следната диагноза:

---

[54] Пак там, 278.
[55] Leo Gabriel, *Existenzphilosophie*, 8.

В Европа съществуват опасни симптоми на една политическа криза, като напр. ограничения на свободата и човешките права на малцинствата. Трябва да се вземе по-точно пред вид спецификата на географското положение на Европа. За разлика от Америка, която е континент от емигранти, политическите граници на Европа са резултат от редица катаклизми. Политическата структура на Европа не може следователно да съвпадне с етническите групи. Затова аз споделям с Юрген Хабермас убеждението, че гражданството и етническата принадлежност са две различни неща. Всеки от нас усеща принадлежността си към една или друга национална култура, но това което е важно, това е съзнанието ни на граждани на едно общество, което се ръководи от едни и същи закони.[56]

За разлика от други, които при подобни дебати пренебрегват проблема за културното многообразие, Рикьор разбира европейската интеграция като процес на структуриране, който имплицира различни аспекти – икономически, политически, правни, културни, – които следва да бъдат мислени и третирани заедно. Неговото разграничение между цивилизация и култура[57] е особено показателно в това отношение. Цивилизацията като понятие обхваща според него три нива на реалността – нивото на благата или инструментите, нивото на институциите и това на ценностите. Културата, напротив, е по-тясно понятие, което се отнася само до нивото на ценностите. Европейската общност като част от цивилизационния процес би трябвало да бъде разглеждана от гледище на тези три нива и то с особено внимание към политическата област на институциите и на културната област на ценностите, за да не бъде, както отбелязва той, само някакво икономическо обединение, някаква зона на безмитнически пазар. Пълноценното функциониране на икономическото ниво не може да бъде осъществено без

---

[56] Пол Рикёр, *Герменевтика, етика, политика*. Москва: АО КАМИ, 1995, 121.
[57] Paul Ricœur, "Tâches de l'éducateur politique", in: ders., *Lectures 1. Autour du politique*, Paris: Seuil, 1991, 239 ff.

ясни политически и правни правила, без отговорни институции и една обща конституция. Но не по-маловажна е необходимостта от постигане на една обща идентичност въз основа на създаване на съвместни ценности,, тъй като според Рикьор в крайна сметка ценностите са тези, които съставляват субстанцията, тоест идентичността на един народ и на една общност.[58]

Комплексността на европейската проблематика се състои в това, че съществува не една, а множество европейски традиции, езици и наративни идентичности, което трябва да бъдат приведени до един "концерт на нациите"[59], без да се стига до силова употреба от страна на една или друга нация. Именно тук феноменологичната херменевтика би могла да бъде от помощ, тъй като това саморазбиране изисква една нова интерпретация на миналото, на европейската история с нейните многообразни опити, ценности и символи.

*

В заключение може да се каже следното: Ако разширението на Европа не трябва да бъде само едно обединение въз основа на икономически и геостратегически интереси, то нейното културно наследство, както и транслативната херменевтика на европейските традиции и ценности трябва да получат е по-голямо значение от това, което им е било отредено дотук. Защото постигането на Европа като цяло не означава само някакво икономическо и социалнополитическо преструктуриране, а изисква и един комуникативен и интеркултурен обмен, трансформиращ и създаващ нова духовна среда. Това означава както да се интегрира най-доброто чрез поука от европейската история (Габриел), така и създаване на нови културни и общинни ценности (Рикьор), които да ни обединяват като запазват нашите различия и заедно с това да способстват за една

---

[58] Paul Ricœur, "Tâches de l'éducateur politique", in: ders., *Lectures 1. Autour du politique*, Paris: Seuil, 1991, 246.
[59] Виж: Paul Ricœur/Yvanka Raynova, "Der Philosoph und sein Glaube", in: *Deutsche Zeitschrift für Philosophie*, Bd. 52, Heft 1, 2004, 93.

автентична интеграция. В противен случай разделението ще продължи да съществува – ще има все така един повече или по-малко доловим разрив между Запад и Изток, между "истинската" и "другата" Европа. В този смисъл целта на интегралното мислене –създаването на възможност за един "източно-западен синтез"[60], е все така актуална и може би дори от по-голямо значение от преди.

---

[60] Leo Gabriel, *Mensch und Welt in der Entscheidung*, 82.

6

КЪМ ЕДНА ФЕНОМЕНОЛОГИЧНА ХЕРМЕНЕВТИКА НА ЕВРОПЕЙСКАТА ЦИВИЛИЗАЦИЯ И ЦЕННОСТИ

Въпреки, че Пол Рикьор многократно се спира на въпроси, свързани с историята и развитието на европейската цивилизация, тази проблематика, тя не е систематично разработена в неговото творчество. Неговото разбиране за Европа, както и свързаната с това аксиологическа проблематика се намират разпръснати в различни произведения, изказвания и интервюта, и предполагат в този смисъл един реконструктивен прочит. В настоящето изследване ще се опитам, първо, да предложа една последователна реконструкция на възникването и развитието на Рикьоровата визия за Европа и ролята на ценностите в европейския контекст, второ, да откроя спецификата на Рикьоровите тези като ги сравня с Хусерловите, и, трето, да онагледя Рикьоровия концептуален принос и приложните му възможности в изграждането на новата Европейска общност.

6.1 От собствения опит към феноменологическия смисъл на историята

Доколкото европейската тематика се разглежда от Рикьор като "историческа" или "философско-историческа", тя бива анализирана и разработена с помощта на понятия като "криза", "памет", "традиция", "смисъл", и т.н. Рикьоровите възгледи за историята са били често представяни като едно "кризисно мислене" (*Krisis-Denken*), повлияно от Хусерловото, което отговаря само отчасти на истината. Неоснователно ми се струва преди всичко твърдението, че Рикьоровото "философско-историческо мислене започва с разсъжденията му относно 'Хусерл и смисълът на историята'". Преди тази студия, която бива публикувана 1949 година, Рикьор посвещава, от една страна, редица статии на исторически проблеми и наболели политически въпроси, свързани с най-новата европейска история – статии писани предимно през тридесетте години, – а от друга, няколко изследвания, третиращи философско-исторически аспекти в творчеството на Габриел Марсел, Карл Ясперс, Сьорен Киркегор и др. Но това, което искам да подчертая тук, за разлика от останалите изследователи на Рикьор, е, че той се сблъсква първоначално с въпроса за кризата на европейската цивилизация и култура съвсем не чрез произведенията на Хусерл, нито пък чрез тези на Марсел и Ясперс, а чрез собствения си житейски опит – след смъртта на майка му, умряла още при неговото раждане, Рикьор загубва на двегодишна възраст и баща си, убит в битката при Марн. На въпроса ми, за какво мисли днес, когато поглежда назад към миналото си, Рикьор ми отговори в края на 2002 г. следното:

> Израснах със спомена за Първата световна война и баща ми, убит по време на тази война. Затова винаги съм се чувствал съпричастен към един философ като Ян Паточка, който непрестанно повтаряше, че в 1914 г. Европа извърши самоубийство. Тази дата – 1914 г. – изглежда понастоящем забравена, тъй като бе засенчена от ужасиите на Втората световна война. Но Европа беше въвлечена още тогава в една лоша съдба, поради една непонятна грешка.[1]

Едно от последните големи произведения на Рикьор – *Паметта, историята, забравата* (2000), ситуира Европа и европейската история именно в това напрежение между паметта и забравата, между прекомерната и недостатъчната памет[2], опитвайки се да обоснове една нова политика на "правилната" или "справедливата" памет (*politique de la juste mémoire*, пак там, I).

---

[1] Yvanka B. Raynova. *Between the Said and the Unsaid. In Conversation with Paul Ricoeur*, vol. 1. Frankfurt am Main u.a.: Peter Lang, 2009, 109.
[2] Ricœur, *La mémoire, l'histoire, l'oubli*, Paris : Seuil, 2000, 580.

Защото справедливостта изисква да не се забравят толкова лесно несправедливостите на историята, нито пък да се припомнят непрестанно и фанатично, а да се преосмислят и преработят с помощта на критиката: "Паметта се среща със смисъла на справедливостта по пътя на критиката на историята"[3].

В своята интелектуална автобиография, *Reflexion faite*, Рикьор описва как отрано се сблъсква с несправедливостта на европейската история:

> Преждевременното откритие – когато бях едва единадесет-дванадесет годишен – на несправедливостта на Версайския договор преобърна изведнъж смисъла относно смъртта на баща ми, който бе убит 1915 г. на фронта: тази смърт, която изгуби свещения ореол на справедливата война и неопетнената победа, се оказа една напразна смърт. Към моя пацифизъм, който възникна от човъркащите ме въпроси относно войната, се прибави много скоро и силното чувство за социална несправедливост, което бе подхранено и легитимирано от протестантското ми възпитание.[4]

По-късно чрез заниманията си с Ясперсовата философия на историята, Рикьор обвързва историческата несправедливост с въпроса за вината: "Вината ме преследва дори в безсилието ми: тя ми сочи ненужната мъченическа смърт като най-висшата ценност..."[5].

Рикьор развива следователно една особена чувствителност към въпросите за несправедливостта в историята, за злото, за смисъла, за вината и др. поради кризата, предизвикана у него във връзка със събитията от Първата световна война. В хода на по-нататъшното социално-политическо развитие на Европа, преди всичко със засилването на националистическата проблематика, възхода на националсоциализма, гражданската война в

---

[3] Paul Ricœur, *La mémoire, l'histoire, l'oubli*, Paris : Seuil, 2000, 650.
[4] Paul Ricœur. *Réflexion faite. Autobiographie intellectuelle.* Paris : Esprit, 1995, 18-19.
[5] Paul Ricœur, *Lectures 1. Autour du politique*, Paris : Seuil, 1991, 148.

Испания, народния фронт във Франция, ужасите от Втората световна война, разделението на Европа след 1945 г. и образуването на нови тоталитарни режими, тази негова чувствителност се засилва и прераства постепенно в чувството за съотговорност. Затова не е учудващо, че неговите възгледи са първоначално повлияни от теоретици на кризата и активисти като Еманюел Муние и Андре Филип, които обвързват християнството със социални и дори социалистически идеи. Убеждението, че не можеш да бъдеш истински християнин, без да се бориш за социална справедливост, отвежда Рикьор до прочутата формулировка "социалист, тъй като християнин". В своята първа статия, публикувана в *Тер нувел*, органа на крайната левица, Рикьор пледира за един рефлексивен подход към въпросите на политиката и на историята, като аргументира, че околният свят може да бъде преобразуван позитивно само чрез по-задълбоченото му разбиране. Това е и причината, поради която той ще търси т.нар. "смисъл на историята", който по-късно ще обедини с един индиректен, рефлексивно-интерпретативен подход и методите на феноменологията, на християнския екзистенциализъм, на херменевтиката, на психоанализата, на структурализма и на аналитичната философия. Оттук ще се роди и собственият му метод на т.нар. "дълъг" или "околен" път на изследване, пътят на феноменологическата херменевтика на самостта, общността и историята. Макар че в последния му голям труд по тези въпроси, *Паметта, историята, забравата* (2000), въпросът за смисъла на историята е заменен, както ще видим, с този за репрезентацията на историята, проблемът за кризата ще остане една от постоянните теми, респ. един от неизбежните компоненти на историческото развитие.

Както вече посочих във втората глава, Рикьор влиза в досег с феноменологията към края на студентските си години в Сорбоната. През зимния семестър на 1934-35 година, по същото време, когато лично се запознава с Габриел Марсел, неговият приятел Максим Шастен му подарява английския превод на

Хусерловите *Идеи за една чиста феноменология и феноменологична философия*[6]. По-късно той си спомня:

> Естествено, че имаше различия между френската рефлексивна философия, екзистенциалната философия на Габриел Марсел и Карл Ясперс и дескриптивната феноменология на Хусерл, но те бяха схванати като условия за една активистка философия.[7]

Чрез концепциите на Марсел и Ясперс Рикьор се сблъсква с критичната задача на мисленото като размисъл върху граничните ситуации и пропастите, пред които е изправена екзистенцията. Темата за европейската криза приема в тези концепции образа на европейския нихилизъм като загуба на смисъл, като разруха на човечеството и неговите духовни ценности, като постъпателна обективация, отчуждение и липса на комуникация, като деперсонализация в технократичните и тоталитарни общества. У Марсел и Ясперс възгледите за Европа се развиват, най-общо казано, в контекста на една диалектика между общочовешкото предопределение, което следва да се мисли въз основа на Трансценденцията, и специфичните съдби на народите, свързани с техните избори. Но въпросът за предназначението на Европа се поставя от Рикьор за пръв път във феноменологически, а също така и в един по-широк план – този на философията на историята, едва с оглед на проблемите, очертани от Хусерл. В споменатото съчинение, "Хусерл и смисълът на историята" (1949), Рикьор се пита, как всъщност се е получило така, че Хусерл, който в началото е аполитичен и не проявява никакъв интерес към социалната проблематика, смятана от него за съставна част на естествената нагласа, в последните си трудове ненадейно започва да преосмисля философията от гледището на историята. Кои са мотивите, накарали Хусерл да тръгне от възгледа за една колективна криза и необходимостта от размисъл не върху абстрактното трансцендентално его, а от конкретния ев-

---

[6] По-късно, по време на пленничеството си в Германия, Рикьор ще преведе това произведение от немски на френски.
[7] Paul Ricœur, *Réflexion faite. Autobiographie intellectuelle*, Paris : Esprit, 1995, 18.

ропейски човек и неговото бъдеще? Какво го довежда до убеждението, че феноменологията е отговорна за този европейски човек и че само тя може да му покаже пътя на обновлението[8]? Рикьор съзира отговора на тези въпроси в личната съдба на Хусерл:

> Като учен от неарийско потекло, и особено като сократически и всичко поставящ под въпрос гений, Хусерл изглеждаше подозрителен за нацистите. Когато бе отпратен на пенсия и осъден на мълчание, остарелият мъж трябваше да установи, че духът притежава собствена история, която е свързана с факта, че духът може да заболее, че самата история може да се превърне в опасна зона и залез на духа. (...) Следователно, навлизането по времето на националсоциализма в реалната история се извършва именно чрез съзнанието за криза, а за да се спаси честта на рационализма е трябвало да се открие кой е болният и в какво се състои смисълът и загубата на смисъл от страна на човека.[9]

Очевидно Рикьор приема, че Хусерл стига едва през тридесетте години до философско-историческата проблематика на *Кризата* поради възхода на нацизма. Но това твърдение е проблематично, защото, както показва в частност Манфред Зомер, Хусерловата диагноза от съчиненията му върху кризата не се отличава много от тази, която той формулира още през 1911 година във *Философията като строга наука*: доколкото "бедствената ситуация", сиреч "кризата" произтича от науката, то задачата на науката и по-точно на философията като "строга нау-

---

[8] Paul Ricœur, "Husserl et le sens de l'histoire", in : idem. *A l'école de la phénoménologie*, Paris : Vrin, 1986, 21.
[9] Пак там 22; На друго място Рикьор формулира тази оценка още по-остро: "Този мислител [Хусерл], който бе по-субективен от всеки друг, трябваше да бъде принуден от събитията да се самоинтерпретира исторически: едва когато националсоциализмът постави на обвинителната скамейка цялата сократическа и трансцендентална философия, Фрайбургският професор реши да се размърда, за да се опре на великата традиция на рефлексивната философия и да открие в нея смисъла на западната цивилизация" (Paul Ricœur. *Histoire et vérité*, Paris : Seuil, 1955³, 36).

ка" е да положи всички усилия, за да я преодолее[10]. Въз основа на тази Хусерлова позиция може да бъде разбран, както ще видим, и различният интерес към феномена криза у Хусерл и Рикьор: ако за Хусерл става въпрос за една криза на знанието, вследствие на която е възникнала една културна и историческа криза, то за Рикьор става въпрос, напротив, за регионални кризи на историята, които оказват влияние върху света на идеите и на съзнанието и представляват предизвикателство за тях. Онова, което се оказва обединяващо за двамата мислители е схващането, че европейската криза е свързана със загуба на смисъла, тоест че тя е вид "криза на смисъла" по отношение на която философът носи определена отговорност[11].

Рикьор разбира се не е единственият, който тематизира неочаквания поврат в късната Хусерловата феноменология, но той поставя този въпрос в един по-широк контекст, изследващ възможностите за обосноваване на една феноменологическа философия на историята. Този въпрос изглежда належащ, доколкото нищо в Хусерловите произведения преди 1930 година не дава ни най-малко основание да се предположи, че историята, и преди всичко европейската история, ще се превърне в привилегирован предмет на феноменологията. Напротив, логическият характер на феноменологията, както и методът на трансцендентална редукция имплицират изключването на всякаква историческа проблематика[12]. Въпреки всичко, Рикьор вижда две начала, чрез които историята би могла да намери място в трансценденталната феноменология: това е, от една страна, феноменологическата концепция за времето, а от друга, тезата за множествеността на съзнанията. Въпреки че трансценденталното и конституиращо време не е трансцендентната и конституирана история, която е корелат на психологичното съзнание, конституира-

---

[10] Manfred Sommer, "Husserls 'Krisis'", in: Jörn Stückrath / Jürg Zbinden (Hrsg.), Metageschichte. Hayden White und Paul Ricœur Baden-Baden: Nomos, 1997, 25-26.
[11] Paul Ricœur, "Husserl et le sens de l'histoire", in : idem. A l'école de la phénoménologie, Paris : Vrin, 1986, 51-54; Paul Ricœur. Histoire et vérité, Paris : Seuil, 1955³, 36-40.
[12] Пак там, 23-27.

що общността в едно космическо време, проблематиката за времето дава възможност за достъп до историята:

> Ако историята на историците бива редуцирана и конституирана, то би могло да се разработи една друга история, която стои по-близо до продуктивното съзнание. В този смисъл с тематиката за феноменологическото време трансценденталната феноменология полага един крайъгълен камък по посока на историята.[13]

От друга страна, приемането на множествеността на съзнанията, което на пръв поглед затруднява въпроса за единството на историята, е отвор към историческата реалност, защото свидетелства за съществуването на множество съзнателно действащи индивиди, което е и условието за всяка история[14].

Въпреки всичко, концепциите за времето и плурализма на съзнанията не са онова, което довежда Хусерл до въпросите за смисъла на европейското човечество и цивилизация, а самата европейска история, доставяща реалния материал за написването на прочутото произведение *Кризата на европейските науки и трансценденталната феноменология*. Според Рикьор съзнанието за криза, което Хусерл описва там, е по същността си едно поставяне под въпрос на човека и на човечеството като цяло – накъде отива човекът и човешката цивилизация, в какво се състои човешкото предназначение, какъв е смисълът на неговата история? Феноменологията като философия на историята изхожда от кризата и съмнението с цел да достигне до някаква идея и смисъл, като формулира по този начин някаква обща задача[15]. Ако това движение към "вътрешния смисъл" на европейската история и европейското човечество е изобщо възможно, то това е защото Хусерл от самото начало разглежда телеологията и историята като синоними. Той твърди дори, че само Европа притежава някаква "иманентна телеология", някакъв "смисъл". В противоположност на страни като Индия и Китай,

---

[13] Пак там, 28.
[14] Пак там, 29.
[15] Пак там, 30.

които олицетворяват само емпиричната социална реалност, Европа притежава определена духовна фигура, или идея, тъй като не е географско място, а една *духовна фигура с телеологическа насоченост*. Рикьор обяснява това по следния начин:

> Твърдението, че само Европа притежава определена идея, изглежда по-малко учудващо, когато това твърдение се интерпретира в две посоки. От една страна, би трябвало да се каже, че строго погледнато цялото човечество притежава някакъв смисъл. Но Европа се е откъснала културно и географски от останалото човечество, доколкото е схванала неговия смисъл и тъкмо в това се състои нейната универсалност. От друга страна, единствената идея, която е за всички идея, това е философията. Философията е 'вътрешната ентелехия' на Европа, или прафеноменът на нейната култура. Да бъдеш европеец не е следователно някаква слава, която ни прави уникални, а по-скоро една отговорност, която обвързва всички. Понятието философия следва също да бъде правилно разбрано. Философията като смисъл на европейското човечество не е някаква система, някаква школа, някакво писмено произведение, а идея в кантианския смисъл, тоест задача. Именно в идеята за философията се състои телеологията на историята. Затова и философията на историята е в последна сметка историята на философията, която съвпада с философското осъзнаване.[16]

Но какво следва да се разбира под философията като задача и в какво отношение се намира тя с европейската цивилизация? Рикьор изяснява това по следния начин: философията е универсалното, "всеобхватното" знание, тя е осъзнаването на човечеството чрез разума и имплицира моралната необходимост и отговорност за реализацията на този разум. Кризата на европейското човечество като криза на научността на науката, изпаднала в обективизъм, може да бъде преодоляна чрез философията, респективно чрез феноменологията като катарзис на болното съзнание. Този катарзис като релативиране на обективизма

---

[16] Пак там, 31-32.

се осъществява у Хусерл чрез ретроспективното осмисляне на основаното в жизнения свят его, тоест чрез феноменологическото самопознание[17].

Анализът на Рикьор завършва с критика на Хусерловата философия на историята, която бива окачествена като "прекомерно опростенческа и априористка"[18]. Рикьор пледира, напротив, за една философия на историята, която да онагледи отношението между идеи и история не само като априорно, но и като апостериорно, тоест като едно двустранно *диалектическо* отношение. Защото, от една страна, идеите оказват съществено влияние върху историята, както показва Хусерл, но, от друга, самите идеи трябва да бъдат изпробвани, верифицирани и коригирани от историята, както подсказва Маркс[19]. Задачата на философа се оказва по този начин двойна – той трябва да съдейства не само за едно по-добро разбиране на европейската история и култура чрез изследване на разума, но и да подложи понятията на разума на критичната проверка от страна на историческите събития. Рикьоровият подход изисква един полифоничен прочит, в който Хусерловото схващане на философията като "мозък" на европейската цивилизация и култура се поставя във връзка с нефилософски (икономически, политически, правни, религиозни и др.) интерпретации на историята.

Тази Рикьорова студия може да се възприеме като "програмна", доколкото отвежда не само до едно поставяне под въпрос на Хусерловата *Криза*, но и до едно преосмисляне и ревизиране на тази проблематика, което ще занимава френския философ през целия му живот. Ако се опитаме да реконструираме Рикьоровата програма, пред нас ще се откроят няколко перспективи. Рикьор се опитва, първо, изхождайки от Хусерловия въпрос относно смисъла, да създаде една философия на историята, която да съчетае не само ейдетичната феноменология с критичната теория на Маркс, но и преди всичко с историческата наука на историците, с християнската есхатология и херменевтика;

---

[17] Пак там, 48.
[18] Пак там, 50.
[19] Пак там, 49.

второ, да преосмисли генеративната страна на Хусерловата *Криза* в контекста на проблемите за правата на човека; трето, да предложи една по-обхватна концепция за кризата; четвърто, да замести постепенно "философията на историята" с един алтернативен исторически и политически образователен модел, чрез който би могло, по мое мнение, да се стигне до едно ново схващане относно същността и ролята на европейската общност. Нека анализираме по-конкретно приноса на Рикьор от гледище на тези четири аспекта.

6.2 Реинтерпретирането на понятието "криза"

Автори като Юрг Цбинден представят философията на историята на Рикьор като едно сложно цяло, в основата на което се намира всъщност простата схема "криза – спасение"[20]. Но доколко е основателна тази интерпретация? Наистина, ако се вземе пред вид студията "Християнството и смисълът на историята", Цбинден като, че ли е прав. Но разбирането на Рикьор за историята не може да бъде сведено до очертаната есхатолгическа перспектива на смисъла. Според мен схемата "криза – спасение" отговаря като модел на решение по-скоро на онова, което предлага философията на историята на Хусерл, отколкото на това, което визира Рикьор. Защото за френския мислител не става въпрос за *спасение* (напр. на европейското човечество от кризата), а за *разбиране* и начин на боравене с нея, доколкото кризата е *постоянна съставна част на историята*, а не някакво внезапно заболяване, специфично за европейската модерност, нито пък заболяване, което може окончателно да бъде излекувано. Именно в сравнение с Хусерл може да се реконструира и спецификата на Рикьоровите възгледи относно историята и развитието на европейската цивилизация, както и свързаната с това актуална проблематика за ролята на европейските ценности.

---

[20] Jürg Zbinden, "Krise und Mimesis. Zur Rekonstruktion und Kritik von Paul Ricœurs Begrifflichkeit in 'Zeit und Erzählung'", in: Jörn Stückrath / Jürg Zbinden (Hrsg.), *Metageschichte. Hayden White und Paul Ricœur* Baden-Baden: Nomos, 1997, 198.

Едно от основните понятия, което Рикьор поставя под въпрос в хода на критичното преосмисляне на Хусерл, е споменатото *понятие за криза*, което бива тематизирано също така и от Киркегор, Маркс, Нитче, Фройд, Марсел, Муние, Ландсберг, Ясперс, а по-късно и от Адорно, Паточка, Ериксон, Козелек, Ерик Вейл, Томас Кун и други мислители, на които Рикьор обръща специално внимание[21]. Рикьор набляга, както в споменатата си студия върху Хусерл от 1949 г., така и в *История и истина* (1955 г.) и по-късната статия "Е ли кризата специфично модерен феномен?" (1986), на която искам да се спра по-обстойно тук, върху необходимостта от едно по-комплесно тълкуване на кризата, което да я разглежда от гледище на различните културни области:

> Говори се за 'криза' на математиката, за икономическа 'криза', за правителствена 'криза', като не винаги думата има един и същ смисъл. Забележително е, че 'кризите' от дадена социална или културна област притежават собствена мотивация и решения. Така например, кризата на математиката по времето на Питагор е била сравнително независима от останалата част на историята; за математиката тя е била едно вътрешно предизвикателство (...) и тази криза бива решена чрез един чисто математически подход. (...) По подобен начин, една и съща епоха, като например епохата на френската революция, може да бъде напредничава от гледище на политиката и назадничава от гледище на изкуството, или пък, какъвто е случаят с епохата на втората империя, тя може да бъде напредничава в изкуството, без да бележи никакъв напредък в политиката. 'Златният век', великата епоха, това е времето, в което всички области стигат почти едновременно до зрелост, както това става в епохата на Перикъл или в тринадесети или пък в седемнадесети век...[22]

---

[21] Paul Ricœur, "Ist 'die Krise' ein spezifisch modernes Phänomen?", in: Krzystof Michalski (Hg.), *Über die Krise. Castelgandolfo-Gespräche 1985*, Stuttgart: Clett-Kotta, 1986, 38-63.
[22] Paul Ricœur. *Histoire et vérité*. Paris : Seuil, 1955³, 89-90.

Поради факта, че тези различни области или линии на развитие на историята не са задължително взаимообвързани, то възниква въпросът за техния общ знаменател: "Какво е общото между нервната криза, правителствената криза, кризата на ценностите или на цивилизацията? Не е ли подобно общо понятие едно псевдо-понятие?" – пита Рикьор[23]. Затова той тръгва от анализа на по-малко спорните регионални понятия за криза, като медицинското, психо-физичното, космополитичното, епистемологическото или икономическото, за да изясни въпроса за "глобалното" или "обобщеното" понятие за кризата като "феномен на социалното цяло" (Марсел Мос). Рикьор показва, че всички регионални понятия могат да бъдат обобщени по един или друг начин. Така например, медицинското понятие за криза би представило европейската общност като едно напълно болно социално тяло, което е разтроено в своята способност за интеграция и равновесие. Но тази интерпретация е, от една страна, ограничена, тъй като не е ясно кой е подходящият лекар за поставянето на диагнозата, а от друга страна, опасна, защото редуцирането към органичното води до заличаване на мисълта[24]. Също толкова богати възможности за обобщение предлага и епистемологическото понятие, което се вижда най-ясно в Хусерловата *Криза*:

> Хусерл разграничава изрично вътрешните кризи на една наука (кризите, при които ние говорим, следвайки Томас Кун за смяна на парадигмата) от кризата на основите, която не е от гносеологически, а от трансцендентален порядък, доколкото засяга крайното обосноваване на знанието. Гигантоманията, в лоното на която трансцендетализмът и обективизмът се борят взаимно, достига върха си, според Хусерл, в съвременната криза, предизвикана от неспособността да се отговори на изискването за крайно обосноваване и бягството от това изискване. (...) Но и то-

---

[23] Пак там, 186, 38
[24] Paul Ricœur. "Ist 'die Krise' ein spezifisch modernes Phänomen?", in: Krzystof Michalski (Hg.), *Über die Krise. Castelgandolfo-Gespräche 1985*, Stuttgart: Clett-Kotta, 1986, 50.

ва обобщение е ограничено: пита се, как да разберем по какъв начин въпросът за крайното обосноваване на знанието може да бъде интегриран в идейната и ценностната структура, която се намира в основата на феномена на социалното цяло. Философията стои несъмнено в центъра на този въпрос, доколкото е плод на Запада и оттук носителка на западната модерност. В този смисъл може да се каже, че тя структурира европейската памет, доколкото Европа не е някаква област на света, а 'идея', както претендира Хусерл. Въпреки това изглежда съмнително, че философията е успяла поне в Европа да създаде онова 'трансцендентално общество', което би било способно да изпълни отредената му от Хусерл господстваща функция. Същевременно може да се питаме, дали вътрешноприсъщият на Хусерловото изложение евроцентризъм може да се изплъзне от арогантността на определени общества. И не е ли наивността, която е по-страшна и от арогантността, онова, което отвежда до самостилизирането на западния философ като 'функционер на човечеството'. Тези неразрешени въпроси правят цялото обобщение на епистемологическия модел, издигнат от Хусерл в ранга на трансцендентален модел, проблематично[25].

Поради тази причина Рикьор приема анализа на Райнхарт Козелек на историческото съзнание, който свързва понятието за криза с трансценденталиите на очакването, което му позволява да обобщи регионалните понятия за криза в следната дефиниция:

> Кризата е патологията на процеса на овременяването на историята: тя се състои в дисфункцията на осъществяващата се при нормални обстоятелства връзка между очакване и опит.[26]

---

[25] Paul Ricœur. "Ist 'die Krise' ein spezifisch modernes Phänomen?", in: Krzystof Michalski (Hg.), *Über die Krise. Castelgandolfo-Gespräche 1985*, Stuttgart: Clett-Kotta, 1986, 52.
[26] Пак там, 57.

Друго основно понятие, което Рикьор конципира в противоположност на Хусерл, е самото *понятие за история*. Хусерл изхожда, според Рикьор, от една история, която е всъщност тази на разума – това е историята на трансцендеталния мотив, тоест на когито, от което той в крайна сметка очаква някакво оправдание[27]. Това оправдание предполага съвпадението между смисъла на съзнанието, тоест "късия път" на самопознанието, със смисъла на историята, тоест "дългия път" на реалността. Хусерл оказва по този начин едно двойно доверие: "от една страна към историчността на разума, а от друга, към значението на историята. Възникването и развитието на философията в Гърция и западна Европа е за него потвърждение на факта, че това двойно доверие не е оказано напразно. Той вижда в историята на философията пресечната точка между историчността на разума и значението на историята[28]. Но според Рикьор това отъждествяване на реалната история с историята на философията е неоснователно. Необходимо е, напротив, да се прави разграничение между историята на историка като едно онагледяване на човешките нагласи и историята на философа като един дискурс от втора степен, който поставя нагласите в кохерентен категориален ред[29]. Това разграничение е твърде важно, тъй като "историята е дотолкова история (...), доколкото смисълът ѝ остава тъмен и объркан"[30]. Едва чрез дискурсивното изясняване се стига до светлината и "смисъла". Поради това историята може да бъде схваната според Рикьор като "възход на смисъла и поява на уникалното"[31], без да се забравя, че от момента, в който става разбираема, тя престава да бъде историйна[32]. Това е и причината поради която той категорично се противопоставя на Хусерловата идея за всеобща история, тоест на "основната илюзия за единството на историята"[33]. Не съществува *една* история и няка-

---

[27] Paul Ricœur. *Histoire et vérité*, Paris : Seuil, 1955³, 37.
[28] Пак там.
[29] Пак там, 39.
[30] Пак там, 79.
[31] Пак там, 77.
[32] Пак там, 101.
[33] Пак там, 79 и 187.

къв вътрешноприсъщ на нея телос, който трябва да бъде открит. "Интегралната история" е една гранична идея, защото всяка цивилизация съдържа различни цикли на възход и на падение – кризи, епохи на възраждане, революции, – които не могат да бъдат тотализирани. Всяка претенция за снемане на историческото многообразие в някаква единна истина отвежда до авторитаризъм и лъжа:

> Духът на лъжата отравя търсенето на истината (...) с желанието за единство; *той е грешния преход от тоталното към тоталитарното*. Този преход се осъществява исторически винаги тогава, когато една социална *сила* клони и успява да преобрази повече или по-малко цялостно всички истини и да направи хората възприемчиви за насилието на единството...[34]

Това съвсем не означава, че Рикьор смята Хусерл за лъжец или пък за тоталитарен мислител. Неговата цел е по-скоро да разкрие опасностите и заблудите, произтичащи от отъждествяването на смисъла (разума) с действителната история. Ако Рикьор изобщо приема наличието на някакъв вътрешноприсъщ на историята смисъл, то както видяхме за него той е *скрит* – той е предмет на вярата, а не на знанието, и остава следователно тайнство. В този скрит смисъл се изразява според християнина есхатологичният характер на историята – вярващият се надява, че световната история е също причастна към смисъла, който разгръща свещената история[35]. Доколкото Рикьор разграничава все по-категорично религиозната и философската вяра, то не е чудно, че в късното си творчество той се отказва напълно от есхатологията и телеологията[36]. Затова се стига, както ще видим, и до едно заместване на *философията* на историята с една фе-

---

[34] Пак там, 191.
[35] Пак там, 95.
[36] Yvanka B. Raynova. *Between the Said and the Unsaid. In Conversation with Paul Ricoeur*, vol. 1. Frankfurt am Main u.a.: Peter Lang, 2009, 39.

номенологическа *херменевтика* на историческия опит, наративността и паметта[37].

Новите интерпретации на кризата и на историята, които предлага Рикьор, дават възможност за изработването на една по-широка концепция за т.нар. европейска криза. Ако въобще има смисъл да се говори за "европейска криза", то тя не следва да се тълкува повече на нивото на обобщенията, тоест като криза на "европейското човечество", както прави това Хусерл, а трябва да се разглежда от гледище на кризисните симптоми, констатирани върху конкретните нива на икономиката, науката, политиката, идентичността и пр. Дебатите относно кризата на европейската модерност отвеждат Рикьор до поставянето на следната диагноза:

> Онова, което сякаш най-удачно характеризира кризата на нашата епоха е, от една страна, липсата на консенсус в едно общество, разкъсано между традиция, модерност и постмодерност (...), а, от друга, изчезването на убежденията и способността към ангажиране (...) или, което е едно и също, всеобщото изчезване на свещеното, което може да бъде схванато като вертикално свещено (религиозно в най-широкия смисъл на думата) или хоризонтално свещено (политическо в най-широкия смисъл на думата).[38]

Рикьор илюстрира на други места какво по-конкретно разбира под "способността към ангажиране" в контекста на съвременната европейска действителност, като припомня в частност приносите на Ян Паточка и на Вацлав Хавел, превърнали прочита на Хусерловата *Криза* в своеобразен апел срещу тоталитарните режими и извор на вдъхновение в борбата за свобода и равни човешки права[39].

---

[37] Виж: Paul Ricœur. *Temps et récit III. Le temps raconté.* Paris : Seuil, 1985; idem. *La mémoire, l'histoire, l'oubli,* Paris : Seuil, 2000.
[38] Paul Ricœur. "Ist 'die Krise' ein spezifisch modernes Phänomen?", in: Krzystof Michalski (Hg.), *Über die Krise. Castelgandolfo-Gespräche 1985,* Stuttgart: Clett-Kotta, 1986, 62.
[39] Виж: Paul Ricœur. *Lectures 1. Autour du politique,* Paris : Seuil, 1991, 69-70 и 74.

Далеч от това да драматизира "кризата на нашата епоха", Рикьор съзира в нея по-скоро един небивал досега шанс за обновление на наследството от миналото: "един двоен шанс за получаване на нови сили и достигане до нови интерпретации"[40]. Както ще видим, тази твърде оптимистична теза бива по-късно, в *Паметта, историята, забравата* (2000), коригирана чрез тезите за "кризата на свидетелството" и границите на репрезентацията и историцизма, във връзка с проблематичността за разбиране и интерпретиране на холокоста.

6.3 Историческите и духовни перспективи за Европейска интеграция на херменевтичната феноменология

Ако години наред, почти през целия двадесети век, историческата отговорност на интелектуалците се е състояла в съпротивата и борбата срещу "глобалния тоталитаризъм" в Европа, то с 1989 г. настъпва, според Рикьор, една нова епоха, изискваща нов вид ангажираност, свързан с развитието и обновлението на Европейската общност[41].
На въпроса каква е по-конкретно задачата на Европа в съвременните исторически условия, Рикьор ми отвърна през октомври 2002 г. следното:

> На първо място трябва да започнем да съществуваме съвместно и като общност, и институционално. Защото ние навлязохме в един процес на разширяване, който се развива по-бързо от процеса на структуриране. Това изоставане може да ни струва много скъпо, защото рискуваме по този начин да създадем само една зона на сво-

---

[40] Paul Ricœur. "Ist 'die Krise' ein spezifisch modernes Phänomen?", in: Krzystof Michalski (Hg.), *Über die Krise. Castelgandolfo-Gespräche 1985*, Stuttgart: Clett-Kotta, 1986, 62.
[41] Поль Рикёр. *Герменевтика, этика, политика*. Москва: АО "КАМI", 1995, 115.

боден пазар по англо-саксонски тип, вместо по западноевропейски.⁴²

Другояче казано, европейската интеграция трябва да се мисли не само в нейните икономически, но и в нейните политически, правни и културни аспекти. Това изисква и концепирането на нов общинен модел, основан на принципите на солидарността и признанието на различните национални традиции и ценности, тоест едно ново политическо и аксиологическо съзнание. Националните конфликти, преди всичко войната в бивша Югославия, поставят този проблем на преден план. В разговора си с руски философи (1993 г.) Рикьор поясни това по следния начин:

> Уважението на достойнството на малцинствата е критерий за демокрацията. Струва ми се, че западните страни допуснаха грешка, като признаха Хърватска за самостоятелна държава, без да получат гаранции за правата на сръбското малцинство. Трагедията на балканските народи се състои в това, че те се опитват да осъществят неосъществимата мечта за установяването на "истинските", на "естествените" граници, докато в действителност тези граници са исторически. (...) За разлика от Америка, която е континент на емигранти, политическите граници на Европа са резултат от поредица катаклизми. Следователно политическата структура на Европа не може да съвпадне с етническия й състав. Затова в случая съм съвършено съгласен с Юрген Хабермас, който твърди, че гражданството и етническата принадлежност са различни понятия. Гражданството се определя от закона, а не от етническата принадлежност. Всеки от нас осъзнава своята причастност към една или друга национална култура. Но главното е нашето гражданско самосъзнание за принад-

---

⁴² Yvanka B. Raynova. *Between the Said and the Unsaid. In Conversation with Paul Ricoeur*, vol. 1. Frankfurt am Main u.a.: Peter Lang, 2009, 138-139.

лежността ни към общността, подчиняваща се на едни и същи закони".[43]

Франция е пример според Рикьор за формирането на новото европейско съзнание:

> ... френската култура твърде силно клони към традицията на неотменимия национален суверенитет. Този принцип бе формулиран още от Русо. Но влизането на Франция в Европейската общност свидетелства за готовността ни да се простим с националния суверенитет в името на един правов ред от по-висш порядък. По този начин ние, французите, си оставаме граждани на Франция със съзнанието за принадлежност към френската култура, но същевременно се чувстваме и членове на Европейската общност[44].

Но въпросът, който възниква тук, е с какво херменевтичната феноменология спомага за преосмислянето и регламентирането на въпросното европейското съжителство?

На първо място, това е според мен опитът за изясняване на условията за така наречената "правилна употреба на политическия език". Това изясняване е възможно според Рикьор чрез реинтерпретацията на отношението между политическия език и риториката. Тъй като политическият език е по същество риторика, той крие постоянно в себе си опасността от софистична злоупотреба, тоест от една "ловка конструкция от софизми, която трябва да накара публиката до повярва в една смесица между неверни обещания и верни опасности"[45]. Подобна злоупотреба се случва както в индивидуалистката риторика, която опорочава дискурса относно човека, отвеждайки до технокрацията и консумативното общество, така и в колективистката риторика на тоталитарните режими, които премахват личната автономия под

---

[43] Поль Рикёр. *Герменевтика, этика, политика*. Москва: АО "KAMI", 1995, 120-121.
[44] Пак там, 120.
[45] Paul Ricœur. *Lectures 1. Autour du politique*, Paris : Seuil, 1991, 161, 175.

претекст за създаване на един нов човек. И двете риторики тръгват от грешната предпоставка, че съществува някакъв естествен или разумен ред, от който могат да бъдат изведени някакви универсални ценности. Но според Рикьор съществува само ценностен плурализъм и различни противоречиви, влизащи една и друга в конфликт представи относно това що е право и обществен ред. Тези представи не могат да бъдат тотализирани, те могат да бъдат само доведени до "конфликтностен консенсус"[46] чрез политическия дискурс и воденето на преговори. Легитимационната криза, в която се намираме понастоящем, изисква според Рикьор да се релативират позициите и да се признае крехкостта на политическия език в три области: първо, непрестанната конфликтност на политическите разсъждения относно правовата система, второ, плурализма на целите и усилията за "правилно" управление, и трето, неопределеността на ценностния хоризонт относно начина на живот, тоест относно това що е "добър" живот. Затова "само една деонтология на мярката и на респекта, приета от всички участници в политическата игра, може да предпази политическия език от перверзиите, които са присъщи на риторичната му функция"[47].

---

[46] В статията "Langage politique et rhétorique" ("Политически език и риторика"), която разглеждам тук, понятието за "конфликтностен консенсус" не е разработено. Въпросът как следва да се разбира то става ясен предимно от произведението *Самият като друг* (1990), където конфликтният консенсус се разглежда като особен белег и мярка за демокрацията, тоест като политическа дискусия и водене на преговори според прозрачни и свободно избрани правила, които могат по всяко време да бъдат наново поставени под въпрос (Paul Ricœur. *Soi-même comme un autre*, Paris : Seuil, 1990, 300-301). Проблемът по какъв начин се стига до подобен консенсус съвпада следователно с проблема за развитието на демокрацията. Затова пък въпросът по какъв начин може да се стигне от един тоталитарен към един демократичен режим, респ. дали консенсусът и преговорите са винаги възможни и желателни, остава както в това произведение, така и в други текстове открит. Известни указания в тази връзка могат да се открият в статиите на Рикьор относно насилието, както и в някои интервюта (Виж напр. Paul Ricœur. *Histoire et vérité*. Paris : Seuil, 1955³; Paul Ricœur. *Lectures 1. Autour du politique*. Paris : Seuil, 1991; Yvanka B. Raynova. *Between the Said and the Unsaid. In Conversation with Paul Ricoeur*, vol. 1. Frankfurt am Main u.a.: Peter Lang, 2009).

[47] Paul Ricœur. *Lectures 1. Autour du politique*, Paris : Seuil, 1991, 175.

Тъй като в Европа съществува многообразие на ценности, култури, традиции, е необходима толерантност. Проблемът за толерантността и за нетолерируемото в европейски контекст е друга важна тема, за чието изясняване херменевтичната феноменология допринася не малко. Рикьор показва, че толерантността не е винаги нещо позитивно, че прекомерната толерантност може да доведе до насилие, застрашаващо общността като цяло (пак там, 297-298). Толерантността и нейната обратна страна, нетолерируемото, трябва да бъдат интерпретирани на три различни нива, без да се смесват: институционалното ниво на държавата, нивото на културата и това на религията.

В позитивен смисъл институционалната толерантност би трябвало да осъществи връзка между формалното право като равнопоставеност пред закона, от една страна, и намаляването на различията във възможностите като възстановяване на справедливостта спрямо социално слабите, от друга. Нетолерируемото на това ниво възниква тогава, когато държавата, която трябва да гарантира свободите чрез обществения ред, въвежда неприемливи ограничения на свободата на мислене и действие[48]. Културната толерантност се изразява в споменатия конфликтностен консенсус, тоест в признанието на правото на мнение на противника, което включва и правото му да греши. Нетолерируемото на това равнище е липсата на респект, от където възникват расизмът, антисемитизмът и всякакви други форми на малтретиране на личността[49]. Религиозната толерантност се изразява в откритостта, в изслушването на иноверния и признаването на правото на съществуване на различни вероизповедания. В европейски контекст това означава диалог и сътрудничество между християнството и другите религии. Нетолерируемото на това ниво е самата нетолерантност, водеща до религиозни войни или пък до църковен деспотизъм[50].

Най-значимият принос на Рикьор се състои по мое мнение във възможността за едно ново разбиране за Европейската общ-

---

[48] Пак там, 301.
[49] Пак там, 305.0
[50] Paul Ricœur. *Lectures 1. Autour du politique*. Paris : Seuil, 1991, 308-311.

ност, което може да бъде добито чрез феноменологико-херменевтичната интерпретация на диалектиката между цивилизация и култура. В своята статия "Задачи на политическия възпитател" (1965) Рикьор осъществява следното разграничение между цивилизация и култура. Цивилизацията като понятие обхваща три области от реалността: областта на материалните блага или на техническите съоражения, на институциите и на ценностите. Културата, напротив, е понятие, което се отнася само до областта на ценностите. Оттук може да заключим, че ако Европейската общност не трябва да бъде само някаква икономическа коалиция или пък утопия, то ролята й в цивилизационния процес би трябвало да бъде преосмислена с оглед на взаимодействието на тези три области, като се обърне особено внимание на политическата сфера на институциите и културната сфера на ценностите. Европа като визия е според Рикьор една утопия, тоест една регулативна идея в смисъла на Кант. Тази идея може да намери реално въплъщение при условие, че се преобразува историческият опит на европейците най-напред на нивото на материалните блага и институциите в съответствие с реалните възможности на отделните страни[51]. При това пълноправното функциониране на икономическата област може да се гарантира само чрез съзнаването на ясни политически и юридически правила и норми, на отговорни институции и на една съвместна конституция. Но не по-малко важно е достигането до една обща идентичност чрез създаването на нови общи ценности, тъй като именно ценностите са тези, които според Рикьор конституират "субстанцията", или идентичността на дадена общност.

> Ценностите" – отбелязва той – се изразяват най-напред в практическите нрави (...), под чийто пласт се намират традициите като жива памет на цивилизацията. На още по-дълбоко ниво се намира ядрото на феномена цивилизация, тоест определена съвкупност от представи и символи, чрез които всяка човешка група изразява начина си

---

[51] Пак там, 253.

на пригаждане към реалността и други исторически групи. (...) В този смисъл може да се говори за едно етико-митично ядро, за едно нравствено и заедно с това имагиниращо ядро, което въплъщава най-висшата креативна способност на групата. Именно на това равнище различието между цивилизациите е най-голямо. (..) Всяка група притежава някакъв *етос*, някаква етична уникалност, а именно способността да твори, която е свързана с определена традиция, с определена памет и архаични форми.[52]

Цялата сложност на европейската проблематика се изразява именно в това, че не съществува някаква "европейска традиция", а огромно многообразие от традиции, езици и наративни идентичности, които следва да бъдат доведени до нещо като "концерт на нациите", без да се позволява някоя от тях да добие власт над другите[53]. Именно в това отношение херменевтичната феноменология може да бъде полезна, доколкото, както отбелязва Рикьор, завръщането към европейските извори следва да се осъществи чрез една реинтерпретация на европейската история с нейните различни практически опити, ценности и символи[54]. Въпросът е, по какъв начин може да се постигне тя? Един оригинален отговор ни предлага, според мен, статията "Какъв нов етос може да придобие Европа?"[55]

В този кратък, но фундаментален текст Рикьор изхожда от разбирането, че бъдещето на Европа ще бъде вид "постнационална държава", която трябва да бъде тепърва изобретена политически и институционално. Това обаче изисква не само определена институционална регулация, но преди всичко и една духовна трансформация на индивидуалния и колективния етос, тъй като политическото споразумение не води непременно до общност. Но как е възможно, в този контекст – пита той – да се

---

[52] Пак там, 246.
[53] Yvanka B. Raynova. *Between the Said and the Unsaid. In Conversation with Paul Ricoeur*, vol. 1. Frankfurt am Main u.a.: Peter Lang, 2009, 42.
[54] Paul Ricœur. *Lectures 1. Autour du politique*, Paris : Seuil, 1991, 254.
[55] Paul Ricoeur. "Quel éthos nouveau pour l'Europe?", in Pierre Koslowski (ed.). *Imaginer l'Europe*. Paris : Cerf, 1992, 107-116.

приведат в едно интегративно цяло идентичността и другостта, респективно партикуларното и универсалните права? Рикьор предлага три модела на посредничество между идентичност и другост, които биха спомогнали за една такава духовна и етична интеграция.

Първият модел, който той нарича "модел на превод", би бил особено подходящ за ситуацията в Европа, тъй като от езикова гледна точка, той представлява не толкова непреодолим, колкото желан плурализъм, който трябва да бъде запазен[56]. Не става дума за някакъв превод на есперанто или на друг "велик език", който след това да триумфира над другите, а за един необходим инструмент за комуникация. Защото без него многоезичната Европа би могла да се превърне в капсулиране на различните си култури. Този модел включва както дългосрочни изисквания, така и обещания, които стигат до сърцевината на етичния живот на отделните личности и народи. Рикьор припомня в тази връзка Хумболтовия модел на превода, който насърчава хората да издигнат своя език до нивото на чуждия език, особено когато става дума за оригинални постижения, които представляват предизвикателство за родния език. "Става въпрос" – обяснява Рикьор – "за това да домуваме с другия, за да можем да го доведем в своя дом като желан гост"[57]. Точно това е необходимо в изграждането на Европейския съюз:

> На институционално равнище той [моделът на превода] ни приканва да насърчаваме навсякъде в Европейското пространство преподаването на два живи езика, които не са господстващи, за да се осигури за тях определена аудитория. Но най-вече на духовно ниво той ни приканва да разпрострем превода върху междукултурните отношения, т.е. върху смисловото съдържание, което се контролира от превода. Именно тук са необходими преводачи от една култура в друга културата, тоест двуезични преводачи на култури, способни да извършват този трансфер в духовната вселена на другата култура, като вземат предвид

---

[56] Пак там, 107.
[57] Пак там, 110.

нейните особени обичаи, основни убеждения, т.е. цялостта на смисловите референти. В този смисъл може да се говори за етос на превода, чиято цел е повторението на културно и духовно ниво на жеста на езиковото гостоприемство[58].

С други думи, Рикьор защитава модела на превода не само като средство за езиково разбиране и комуникация, но и като инструмент за отваряне и обогатяване на собствената мисловна традиция, обичаи и култура чрез други традиции, обичаи и култури.

Вторият модел, който той нарича "обмен на памет", е пряко свързан с първия:

> ... преводът на чуждата култура в собствената предполага (...) пренос в културната среда, определяна от етичните и духовни категории на другия. Но първата разлика, която изисква пренос и гостоприемство, е разликата в паметта и то на нивото на обичаи, правила, норми, вярвания и убеждения, които съставляват идентичността на дадена култура[59].

Това не е просто въпрос на психологическа възможност за припомняне, а на "наративната функция", която предизвиква и съхранява паметта. Тази функция разкрива два важни момента на паметта: Първо, наративната идентичност, която е мобилна и следователно има способността да ревизира разказаната история, "да разкаже друга история", или да интегрира различни разкази за едно и също събитие в собствения си разказ и, второ, преплитането на собствената наративна идентичност с тази на другите. Преплитането на истории и идентичности дава възможност за обмен на памет, който има способността да реконструира многобройните европейски истории чрез различни разказвачи и разкази и да формира нов етос на признание и уважение:

---

[58] Пак там.
[59] Пак там, 109.

Чрез разбирането за преплитането на нови разкази, които структурират и конфигурират това пресичане на спомени, се създава нов етос. Това е една същинска задача, произвеждане на изкуство, в което човек може да разпознае признанието на немския идеализъм, а именно "при/разпо/знаването" (*reconnaissance*) в неговото наративно измерение (...) Способността за разказване по друг начин на основните събития от националната ни история се подпомага от културния обмен на паметта. Тестът за тази способност за обмен е волята за символично и изпълнено с респект споделяне на паметта за основните събития на други национални култури и техните етнически малцинства или малцинствени убеждения.[60]

Третият модел, който може да посредничи между идентичността и другостта, е прошката. Ролята на повествованието за конституиране на наративна идентичност препраща към способността за ревизиране на миналото, за "разказването му по друг начин". Самата прошка е, според Рикьор, вече един вид ревизия на миналото, уповаваща се върху обмена на памет за претърпените или причинени страдания на други хора. Именно в този смисъл тя е важно условие за преработката на европейската история, която той нарича "жестока история", доколкото се характеризира с ужасите на войните, несметни страдания и дълбоки наранявания от всякакъв вид. Въпреки, че прошката не се намира на политическото ниво, а на нивото на икономията на милосърдието (*charité*), което отива отвъд морала, тя може да укаже известно влияние върху законодателството и политиката чрез призиви за милост и солидарност. В национален европейски контекст това означава, че "народите на Европа трябва да проявяват състрадание един към друг, че те трябва да си представят страданието на другите, преди те да призовават към отмъщение за претърпени в миналото рани"[61] (пак там., 15). Наред с това, Рикьор предупреждава за две опасности: първо, опасността от прекалено бързата прошка като забрава, която води до

---

[60] Пак там, 111.
[61] Пак там, 115.

безразличие, и второ, твърде лесната прошка, която също така води до забрава и безразличие. Прошката трябва непременно да премине през "работата на паметта в езика на наратива", през един дълъг и труден процес на преработка на "непростимото" като вид катарзис, който изисква много търпение.

Тези три модела позволяват, по мнението на Рикьор, едно опосредяване на конфликта между универсалността на законите на правовата държава и човешките права, от една страна, и различията между колективните идентичности, обявени от комунитаристите за непримирими:

Преводът, както казахме, е единственият начин да се онагледи разпръснатостта на лингвистичната универсалност в езиците. Ние добавихме, че пресичането на наративите е единственият начин за отваряне на паметта ни един за друг. Прошката, подчертахме най-накрая, е единственият начин за унищожаване на неизплатен дълг и оттук за премахване на пречките за упражняване на справедливост и признание. Нашите анализи се придържаха постоянно към посредничеството и предложените модели са насочени към дебатите относно универсалното и историческото: те засилват аргументите на тези, за които легитимацията на универсалното се състои единствено в историческото, както и на онези, за които единственият начин за преодоляване на етноцентризма се състои в прилагането на най-добрите аргументи на другия[62].

Въпреки че третата глава от *Време и разказ* (1983-85 г.) и обемният труд *Паметта, историята, забравата* (2000 г.) могат да се разглеждат като интерпретативни опити, движещи се в тази насока, те са според мен по-скоро илюстрация на евристичността на феноменологико-херменевтичния метод, отколкото осъществяване на тази гигантска програма за реинтерпретация на европейската история, която не е по силите на един човек, а на екипи от експерти от различни области.

По отношение на актуалните дебати за това дали Европейската общност следва да бъде ценностна общност или право-

---

[62] Пак там, 116.

ви ред⁶³, Рикьоровата аксиологическа концепция открива възможността за един трети, "среден" път. Рикьор предупреждава за опасността от тоталитарни ценностни системи, тоест от т.нар. "терор на ценностите"⁶⁴, както го наричат някои, като разобличава същевременно илюзията, че може да съществува някаква ценностно неутрална общност⁶⁵. Ако Европа трябва да се сдобие с нова идентичност и самостоятелност, за да може да провежда една независима от Америка политика, към което призовава Рикьор⁶⁶, то тя би трябвало не само да преосмисли ценностите от миналото, но и да създаде нови ценности в областта на политиката, правото, икономиката и културата. Създаването на тези нови обединяващи ценности съвсем не значи да се върви отново към някакъв единен ценностен модел, какъвто са визирали просвещенските мислители и Хусерл⁶⁷, а да се търси *конфликтностен консенсус* относно аксиологическите въпроси, основан върху полифонията на европейските традиции и дискурси. В този конфликтностен консенсус, който тепърва следва да бъде създаден, се съдържа може би и надеждата, че онова, което е било изгубено през 1914 г. и след това, а именно "народната основа на Европа"⁶⁸, ще бъде възвърнато и ще придобие ново историческо значение.

---

[63] Виж: Krzystof Michalski. "Politik und Werte", in: *Transit*, 21/2001: 208-218; Robert Spaemann. "Europa – Wertegemeinschaft oder Rechtsordnung?", in: *Transit* 21/2001: 172-185.
[64] Krzystof Michalski. "Politik und Werte", in: *Transit*, 21/2001: 208-218.
[65] Paul Ricœur. *Lectures 1. Autour du politique*, Paris : Seuil, 1991, 301-302.
[66] Yvanka B. Raynova. *Between the Said and the Unsaid. In Conversation with Paul Ricoeur*, vol. 1. Frankfurt am Main u.a.: Peter Lang, 2009, 132ff.
[67] Paul Ricœur. *Lectures 1. Autour du politique*, Paris : Seuil, 1991, 172-173.
[68] Поль Рикёр. *Герменевтика, этика, политика*. Москва: АО "КАМI", 1995, 114.

Yvanka B. Raynova

The Abyss of the Self and the Reflections of the Absolute

A Contribution to the Hermeneutics of the Phenomenological

Value Theories

(Abstract)

After the end of the era of "absolute idealism", philosophy is falling into a sort of "identity crisis," which requires the constant rethinking of its essence as a specific type of knowledge, and also of its subject and method. As a result of the attempts to "save" philosophy, metaphysics was replaced by ontology, the absolute – by the attempts of an "open system" and/or integral thinking, and the place of the identity of truth, good and beautiful were taken by axiology. Consequently, notions as world, horizon, life, life world, self, alterity, and values became of crucial importance. In this context, the author argues several interrelated theses: Firstly, that in post-Husserlian phenomenology, especially in its French versions, a reinterpretation of the notion of "life world" based on Heidegger Being in the World is done, which turns in a sense against Husserl's transcendental justification of phenomenology. Secondly, this reinterpretation gradually leads to a departure from Heidegger's ontology towards the practical philosophy and axiology, respectively, towards the values denied by Heidegger. Thirdly, the living world becomes a crossroads between the problems of theoretical and practical philosophy, as it stands at the center of value discourse.

Studies in Phenomenology, Hermeneutics and Contemporary Philosophy

A Multilingual Series of BFO-Fenomenologia, the Bulgarian Phenomenological Association

The purpose of this book series is to promote the phenomenological and hermeneutical reinterpretation of the tasks, the methods and responsibilities of philosophy in regard to the challenges of the present situation, to apply their methods to different topics, to discuss their role in contemporary thought and praxis, and to explore the interconnections between phenomenology, hermeneutics and other currents in philosophy and the humanities.

The series aims to contribute to the Bulgarian philosophical discourse, as well as to a multilingual intercultural dialogue. Volumes may include collected papers, monographs, translations, textbooks, and reference works in Bulgarian, English, German, and French.

www.ingramcontent.com/pod-product-compliance
Lightning Source LLC
Chambersburg PA
CBHW051110230426
43667CB00014B/2514